BLUE BOOK OF PORTUGUESE-SPEAKING COUNTRIES

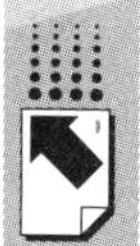

葡语国家发展报告
（2014~2015）

REPORTS ON THE DEVELOPMENT OF PORTUGUESE-SPEAKING COUNTRIES (2014-2015)

主　　编／王成安　张　敏
副 主 编／赵雪梅　安春英　刘海方
执行主编／刘金兰

社会科学文献出版社
SOCIAL SCIENCES ACADEMIC PRESS (CHINA)

图书在版编目(CIP)数据

葡语国家发展报告. 2014～2015/王成安，张敏主编. —北京：社会科学文献出版社，2015. 12
（葡语国家蓝皮书）
ISBN 978－7－5097－8413－6

Ⅰ. ①葡… Ⅱ. ①王… ②张… Ⅲ. ①葡萄牙语－国家－社会发展－研究报告－2014～2015 Ⅳ. ①D569

中国版本图书馆 CIP 数据核字（2015）第 276648 号

葡语国家蓝皮书
葡语国家发展报告（2014～2015）

主　　编／王成安　张　敏
副 主 编／赵雪梅　安春英　刘海方
执行主编／刘金兰

出 版 人／谢寿光
项目统筹／高明秀
责任编辑／许玉燕　沈　艺

出　　版／社会科学文献出版社·全球与地区问题出版中心（010）59367004
地址：北京市北三环中路甲 29 号院华龙大厦　邮编：100029
网址：www. ssap. com. cn
发　　行／市场营销中心（010）59367081　59367090
读者服务中心（010）59367028
印　　装／北京季蜂印刷有限公司

规　　格／开 本：787mm × 1092mm　1/16
印 张：18　字 数：272 千字
版　　次／2015 年 12 月第 1 版　2015 年 12 月第 1 次印刷
书　　号／ISBN 978－7－5097－8413－6
定　　价／89.00 元

皮书序列号／B－2015－475

出版说明

• 本书由对外经济贸易大学区域国别研究所葡语国家研究中心（UIBE CEPLP）组织编写。

• CEPLP 属于学术性机构，旨在研究葡语国家经济社会发展，促进中国与葡语国家学术交流和多种形式的合作，包括：与葡语国家研究机构举办研讨会，编辑出版纸质或电子出版物，开展贸易、投资、葡语汉语教学促进活动。

• 葡语国家包括安哥拉共和国、巴西联邦共和国、佛得角共和国、几内亚比绍共和国、莫桑比克共和国、葡萄牙共和国、东帝汶民主共和国和圣多美和普林西比民主共和国。因中华人民共和国于 1997 年 7 月 11 日中止同圣多美和普林西比（简称圣普）的外交关系，本书内容不涉及圣普。

• 本书缘于 CEPLP 于 2013 年 9 月编辑出版的《中国－葡语国家经贸合作论坛（澳门）10 年报告（2003 ~2013）》（简称《10 年报告》）。《10 年报告》阐述 2003 ~2013 年 10 年间葡语国家经济社会发展动态，中国与葡语国家经贸合作的由来与发展，以及中国澳门在中国与葡语国家商贸合作中的地位和作用。《10 年报告》用中文和葡文双语出版，成书 53 万多字。在《10 年报告》的基础上，葡语国家研究中心自 2014 年起将按年度编写出版系列报告，以使国内外学者能够获得关于葡语国家经济社会发展研究的连续性信息。

• 感谢对外经济贸易大学副校长赵忠秀教授对于本书的大力支持。

• 感谢北京尚信伟业投资咨询有限公司对于本书编辑出版的资助。

• 感谢中国社会科学院欧洲研究所，北京大学国际关系学院，中国社会科学院拉美研究所巴西研究中心、西亚非洲研究所，商务部国际贸易经济合作研究院，中国现代国际关系研究院中国国际问题研究所，澳门社会科学学会，对外经济贸易大学外语学院、国际学院对本书编委和撰稿人的大力支持。

编　委　会

主要编撰者简介

王成安 资深翻译家，曾任对外经济贸易大学客座教授、中国－葡语国家经贸合作论坛（澳门）常设秘书处秘书长、对外经济贸易大学区域国别研究所葡语国家研究中心主任。长期研究葡语国家，主编《中国－葡语国家经贸合作论坛（澳门）10年报告》《葡语国家发展研究（2013年）》等。北京广播学院外语系（今中国传媒大学外语学院）葡萄牙语专业毕业。1977～1991年，担任中国援佛得角、几内亚比绍专家组葡语翻译和中国驻几内亚比绍、圣多美和普林西比大使馆经济商务参赞处经济商务外交官。

张　敏 中国社会科学院欧洲研究所科技政策室主任、研究员，中国社会科学院西班牙研究中心秘书长。曾在西班牙、荷兰、英国、芬兰等国做访问学者。主要研究领域：欧洲科技经济、西班牙研究、对外援助政策等。主要著述包括《欧盟国家经济改革理论与实践》（合著）、《西班牙》、《欧洲资本主义的未来》（合译），发表了《欧洲一体化进程中的劳动力市场演变机制》《欧洲科技创新能力研究》等多篇论文。

赵雪梅 对外经济贸易大学教授，外语学院区域国别研究所拉美研究中心主任，硕士生导师，北京外国语大学校外兼职博士生导师。现任中国拉丁美洲学会常务理事，中国拉丁美洲历史研究学会常务理事，墨西哥中国商会荣誉顾问。1982年7月毕业于对外经济贸易大学，获经济学学士学位；1988年毕业于墨西哥经济研究教学中心国际经济政治学专业，获经济学硕士学位。1988年至今，任对外经济贸易大学教授，其中1993～1994年任中国驻智利大使馆经济商务参赞处二等秘书，1994～1996年任中国驻多米尼加代表处副代表。

安春英 中国社会科学院西亚非洲研究所《西亚非洲》编辑部主任、编审，兼任中国非洲史研究会副秘书长、中国中东学会理事。主要研究方向为：非洲经济、非洲减贫与可持续发展问题。主要著述：《非洲贫困与反贫困问题研究》（独著，2010）、《马克思恩格斯列宁斯大林论西亚非洲》（副主编，2010）、《中非发展合作的多维视阈》（主编，2012）、《非洲发展报告 No. 16（2013～2014）：大国对非政策动向与中非关系的国际环境》（副主编，2014）等。

刘海方 北京大学历史学博士，北京大学国际关系学院副教授，北京大学非洲研究中心副主任兼秘书长。曾经在中国社会科学院西亚非洲研究所工作，先后在荷兰海牙社会学研究院、南非中国研究中心、加拿大卡尔顿大学非洲研究院做访问学者。社会职务为：中国非洲史研究会副会长，南非杂志 *African East-Asian Affairs* 编委会委员。主要研究领域为：非洲政治与国际关系、中非关系、安哥拉国别研究、中国发展援助、中国海外新移民种族问题。主要教授的课程有：非洲政治与国际关系、非洲综合研究（研究生课程）、African Comprehensive Studies（English）、国际政治与地区研究（博士生课程）、亚非研究中的若干理论问题（硕士生课程）等。

刘金兰 副研究员，现任对外经济贸易大学国际学院党委书记兼副院长、葡语国家研究中心秘书长。主要研究方向：区域国别研究、高等教育管理。主持并完成国家汉办科研项目“外国语言传播机构师资遴选和培养管理运行模式研究”，参与国家汉办“汉语国际推广师资非英语语种外语强化培训培养模式研究”科研项目，作为执行副主编参与《中国－葡语国家经贸合作论坛（澳门）10年报告》的编写工作，完成课题10余项，在《国际贸易》《国际商务》《中国高等教育》等期刊上发表论文10余篇。

摘　要

《葡语国家发展报告（2014～2015）》是由对外经济贸易大学区域国别研究所葡语国家研究中心主持编写的以葡语国家经济社会发展为题的系列年度报告的第一份报告。

本书由六部分组成：第一部分为主报告，由王成安教授撰写，综合阐述2014年葡语国家经济社会发展状况，对中国与葡语国家关系的发展做出分析，并对葡语国家2015年的发展予以展望。第二部分为专题报告，由刘海方副教授会同贾丁博士、赵雪梅教授、安春英编审和张敏研究员分别从葡语国家安哥拉、巴西、莫桑比克和葡萄牙2014～2015年经济社会发展情况、特征等视角进行了深度解读。赵茹林副研究员将葡萄牙语国家共同体2014年的发展变化呈现给读者。第三部分为特别报告，叶桂平总监、刘雪琴研究员和王成安教授分别对中国澳门在中国－葡语国家经贸合作中发挥的平台作用做了解析，他们从总结中国－葡语国家经贸合作论坛11年的经验出发，阐述中国澳门在建设中国－葡语国家经贸合作论坛中的独特作用，总结和展望中国澳门除在中国与葡语国家的经贸合作中发挥作用，还有可能在中国与拉美、加勒比国家的经贸合作中发挥作用。第四部分为国别报告，贾丁博士、周志伟研究员、周蕾蕾硕士、何茜硕士、张敏研究员和唐奇芳副研究员分别撰写了安哥拉、巴西、佛得角、几内亚比绍、莫桑比克、葡萄牙和东帝汶2014～2015年的经济社会发展状况。第五部分为资料汇总，包括大事记和葡语国家主要经济指标的统计图表两部分，大事记由成红研究馆员收集整理，统计图表由安春英编审根据葡语国家的经济社会数据制成。对外经济贸易大学外语学院葡萄牙语系主任文卓君将本书摘要、目录和每篇文章摘要翻译成葡萄牙文，对外经济贸易大学外教伊莲娜·莱莫斯（Helena Lemos）做

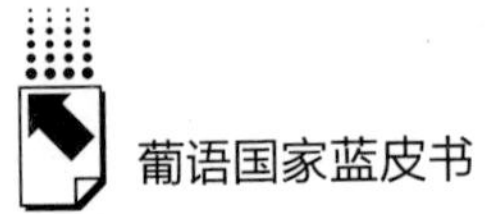

了校对和审定。对外经济贸易大学国际学院李勇老师将本书摘要、目录翻译成英文，并校对了每篇文章的英文摘要。对外经济贸易大学硕士生王琳收集整理了部分资料和表格。

第一部分主报告指出，2014 年世界经济缓慢复苏，新兴经济体平稳增长，中国经济发展步入新常态。葡语国家巴西、莫桑比克和几内亚比绍总统选举顺利而平稳，令国际社会刮目相看。亚洲和非洲葡语国家整体上经济社会发展表现突出，亚洲葡语国家东帝汶、非洲葡语国家莫桑比克和安哥拉三国异军突起。欧洲葡语国家葡萄牙、拉美葡语国家巴西分别面临不同经济和社会困境，葡萄牙退出国际救援计划，初步摆脱主权债务危机；巴西经济增长缓慢，面临前所未有的下行压力。中国与葡语国家领导人四次互访，极大促进了各方贸易与投资。中国与葡语国家合作方兴未艾，根据不同国别、不同情况，显现出不同的合作方式。2015 年葡语国家受世界经济形势影响，有些葡语国家或继续保持较高经济增长，或摆脱困境。中国与所有葡语国家的友好合作得到进一步巩固与发展。

第二部分专题报告指出，安哥拉、巴西、葡萄牙和莫桑比克四国分布在非洲、拉美和欧洲，在葡语国家中颇具代表性，其 2014 ~ 2015 年的经济社会发展别具特色，因而四国与中国的合作也因国而异。中国改革开放 30 多年的发展和安哥拉战后重建的需求契合，两国以新的姿态合作共赢。再一次审视安哥拉战后的自主重建进程，以安哥拉自身对于内战后重建发展的需求为视角，重新梳理与中国进行的一揽子合作的“安哥拉模式”，凸显双边关系展开过程中积极的行动，旨在更加平衡地理解中安双边关系，从而能够为当前有关中国与安哥拉合作转型升级的讨论增添更加厚实的理解基础。非洲另一个葡语国家莫桑比克进入 21 世纪以来，一直保持 6% 以上的经济增长速度，成为撒哈拉以南非洲地区本轮经济增长周期中表现较为突出的国家，其良好的经济增势引人注目。拉美葡语国家巴西作为金砖国家之一，尽管近年来经济发展处于困难时期，但是其自然资源禀赋和前些年的长足发展令世人耳目一新。作为金砖国家成员，巴西同其他成员国一起努力拓展合作、保持沟通与协调，为机制建立和完善提出了许多建设性意见，承担了金砖国家机制中的重要工作，尤其在减贫、环保、互联网治理、国际金融和贸易机构改革等议题上积极有为，为提升金砖国家影响力、维护整体利益做出贡献。葡萄牙努力通过各种创新政策和手段，保持其特有的创新优势，逐渐提升其创新能力。在按照欧盟创新综合指数分类的欧盟四大国家集团中，葡萄牙排列在第三集团中，是欧盟28个国家中创新能力相对较弱的国家之一。

第三部分特别报告，专述中国澳门在中国与葡语国家经贸合作中的特殊地位和平台作用。学者们指出，中国澳门自1999年建立特别行政区以来，坚持实施“一国两制”，经济社会发展稳定，居民生活获得极大改善，开创历史功不可没。与此同时，中国澳门充分利用自身优势，打造中国内地与葡语国家商贸合作平台，近几年来还向拉美、加勒比国家拓展其平台作用，并在发展过程中逐步提升其国际地位。从理论上总结中国澳门的平台作用，有利于“一国两制”的巩固与发展，有利于进一步加强中国与葡语国家的经贸合作。中国澳门是中西文化荟萃的国际名城，也是拓展中国内地与世界各地经济交往的重要桥梁。多年来，澳门更是凭借其独特的中葡语言文化环境、优越的地理位置、完善的基础设施和自由开放的商业环境，为中国内地与葡语国家的经贸合作提供了信息、人力资源、物流、金融及会展等中介服务，对推进中葡经贸交流发挥了无可替代的作用。中国－葡语国家经贸合作论坛（澳门）成立11年来，从无到有，从小到大，进展顺利，取得成果，开创了以语言文化为载体的经贸合作新模式。先后四届部长级会议分别于2003年10月、2006年9月、2010年11月和2013年11月在澳门成功举办。会议期间，与会国部长签署了四个经贸合作行动纲领，确定了在政府、贸易、投资、企业、教育与人力资源合作、农业与渔业、基础设施建设、自然资源与环保合作、旅游、运输与通信、金融、文化、卫生及合作发展等诸多领域的合作内容和目标。时任温家宝总理、吴仪副总理、汪洋副总理、华建敏国务委员和多位葡语国家总统、总理和政府部长曾亲自率领政商代表团参加历届部长级会议。多年来，各与会国全面落实行动纲领，为进一步提升与会国经贸合作水平做出了积极贡献。

第四部分国别报告，分国别按葡文字母顺序介绍安哥拉、巴西、佛得角、几内亚比绍、莫桑比克、葡萄牙和东帝汶 2014 ~ 2015 年经济社会发展状况，以及其与中国关系的发展。各位作者根据葡语国家国别特征分别按照政治、外交、经济、社会，以及与中国关系等方面进行概括和总结，以便读者对于每一葡语国家有比较系统全面的了解。

第五部分展示的大事记和统计图表作为本书的补充资料供读者参考。

目　录

𝔹 Ⅰ　主报告

𝔹 Ⅱ　专题报告

𝔹 Ⅲ　特别报告

BⅣ 国别报告

BⅤ 资料

皮书数据库阅读使用指南

主 报 告

General Report

B.1

2014～2015年葡语国家经济社会发展综述

王成安*

摘 要：2014年世界经济缓慢复苏，新兴经济体平稳增长，中国经济发展步入新常态。葡语国家巴西、莫桑比克和几内亚比绍总统选举顺利而平稳，令国际社会刮目相看。亚洲和非洲葡语国家整体上经济社会发展表现突出，亚洲葡语国家东帝汶、非洲葡语国家莫桑比克和安哥拉三国异军突起。欧洲葡语国家葡萄牙、拉美葡语国家巴西分别面临不同经济和社会困境，葡萄牙退出国际救援计划，初步摆脱主权债务危机；巴西经济增长缓慢，面临前所未有的下行压力。中国与葡语

* 王成安，中国－葡语国家经贸合作论坛（澳门）常设秘书处前秘书长，对外经济贸易大学客座教授。

国家领导人四次互访，极大促进各方贸易与投资。中国与葡语国家合作方兴未艾，根据不同国别、不同情况，采取不同的合作方式。2015 年受世界经济形势影响，有些葡语国家或继续保持较高经济增长，或摆脱困境。中国与所有葡语国家的友好合作得到进一步巩固与发展。

关键词：葡语国家　经济　社会　中国与葡语国家合作

2014 年，世界进入后金融危机时代。[①] 全球经济缓慢复苏，世界贸易额较上年增长，对外直接投资（FDI）流量呈现攀升趋势。欧债危机影响逐步减弱，美国退出量化宽松政策（QE）。原油价格的暴跌和卢布大幅贬值，使得俄罗斯政府和企业财务状况堪忧。APEC 第二十二次领导人非正式会议决定启动亚太自由贸易区进程。《跨大西洋贸易与投资伙伴关系协议》（TTIP）和《跨太平洋伙伴关系协议》（TPP）谈判获得突破性进展，于 2015 年 10 月 5 日达成基本协议。一些非洲国家跻身于世界上经济增长最快的国家之列。亚太新兴市场发展良好，东欧、拉美与中东地区跌宕起伏。2014 年，中国、阿根廷、巴西、印度、印尼、韩国、墨西哥、俄罗斯、沙特、南非和土耳其 11 个新兴经济体的经济增长率为 4.9%（按购买力平价计算）。国际货币基金组织（IMF）预测，2015 年全球经济将增长 3.5%，2016 年将可能提高到 3.7%。国际经济力量对比正在发生深刻变化。

2014 年，中国继 2013 年第一次成为世界货物贸易大国，并延续全球第二大经济体的地位，其国内生产总值（GDP）达到 636463 亿元人民币，按可比价格计算，比上年增长 7.4%，首次突破 60 万亿元人民币，亦首次突破 10 万亿美元大关，成为“10 万亿美元俱乐部”成员，同时 GDP 总量稳居世界第

① 王兆星：《全球已经进入后金融危机时期》，网易财经，2014 年 5 月 10 日，http://money.163.com/14/0510/11/9RSO9GE000252G50.html。

二。虽然中国经济增速放缓，但经济运行仍在合理区间内，中国国民经济步入新常态。[①] 中国产业结构、分配结构调整取得很大进展，降低了外部依赖度。2014 年，中国非金融类对外直接投资达到 1028.9 亿美元，比上年增长 14.1%，加上第三地融资再投资，中国的对外投资规模在 1400 亿美元左右，这就意味着 2014 年中国实际对外投资已经超过利用外资（1195.6 亿美元）的规模，已经成为资本净输出国。[②] 2014 年，中国贸易总额达到 4.3 万亿美元，比上年增长 3.4%，其中出口 2.34 万亿美元，比上年增长 6.1%；进口 1.96 万亿美元，比上年增长 0.4%；贸易顺差 3824.6 亿美元，同比扩大 47.3%。

一　葡语国家经济社会发展各具特色

（一）积极发展对华友好关系与合作

2014 年，葡语国家安哥拉（Angola）、巴西（Brasil）、佛得角（Cabo Verde）、几内亚比绍（Guiné-Bissau）、莫桑比克（Moçambique）、葡萄牙（Portugal）、东帝汶（Timor Leste）与圣多美和普林西比（São Tomé e Príncipe），基于各自相异的历史发展、自然资源禀赋、地缘政治，发展程度不一，经济社会总体表现突出。其特征是：一方面，亚非葡语国家释放出惊人的发展能力；另一方面，巴西出现技术性衰退，葡萄牙则刚刚摆脱主权债务危机。2014 年，还是葡语国家大选集中的一年，巴西、莫桑比克和几内亚比绍三国分别举行了总统选举，平稳完成国家权力过渡。与此同时，2014 年，也是最大的葡语国家盛事和多事的一年，举办巴西世界杯、金砖国家峰会和总统大选，同时多地发生“反世界杯”游行。2014 年，还是中国与葡语国家高层互访集中的一年，中国国家主席习近平访问巴西，中国国务院总

① 《2014 年 GDP 同比增 7.4%　国民经济在新常态下平稳运行》，中国新闻网，2015 年 1 月 20 日，http://www.chinanews.com/gn/2015/01-20/6984919.shtml。

② 《我国已成为资本净输出国》，新华网，2015 年 1 月 21 日，http://news.xinhuanet.com/2015-01/21/c_1114081905.htm。

理李克强访问安哥拉，葡萄牙总统卡瓦科·席尔瓦（Cavaco Silva）访华和东帝汶总理沙纳纳·古斯芒（José Alexandre Xanana Gusmao）访华。以东帝汶、安哥拉和莫桑比克为代表的亚非葡语国家的快速发展、葡语国家的三国大选举和与中国的四次高层互访成为2014年葡语国家和中国与葡语国家关系的三大亮点。

（二）葡语国家经济社会发展冰火两重天

1. 葡语国家东帝汶和莫桑比克跻身世界经济增长最快行列

2014年，葡语国家人口总量达到2.4754亿，比2013年的2.4722亿人增长1.3‰。葡语国家2014年国内生产总值达到3.04万美元，同比增长6.7%（2013年为2.85万亿美元），占世界GDP总量77.41万亿美元的3.9%，所占比例比2013年（3.8%）略有增长。莫桑比克成为2014年世界经济增长较快的国家，同比增长7.4%，东帝汶增长6.6%，圣多美和普林西比增长4.5%，安哥拉增长4.2%。而巴西和葡萄牙分别只增长0.1%和0.9%。[①] 巴西GDP 2.69万亿美元，占葡语国家GDP总量的88%。在葡语国家中，GDP排名依次为巴西（26853.1亿美元）、葡萄牙（2104.39亿美元）、安哥拉（1304.58亿美元）、莫桑比克（171.32亿美元）、佛得角（21.07亿美元）、东帝汶（16.15亿美元）、几内亚比绍（10.64亿美元）、圣多美和普林西比（3.27亿美元）。2014年，据国际货币基金组织统计，在世界人均GDP排名中葡萄牙位于39位（人均20728美元）、巴西位于62位（人均11311美元）、安哥拉位于91位（人均5846美元）、东帝汶位于96位（人均5177美元）、佛得角位于111位（人均3837美元）、圣多美和普林西比位于139位（人均1535美元）、莫桑比克（人均688美元）和几内亚比绍位于178位（人均524美元）。2014年，八个葡语国家人均GDP平均为6206美元，略低于中国人均GDP（6747美元）。

---

① 《国际货币基金组织：2014年IMF成员GDP排行榜》，2015年4月21日，http://heybrain.blog.163.com/blog/static/204610347201532111531786/。

2. 亚洲葡语国家经济社会发展突飞猛进

亚洲葡语国家东帝汶成为2009~2013年世界增长最强劲的国家，在国际货币基金组织排名中名列第一。[①] 曾几何时，东帝汶这个名不见经传的亚洲葡语国家被联合国开发计划署列为全球20个最落后的国家之一和亚洲最贫困国家。经过短短四年时间，东帝汶经济发生了翻天覆地的变化，其国内生产总值从2009年的5.9亿美元，猛增到2013年的61.5亿美元，人均国内生产总值亦从2009年的542美元突涨到2014年的5177美元，增长了8.6倍。2013年，东帝汶跻身世界GDP增长最快的10个国家行列，增长率达到8.3%。2014年东帝汶经济增长达6.66%，人均GDP 3638美元，在世界排名第115位。东帝汶2002年正式取得独立，2007年沙纳纳·古斯芒出任总理，创造了令世人瞩目的发展奇迹。这个国家巧妙利用南太平洋印尼和澳大利亚两国之间的缓冲地带优势，推动本国经济起飞。更有乐观估计，东帝汶还有更大的增长潜力，有可能10年或20年后，其人均国内生产总值有望达到2万~3万美元，进入发达国家的行列。那时，这个亚洲葡语国家将有可能成为东亚的第六条小龙。但东帝汶仍然面临巨大挑战，包括基础设施建设、大量年轻人就业和公务员队伍建设问题。

2014年，亚非葡语国家东帝汶、安哥拉和莫桑比克经济社会发展表现令世人刮目相看。东帝汶央行在帝力发表2014年报告称，由于公共管理、服务和建筑等部门的“迅猛增长”，经济增长达到6.6%。安哥拉和莫桑比克两国在2000~2012年12年间的经济增长率超过3%的非洲国家中名列第二和第八。2014年亚非葡语国家中经济增幅排名依次为莫桑比克（7.4%）、东帝汶（6.6%）、圣多美和普林西比（4.5%）和安哥拉（4.2%）。国际商业观察（Business Monitor International）2014年发布报告预测，未来10年，安哥拉、莫桑比克等撒哈拉以南非洲国家将成为世界上经济增长最快的国家。报告认为，到2023年，撒哈拉以南10个非洲国家具有较大发展潜力，

---

① 《过去5年世界各国GDP增长排名看全球资金的最新流向，东帝汶最牛》，2014年4月30日，http://bbs.tianya.cn/post-worldlook-1099953-1.shtml。

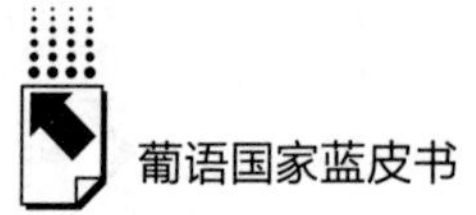

其中安哥拉、莫桑比克经济发展速度非凡，将有可能成为“非洲雄狮”。[①]

2014 年，佛得角经济社会发展难符人意，根据国际货币基金组织最近公布的数据，佛得角经济增长仅为 1%，比几内亚比绍（2.5%）还要低。2014 年撒哈拉以南非洲地区的平均增幅为 4.5%，高于非洲五个葡语国家平均增速（3.9%）。

在上述闪耀的宏观数字下，不能不看到安哥拉经济发展仍然面临诸多挑战，石油价格下滑、美国等发达国家货币政策收紧和加息压力使依赖国际市场融资的安哥拉经济备受负面影响。莫桑比克近年突出经济重点，加强对最大电力产业——南部非洲最大的卡奥拉·巴萨水电站（Hidroelectrica Cahora Bassa，HCB）的运营，政府持有 85% 股份的这一水电站有可能将偿还葡萄牙债务的时间缩短 2 ~3 年。加拿大马尼托巴国际水利电力管理有限公司（Manitoba Hydro Internacional Lda.）的一份经济技术报告表明，莫桑比克管理水电站以来一切运转正常。水电站已经利用水电站资源为当地的公益事业做出贡献，如在当地修建学校和医疗卫生设施。佛得角 2006 年成立“支持佛得角过渡集团”，成员包括葡萄牙、法国、美国、中国、世行、欧盟和联合国。佛得角于 2008 年 1 月正式进入中等发达国家行列。但是，佛得角 2011 年以后，其公共和私人投资显著减少，外国市场需求也逐步减弱，经济增长速度放缓。几内亚比绍完成总统选举，并组成新政府。当选总统若泽·马里奥·瓦斯（José Mário Vaz）承诺致力于减少贫困和恢复国家稳定。西非中央银行相关人士认为，几内亚比绍加入西非经济货币联盟（Union Economique et Monétaire Ouest-Africaine）以来，在 2000 ~2011 年，国家经济始终保持增长。[②] 但是，对于饱受战乱影响的西非葡语国家几内亚比绍来说，维持社会稳定和经济平稳增长仍然任重而道远。圣多美和普林西比政府近年来持续实施结构调整计划，通过推行税收改革、鼓励私营部门发展等举

---

① 《未来十年安哥拉等撒哈拉以南非洲国家将成为经济增长最快的“非洲雄狮”》，2014 年 3 月 1 日，http：//china.huanqiu.com/News/mofcom/2014 -03/4869456.html。

② 《几内亚比绍政府预测 2014 国家经济增长 3%》，中国驻几内亚比绍大使馆经商参处，2014 年 8 月 30 日，http：//china.huanqiu.com/News/mofcom/2014 -08/5122951.html。

措，努力保持宏观经济稳定。圣多美和普林西比 2014 年经济增长达到 4.23%，令人刮目相看，但是其大米、燃油等生活物资物价飞涨，通货膨胀率居高不下，民众生活困难。

3. 葡语国家巴西和葡萄牙在困境中求发展

2014 年，巴西度过了不平常的一年，经济出现技术性衰退，但举国三件大事为世人瞩目。这个南美最大的国家先是举办第二十届世界杯足球赛。世界杯锣声刚落，巴西就迎来了金砖国家领导人第六次会晤。进入第四季度，巴西全国进行总统大选。

巴西在 6 月 12 日至 7 月 13 日期间在 12 个城市举办世界杯足球赛。全球有 32 支球队，进行了 64 场比赛。31 天时间里共有 150 万外国游客入境巴西观看世界杯，在巴西消费额达到 14 亿美元。据巴西经济研究协会基金会的一项研究结果，世界杯为巴西 15 个经济部门注入 300 亿雷亚尔（1 美元约合 2.2 雷亚尔），约合巴西国民生产总值的 0.6%。巴西从世界杯中获益，其中包括旅游收入大幅增加，就业和税收增长较大，机场翻倍增容，尤其是小微企业获得较大收益。但是，世界杯这样的重大国际赛事占用了国家巨大财政开支，民众上街游行，一度怨声载道。因为大量罢工使得一些大城市的交通、银行遭受超过 2.77 亿雷亚尔的经济损失，巴西所期盼的“世界杯经济”因而大打折扣。

一场足球盛事刚刚结束，又迎来一场政治盛事，巴西于 7 月 15 日至 16 日举办金砖国家领导人第六次会晤。中国国家主席习近平、巴西总统罗塞夫、俄罗斯总统普京、印度总理莫迪、南非总统祖马出席峰会。此届领导人会晤以“实现包容性增长的可持续解决方案”为主题，各国领导人就当前世界经济形势、国际政治安全等问题交换意见，达成广泛共识，取得重要成果。此届峰会取得的重要成果是金砖国家发表《福塔莱萨宣言》，宣布金砖国家新开发银行初始资本确定为 1000 亿美元，总部设在中国上海。[①] 能取

① 《金砖国家发表福塔莱萨宣言　新银行总部设在上海》，新华社，2014 年 7 月 16 日，http://military.china.com/important/11132797/20140716/18635096.html。

得这样的成果，除了金砖国家领导人的共同努力外，不能不说巴西功不可没，这为巴西在国际上的形象添加了浓墨重彩。

2014 年，巴西经济增长只有 0.1%，呈现出技术性衰退的状况。[①] 2015 ~ 2016 年经济增长预期也只有1%或者0。自 2011 年起，巴西连续三年经济不景气，年均增长幅度不足 2%。2013 年以来，巴西国内经济大幅度下滑，并出现结构性问题。除了国际大宗商品市场不振带来负面影响外，巴西国内的高基准利率使得内需下降、出口减少，其当务之急是尽快解决经济发展结构不均衡的问题。当然，人们期望巴西重新回到“黄金 10 年”，使得年均增长恢复到 4% 的水平。

2014 年，葡萄牙退出国际救助计划。葡萄牙总理科埃略（Pedro Passos Coelho）5 月 4 日宣布葡萄牙政府决定退出国际“三驾马车”即欧盟（União Europeia）、国际货币基金组织（IMF）和欧洲中央银行（ECB）的救助计划，即是说，葡萄牙不再申请预防性信贷，完全恢复市场融资能力。[②] 葡萄牙能够成功完全退出国际救助计划证明政府在削减赤字和稳固财政方面获得成功。欧洲主权债务危机爆发以来，葡萄牙陷入极端困难，政府财政几近破产。葡萄牙曾于 2011 年 5 月与国际“三驾马车”达成救助协议，其总额达到 780 亿欧元。为稳定财政、削减赤字，葡萄牙需按照协议要求采取财政紧缩和经济改革措施。近年外部援助和内部改革对于葡萄牙经济复苏产生了积极效果。葡萄牙宏观经济环境明显改善，财政赤字大幅降低，国债收益率屡创新低。葡萄牙退出救助计划，表明其经济形势好转，融资能力增强，但是并不意味着葡萄牙经济和财政问题已经得到彻底解决。葡萄牙政府还需继续努力，深化经济结构改革，才有可能从根本上摆脱危机。

2014 年葡萄牙经济只增长了 0.9%，但是其财政赤字占 GDP 的比重已经降至 4% 以下。葡萄牙中央银行预测葡萄牙 2015 年和 2016 年经济增长将

---

① 《巴西经济现技术性衰退》，中国证券报 · 中证网，2014 年 9 月 1 日，http：//www.cs.com.cn/hw/hqzx/201409/t20140901_ 4498767.html。

② 《葡萄牙退出“三驾马车”援助计划》，《北京商报》2014 年 5 月 6 日，http：//www.p5w.net/news/gjcj/201405/t20140506_ 584256.htm。

继续加快至1.4%和1.7%，经济增速接近于欧元区平均经济增长水平。葡萄牙2014～2016年的经济增长预期将由其内需和出口增长实现，国际贸易收支平衡将进一步大幅改善，通胀率将维持在较低水平。世界三大评级机构过去对葡萄牙政府的评级均为垃圾级。目前，惠誉国际（Fitch）对葡萄牙表示乐观。葡萄牙退出救助计划不久，就成功独立发行9.75亿欧元10年期国债，利率为3.25%，市场认购量高达2.43倍。这表明，葡萄牙已经完全恢复市场融资能力。

2014年初，葡萄牙就显现出投资移民“大热”。[①] 前两月葡萄牙政府颁发了208份黄金居留，共创收10800万欧元。葡萄牙黄金居留政策主要有三：一是在葡萄牙投资房地产，其投资额不少于50万欧元；二是在葡进行资本投资，投资额不得低于100万欧元；三是必须创造至少10个就业岗位。这一政策吸引的投资的主要来源国依次为中国、俄罗斯、安哥拉和巴西，其中中国人占近95%。葡萄牙推出黄金居留政策带来两大成果：一是投资地域多样化，投资者开始在首都里斯本投资，此后逐步转向其他城市；二是投资领域多元化，投资者不再只盯着房地产和旅游业，也开始着眼于基建设施工程投资。

4. 葡语国家巴西、莫桑比克和几内亚比绍顺利完成大选

2014年10月26日，巴西在任总统、劳工党（Partido dos Trabalhadores）候选人迪尔玛·罗塞夫（Dilma Rousseff）和副总统候选人米歇尔·特梅尔（Michel Temer）获得51.45%的选票，凭借2.58个百分点的微弱优势，战胜社会民主党（Partido da Social Democracia Brasileira）的候选人阿埃西奥·内维斯（Aécio Neves），罗塞夫连任巴西总统，特梅尔当选为副总统。[②] 此次总统选举是1989年以来最为激烈的一次政治较量，罗塞夫得到巴西东北部贫困州选民的拥护，内维斯获得大中城市中的中产阶级的支持，其得票率为

---

① 《葡萄牙投资移民大热　移民葡萄牙中国人数超18万》，《出国之窗》2014年7月1日，http://www.chinairn.com//news/20140506/134518714.shtml。

② 《罗塞夫连任巴西总统》，新华网，2014年10月27日，http://news.xinhuanet.com/world/2014－10/27/c_ 1112981554.htm。

48.55%。当天参与投票的巴西选民约1.425亿，除选出新一任总统和副总统外，选民们还投票选出了巴西13个州的州长及巴西利亚联邦区区长。罗塞夫总统当选后做出郑重承诺，在未来四年任期内，政府将以最温和及民主的方式治理国家，并更乐于加强对话。罗塞夫还表示，政治改革将被置于所有改革之首位，总统将与国会和人民共同探讨这个主题，并着力打击腐败；在最棘手的经济问题上，将在所有部门推动经济活动，使巴西经济尽快恢复活力。但是，呈现在新总统面前的是一个经济上十分困难的阶段，并可能延续至2015年，甚至到2016年。巴西的税率维持较高的水平，其利率较高致使投资率降低，企业的融资成本居高不下，基础设施建设落后等都将困扰新总统。当选总统任内将要采取减税、加大科技创新投入、打击腐败等措施，或可短期内摆脱困难局面。可以看到，罗塞夫注重与其他发展中国家合作，强调“南南合作”，特别强调加强与其他“金砖四国”的关系，这将给巴西经济复苏注入新的活力。

2014年10月15日，莫桑比克举行第五次总统选举和议会选举。1080万选民在全国范围内同时投票选举。此届选举选出新一任总统和250个国家议会议席和省级议会议席。葡共体、非盟、欧盟、南共体和英联邦均派观察团实施监督。执政党莫桑比克解放阵线党（莫解阵，Partido Frelimo, Mozambique）候选人菲利佩·纽西（Filipe Nyusi）以57%的得票率当选独立后第四任总统。[①] 莫桑比克全国抵抗运动（莫抵运，RENAMO，莫桑比克最大反对党）候选人阿丰索·德拉卡马（Afonso Dhlakama）获得36.61%的选票，第二大反对党莫桑比克民主运动党（莫民运，MDM）候选人戴维斯·西曼戈（Davies Simango）得票率为6.63%。在莫桑比克议会250个席位中，莫解阵获得144个议席，莫抵运增加17个议席，达到89个。菲利佩总统系机械工程师出身，2008年担任国防部部长，曾任国家北部铁路总经理，当选时55岁。新总统上任后面临如何与莫抵运维持目前国内和平局面这样一些棘手的问题，还有如何管理国家丰富的矿产资源这样涉及国计民生

① 《莫桑比克举行第五次大选　动荡之后民众渴望和平与发展》，《国际在线》2014年10月16日，http://gb.cri.cn/42071/2014/10/16/5931s4729218.htm。

的重大问题。曾在一段时间内，非洲国家被认为逢选必乱，但是莫桑比克大选不乱，表明莫桑比克政治家的成熟和民众对国家和平与发展的渴望。莫桑比克两大政党经历了16年内战，给国家和人民带来极大的创伤，国家被联合国宣布为世界上最不发达国家和重债穷国，百姓思变，渴求和平。

2014年4月13日，几内亚比绍总统与议会选举开始投票，共有59万多选民投票。几内亚比绍总统选举先后经过两轮投票，在5月18日举行的第二轮投票中，第一大党几内亚和佛得角非洲独立党（几佛独立党，Partido Africano da Independência da Guiné e Cabo Verde，PAIGC）候选人若泽·马里奥·瓦斯（José Mário Vaz）赢得总统选举。① 瓦斯得票率为61.9%，获得36万张选票。第二大党社会革新党（Partido da Renovação Social，PRS）支持的独立候选人努诺·戈梅斯·纳比亚姆（Nuno Gomes Nabiam）获得22万多张选票，得票率为38.1%。在全国人民议会102个议席中，几佛独立党赢得57个席位，社会革新党获得41个席位。几佛独立党推举多明戈斯·西蒙斯·佩雷拉（Domingos Simoes Pereira）为总理，其于7月4日宣誓就职。非洲联盟、西部非洲国家经济共同体、葡萄牙语国家共同体、尼日利亚、南非、英国共派出180多名观察员监督几内亚比绍选举全过程。几内亚比绍是通过武装斗争获得独立的葡语国家，军队对国家的影响力很大，多年频繁的军事政变不断影响国家稳定和经济发展。几内亚比绍20世纪90年代开始实行多党制，但是由于种种原因，从来没有一位民选总统完成五年任期。维埃拉（João Bernardo Vieira）总统2009年遇刺身亡，萨尼亚（Bacai Sanhá）于当年7月当选总统。2012年1月9日萨尼亚因糖尿病并发症在法国去世，国民议会议长佩雷拉（Raimundo Pereira）担任代总统。几内亚比绍总统选举完成后，联合国安理会呼吁各方尊重选举结果，抓住机会实现并巩固国家稳定。

几内亚比绍大选结束后即获得国际社会的援助，11月获得国际货币基金组织（IMF）400万欧元的贷款，欧盟支付1000万欧元直接援助其国家预

① 《几内亚比绍第一大党候选人赢得总统选举》，《国际在线》2014年5月21日，http://news.163.com/14/0521/08/9SOOHH0800014JB5.html。

算。同年 12 月，几内亚比绍交通和通信国务秘书宣布国家将要建立自己的民航公司。几内亚比绍的和平稳定能够走多远，人们拭目以待。

二 葡语国家对华友好合作成果前所未有

中国与东帝汶于 2014 年建立睦邻友好、互信互利的全面合作伙伴关系；中国与巴西于 2012 年将双边关系提升为全面战略伙伴关系并建立全面战略对话机制；中国与葡萄牙于 2005 年宣布建立全面战略伙伴关系；中国与安哥拉于 2010 年建立战略伙伴关系。葡语国家中与中国有外交关系的国家有七个，中国先后与其中四个葡语国家建立战略伙伴关系，凸显葡语国家在中国对外关系中的重要地位。

（一）2014年中国与葡语国家四大国事访问引人关注

中国国家主席习近平 2014 年 7 月对巴西进行访问，中国国务院总理李克强 5 月对安哥拉进行访问，葡萄牙总统卡瓦科·席尔瓦（Cavaco Silva）5 月对中国进行访问，东帝汶总统 4 月对中国进行访问。东帝汶总理沙纳纳和葡萄牙总统席尔瓦访华均强调支持和加强中国 – 葡语国家经贸合作论坛（澳门）框架合作；国家主席习近平访问巴西与罗塞夫总统会谈，双方强调加强金砖国家框架下的合作；总理李克强访问安哥拉与多斯桑托斯总统会谈，双方强调加强两国在中非合作框架下的合作。上述重大活动凸显中国与葡语国家的多双边关系的多样化发展和区域合作的重要意义。

（1）2014 年，中国国家主席习近平出席金砖国家领导人第六次会晤并于 7 月 17 日访问巴西。①

巴西是最大的葡语国家，也是金砖国家之一。巴西是第一个同中国建立战略伙伴关系的发展中国家，第一个同中国建立全面战略伙伴关系的拉美国

① 《习近平出席金砖国家领导人会晤及访拉行程》，人民网，2014 年 7 月 13 日，http://news.sina.com.cn/c/p/2014-07-13/004830510404.shtml。

家，两国均视对方为重要合作伙伴。中国国家主席习近平与巴西总统罗塞夫共同宣布，将中巴关系提升为全面战略伙伴关系并建立全面战略对话机制。两国元首决定承前启后、继往开来，规划两国关系未来发展。两国元首同时按下键盘，正式启动百度巴西葡语版搜索引擎，现场输入首个葡语版搜索关键词“Brazil China”，页面显示出“中巴建交40周年”的搜索结果。习近平主席引用孔子的名言“四十而不惑”形容两国关系。过去10年中，中巴合作呈现全方位多领域跨越式增长，高层互访十分频繁、国际协作日益紧密、双边贸易快速发展、相互投资方兴未艾。正如巴西总统罗塞夫所言，巴西和中国分别是西东半球最大的发展中国家，两国关系日益紧密，正在以前所未有的速度和质量向前发展，彼此是重要的政治、贸易和投资伙伴。

（2）2014年，中国国务院总理李克强于5月8日访问安哥拉。[①]

安哥拉在葡语国家中是仅次于巴西的中国第二大贸易伙伴，而中国则是安哥拉最大的贸易伙伴。安哥拉近年来不仅是中国在海外的第二大原油供应国，还是中国在非洲的第二大贸易伙伴和工程承包市场。有26万中国人在安哥拉工作和生活。中国国务院总理李克强访问非洲埃塞俄比亚、尼日利亚、安哥拉和肯尼亚四国。安哥拉是李克强总理往访国之一，李克强总理在访问安哥拉期间指出，中国视安哥拉为亲密朋友和对非合作的重要伙伴，支持安哥拉实施以“发展、稳定、就业”为核心的治国方略，愿与安方继续相互坚定支持。多斯桑托斯表示，中国是维护非洲和世界和平与发展的重要力量，是安哥拉的可靠朋友和伙伴。

（3）2014年，葡萄牙总统卡瓦科·席尔瓦于5月12日至18日对中国进行国事访问。

葡萄牙总统是在葡中建交35周年之际访华的。[②] 葡萄牙与中国1979年2月8日建交。席尔瓦总统精辟阐述世界第六大语种葡萄牙语及其所具有的

① 《李克强抵达罗安达对安哥拉举行正式访问》，人民网，2014年5月9日，http://politics.people.com.cn/n/2014/0509/c1024-24994574-2.html。

② 《习近平同葡萄牙总统席尔瓦举行会谈》，中新网，2014年5月15日，http://www.chinanews.com/gn/2014/05-15/6176202.shtml。

多重价值。他指出，目前全世界有 2 亿多人口使用葡萄牙语（Português），葡语是南半球使用人口最多的语言，是仅次于汉语、英语、西班牙语的世界第四大流行语种。同汉语、英语一样，葡语除具有交流功能之外，还具有难以估量的经济价值、文化价值等“附加价值”。葡萄牙十分期待与中国未来展开更多合作，希望发挥自身与非洲和拉丁美洲地区葡语国家关系密切的优势，加强与中国在非洲、拉美和地中海地区的合作。席尔瓦访华率 3 位部长，还包括有 60 家企业的大型经贸代表团，分别在上海、北京、澳门进行访问。席尔瓦总统明确表示，葡方支持中方关于加强中国－葡语国家经贸合作论坛（澳门）机制的倡议，愿积极参与三方合作。习近平主席指出，通过中国－葡语国家论坛等机制，探索开展面向非洲和拉美的三方合作，为有关地区和国家的和平、稳定与可持续发展做出贡献。

（4）2014 年，东帝汶总理沙纳纳 4 月 6 日至 14 日对中国进行正式访问并出席博鳌亚洲论坛。①

习近平主席和李克强总理分别在北京和海南与沙纳纳总理举行会谈。中方表示重视同葡语国家的关系，愿意继续在中国－葡语国家经贸合作论坛（澳门）的框架下，同包括东帝汶在内的各国加强合作。沙纳纳表示，愿借鉴中国的发展经验，积极参与“21 世纪海上丝绸之路”建设，为推进葡语国家与中国的合作发挥积极作用。沙纳纳总理还先后访问中国的湖南和福建两省。在湖南省访问期间，沙纳纳出席“中国·湖南－东帝汶投资合作洽谈会”，会上东帝汶农业部门与总部设在湖南长沙的隆平高科就东帝汶农业产业园合作开发协议项目举行了签约仪式。在福建省访问期间，东帝汶与福建省签署建立友好省区关系意向书。从国家层面看，中国与东帝汶两国决定将双边关系提升为睦邻友好、互信互利的全面合作伙伴关系。在东帝汶总统访华期间，双方均积极评价中国－葡语国家经贸合作论坛（澳门）为促进中国与葡语国家开展互利合作、加强经济联系所发挥的重要作用。

---

① 《中国与东帝汶发表联合声明：建全面合作伙伴关系》，新华网，2014 年 4 月 14 日，http：//www. chinanews. com/gj/2014/04－14/6060446. shtml。

（二）中国与葡语国家贸易、投资、人员交流和发展合作四大重点

1. 中国与葡语国家贸易稳定增长

2014年，中国与葡语国家间的进出口总值达到1325.7亿美元，比上年增长0.85%。中国从葡语国家进口864.3亿美元，下降1.19%；中国向葡语国家出口461.4亿美元，增长4.91%。在中国与葡语国家贸易关系中，巴西是中国最大贸易伙伴国（在全球范围内中国是巴西第一大出口目的地和第一大进口来源国）。但是，2014年中国与巴西贸易额为869亿美元，同比下降了3.29%。中国从巴西进口和对巴西出口分别下降3.15%和3.49%。安哥拉在葡语国家中是中国第二大贸易伙伴，2014年双边贸易额为370.6亿美元，同比增长3.23%；其中，安哥拉对华出口310.9亿美元，下降2.67%，自中国进口59.7亿美元，增长50.73%。葡语国家中，巴西和安哥拉是中国两大贸易伙伴，中国与两国贸易额共1239.7亿美元，占全部与葡语国家贸易额的93%。在葡语国家中，中国与第三大贸易伙伴葡萄牙的贸易额达到47.9亿美元，同比增长22.88%；其中，中国向葡萄牙出口31.3亿美元，同比增长25.15%，葡萄牙对华出口16.6亿美元，同比增长18.81%。莫桑比克在葡语国家中与中国的贸易处于第四位，2014年中国与莫桑比克贸易额为36.2亿美元，同比大幅度增长119.79%；其中，中国向莫桑比克出口19.6亿美元，增长64.55%，自莫桑比克进口16.5亿美元，更大幅度增长266.37%。中国与佛得角、几内亚比绍、圣多美和普林西比及东帝汶的贸易额共为1.84亿美元。①

从上面的数据来看，2014年中国与巴西进出口贸易处于双下降的特殊时期，出现1999年以来双方贸易第二次负增长，上一次负增长是在2012年（3%的负增长）。据巴西方面的统计，巴西与中国货物贸易下降幅度还更大一些，植物产品是巴西对华出口的主要产品，2014年出口额为164.5亿美

---

① 中国海关数据，2015年3月4日，http：//china.huanqiu.com/News/mofcom/2015-03/5809385.html。

元，下降0.1%，其占巴西对华出口总额的47.5%。巴西对华出口的矿产品，其出口额为127.6亿美元，同比下降7.5%，矿产品是巴西对华出口的第二大类商品，占巴西对华出口总额的36.8%。2014年，巴西对中国出口的化工产品、木材及制品、箱包，以及皮革制品增幅较大，分别增长113.8%、52.3%、38.4%和37.8%；同时巴西对华运输设备和食品饮料烟草出口降幅较大，分别下降62.4%和29.0%。巴西自中国进口的主要商品为机电产品、化工产品和纺织品及原料，2014年进口193.4亿美元，占巴西自中国进口总额的69.1%。中国在劳动密集型产品的出口上继续保持优势，纺织品及原料、家具玩具以及皮革制品，还有箱包分别为巴西从中国进口第三、第七和第十大类的商品，韩国、越南、印度、印度尼西亚、孟加拉国、中国香港、意大利和墨西哥等国或地区在这些产品上是中国（内地）的竞争对手。虽然中国与葡萄牙和莫桑比克的贸易增长幅度较大，但是中国与巴西和安哥拉的贸易额毕竟占有很大比重，中国－葡语国家经贸合作论坛（澳门）第四届部长级会议确定力争到2016年双边贸易额达到1600亿美元的目标，还需要各参与国家做出很大努力（见表1、表2）。

表1　2013年中国与葡语国家进出口商品总值

单位：万美元

序号	国家	2013年					
		进出口额	出口额	进口额	同比(%)		
					进出口	出口	进口
1	安哥拉	3591288.32	396485.84	3194802.49	-4.24	-1.96	-4.51
2	巴西	8985574.55	3618968.86	5366605.69	5.11	8.27	3.09
3	佛得角	6116.80	6116.79	0.02	6.39	6.40	-85.65
4	几内亚比绍	2859.52	1176.99	1682.53	26.89	-25.95	153.37
5	莫桑比克	164834.89	119716.34	45118.55	22.60	27.12	12.02
6	葡萄牙	390804.61	250681.68	140122.94	-2.78	0.19	-7.68
7	东帝汶	4770.37	4730.67	39.70	-24.49	-24.30	-41.98
8	圣多美和普林西比	477.23	476.98	0.25	56.44	58.59	-94.27
进出口合计		13146726.29	4398354.15	8748372.17	2.31	7.14	0.04

资料来源：中国海关总署统计数据。

表 2　2014 年中国与葡语国家进出口商品总值

单位：万美元

序号	国家	2014 年					
		进出口额	出口额	进口额	同比(%)		
					进出口	出口	进口
1	安哥拉	3707121.30	597627.21	3109494.09	3.23	50.73	-2.67
2	巴西	8690086.08	3492522.02	5197564.06	-3.29	-3.49	-3.15
3	佛得角	5122.62	5122.32	0.30	-16.25	-16.26	1775.00
4	几内亚比绍	6707.85	1712.24	4995.61	134.58	45.48	196.91
5	莫桑比克	362290.93	196989.65	165301.28	119.79	64.55	266.37
6	葡萄牙	480210.88	313724.71	166486.17	22.88	25.15	18.81
7	东帝汶	6044.78	6034.79	9.99	26.72	27.57	-74.84
8	圣多美和普林西比	572.82	572.77	0.05	20.03	20.08	-79.71
进出口合计		13258157.26	4614305.71	8643851.55	0.85	4.91	-1.19

资料来源：中国海关总署统计数据。

2. 中国与葡语国家并购投资引人瞩目

2014 年，中国企业以并购方式投资引人瞩目，尤以在葡萄牙和巴西的并购更为突出。其并购的领域涉及电力、金融、医疗、能源、保险、冶金、互联网、体育产业等，并多采用股权投资的方式，占其一定比例，控股或部分控股。

（1）葡萄牙。

2014 年，中国公司对葡萄牙投资高于 2013 年同期的 1.23 亿美元，高达 28 亿美元，投资主要用于收购葡萄牙资产。在电力领域，中国企业于 2011 年首次收购葡萄牙资产，中国长江三峡集团公司当年收购葡萄牙电力公司（Energias de Portugal，EDP）部分股权。[①] 在金融领域，中国复星国际有限公司（复星国际，Fosun International Ltd.）以 15 亿美元收购葡萄牙国有银行（Caixa Geral de Depositos SA）保险子公司。在医疗领域，复星国际以 8.5 亿

① 《外媒：中国企业大举收购葡萄牙资产　或为借道进军非洲》，《中国日报》2014 年 12 月 22 日，http://finance.ifeng.com/a/20141222/13374517_0.shtml。

美元收购葡萄牙医疗保健公司（Espirito Santo Saúde SGPS SA）。在保险领域，复星国际以10亿欧元购得葡萄牙储蓄总行附属保险公司80%的股权。此保险公司在葡萄牙保险业占有30%的市场份额，当属葡萄牙最大的保险公司。[①]

（2）巴西。

在互联网领域，中国百度公司收购巴西团购网站城市鱼（Peixe Urbano）控股权，这一网站在巴西赫赫有名，拥有5000万上网人口。[②] 在能源领域，中国石油天然气股份有限公司（中石油）斥资26亿美元收购巴西能源秘鲁公司全部股份。此公司在秘鲁从事油气勘探、开发和生产，是巴西国家石油公司全资子公司。为此，中石油接管了其旗下10区、57区和58区三个油气区块。完成收购后，中石油在秘鲁的原油产量将达到秘鲁原油总产量的54%。[③] 在体育产业领域，中国山东鲁能收购巴西的足球俱乐部，被称为在巴西制造中国足球的“洋务运动”。山东鲁能的六名球员此前已经进驻圣保罗足球俱乐部的青训基地，同样开创中国足球的先河。山东鲁能收购巴西体育中心足球俱乐部之后，有四支队伍可以参加巴西正式的青少年联赛。此前，中国在巴西学习足球的青少年只能接受培训和参加热身赛，他们在18周岁之前不被允许参加当地的青少年联赛。[④] 在冶金领域，中国铌业投资控股有限公司，出资19.5亿美元，收购巴西矿冶公司（CBMM）15%的股权。该企业联合体由中国信托投资公司、宝山钢铁公司、鞍山钢铁公司、首都钢铁公司和太原钢铁公司联合组成。巴西铌矿储量居于全球之首，巴西矿冶公司是全球最大的铌矿企业，公司拥有巴西最优质铌矿的开采权。铌主要用于汽车制造、油气管道、大型桥梁、塔楼建筑和飞机引擎等。铌能够提高钢的

---

① 《中国企业加速收购葡萄牙资产　借道进入非洲市场》，《国际财经》2014年12月19日，http：//finance. qq. com/a/20141219/038860. htm。

② 《百度收购巴西团购网站》，新华网，2014年10月10日，http：//news. xinhuanet. com/tech/2014-10/10/c_ 127081317. htm。

③ 《中国石油26亿美元收购巴西能源秘鲁公司资产》，中石油官网，2013年11月13日，http：//finance. ifeng. com/a/20131113/11073995_ 0. shtml。

④ 《山东鲁能收购巴西足球俱乐部》，《百度百家》2014年9月22日，http：//xiaoliangzhi. baijia. baidu. com/article/30137。

强度和硬度，使合金钢更加环保。2002 ~ 2009 年，全球铌需求量以每年10% 的速度增长。在冶金领域，还有中国宝山钢铁公司与巴西国有铝厂建立合资公司（世界最大的钢铁矿石公司）并在巴西投资 80 亿美元建设工厂，为宝钢高端扁钢生产提供高档铁矿资源。[①] 在能源领域，中国工银金融租赁公司与巴西莎茵集团（Schahin Group）就超深水钻井平台租赁项目达成一致，合同总金额达 10.8 亿美元。两座钻井平台由中国中集集团烟台来福士船厂制造，建成后交付巴西国家石油公司使用。[②] 在金融领域，中国建设银行斥资 16 亿雷亚尔收购巴西工商银行（Banco Industrial e Comercial S. A.）72% 的股份。[③] 这是迄今为止，中国商业银行在海外最大规模的股权并购。未来，中国建设银行将以巴西作为拉美地区桥头堡，实现银行稳步有序发展。在电力领域，中国最大的电力运营商——中国国家电网公司（国家电网）以 9.89 亿美元收购并接管运营巴西七家输电特许公司。此项收购为国家电网带来每年逾 1.1 亿美元的收益，并将促进中国电力装备、工程建设输入拉美市场。[④] 中国国家电网公司成立于 2002 年，注册资本 2000 亿元，其经营覆盖中国国土面积 88% 以上，遍及中国 26 个省、自治区和直辖市。国家电网是经营输电、变电、配电等电网资产的特大型企业。在加工领域，中国云南云天化股份有限公司（云天化，YTH）以 5950 万美元收购巴西卡皮瓦里玻璃纤维有限公司（Capivari Fibras de Vidro）。[⑤] 收购后，云天化就可以通过巴西向欧洲和北美出口玻纤产品。云天化是中国一家化学品公司，

---

① 《中国铌业收购巴西矿冶 15% 股权》，《宝钢新闻》2011 年 9 月 21 日，http：//www. baosteel. com/group/01news/ShowArticle. asp？ ArticleID = 5221。

② 《中国与巴西签署 10.8 亿美元钻井平台租赁项目》，新华网，2014 年 7 月 19 日，http：// news. xinhuanet. com/world/2014 - 07/19/c_ 126772098. htm。

③ 《建设银行完成收购 BIC 银行 72% 股权》，《经济参考报》2014 年 9 月 2 日，http：// news. xinhuanet. com/fortune/2014 - 09/02/c_ 1112316110. htm。

④ 《国家电网成功收购巴西 7 家输电特许权公司》，中国新闻网，2010 年 12 月 20 日，http：//www. chinanews. com/ny/2010/12 - 20/27327，http：//www. chinanews. com/ny/2010/12 - 20/2732732. shtml32. shtml。

⑤ 《云南云天化股份有限公司 2012 年年度报告》，百度和讯全财经网，2015 年 8 月 10 日，http：//baidu. hexun. com/stock/read. php？ code = 600096. sh&id = 1067282&t = 2。

2010 年总资产为 195 亿元人民币，净资产 55 亿元人民币，在上海证交所上市。云天化是目前中国第二大、世界第四大玻纤生产企业。

3. 中国与葡语国家人力资源开发合作方兴未艾

中国与葡语国家积极开展人力资源领域的开发合作。葡语国家需要中国在公共管理、经贸、卫生、农业、运输、通信等领域提供技术培训，帮助这些国家的发展能力建设。中国已在葡语国家安哥拉、巴西、葡萄牙、莫桑比克建立孔子学院，在东帝汶、佛得角和几内亚比绍设立孔子学院的可能性都在协商之中。2011 年 3 月，中国 - 葡语国家经贸合作论坛（澳门）培训中心在澳门成立以来，先后举办 22 期各类研修班、培训班。576 名葡语国家政府官员和技术人员赴中国澳门参加研修和培训，其中包括 2011 年葡语国家政府管理现代化研修班，2011 年葡语国家贸易便利化研修班，2011 年葡语国家食品管理研修班，2012 年葡语国家疟疾防治官员研修班，2013 年葡语国家海洋渔业与海岸带综合管理研修班，2013 年葡语国家开发式扶贫政策与实践官员研修班，2014 年葡语国家海关研修班，葡语国家旅游、会展管理研修班，葡语国家医疗与公共卫生研修班，葡语国家社区合作的概念及管理研修班，葡语国家税收及税务政策研修班，以及中国商务部在北京举办的葡语国家经济全球化部级研修班，在四川省主办的针灸及推拿技术临床应用培训班、护理技术培训班，涉及旅游、会展、医疗卫生、中小企业建设、公共行政、环保等十几个领域。①

在葡萄牙语教学领域，2013 ~2014 年中国在 13 所大学开设了葡萄牙语专业，中国大学本科专业排名为北京外国语大学、对外经济贸易大学、上海外国语大学、西安外国语大学、天津外国语大学和广东外语外贸大学。2014 ~2015 年，中国内地有 16 所大学开设葡萄牙语专业，根据中华考试网，本科教育分专业竞争力排名依次为北京外国语大学、河北外国语学院、北京语言大学（见表 3）。

---

① 《论坛有助于推动中国与葡语国家的交流合作》，《国际在线》2014 年 12 月 5 日，http://gb.cri.cn/42071/2014/12/05/6891s4792573.htm。

表3　中国内地大学葡萄牙语专业排名

排序	学校名称	水平	开此专业学校数
1	北京外国语大学	5★	67
2	河北外国语学院	5★	67
3	北京语言大学	5★	67
4	对外经济贸易大学	4★	67
5	天津外国语大学	4★	67
6	西安外国语大学	4★	67
7	吉林华侨外国语学院	4★	67
8	北京第二外国语学院	4★	67
9	广东外语外贸大学	3★	67
10	兰州交通大学	3★	67
11	大连外国语大学	3★	67
12	河北传媒学院	3★	67

资料来源：中国科教评价网，2014年4月10日。

在葡萄牙语教学交流方面，在葡萄牙总统卡瓦科·席尔瓦2014年5月访华期间，两国教育部成立“中葡语言文化合作交流联合体”，目的在于加强中国的葡萄牙语教学和葡萄牙的汉语教学，[①] 同时，还举行第一个大型学术会议“首届中国葡语教学与汉语教学国际研讨会”。中国开展葡语教学的多所院校的校领导和葡语专业负责人、葡萄牙多所开展汉语教学高校的负责人出席了会议。澳门理工学院葡萄牙语教学代表团还访问了对外经济贸易大学外语学院葡萄牙语系和大连外国语大学西葡语系。澳门理工学院在葡语教学方面积极与中国内地进行交流，促进葡语教学发展。

据权威咨询机构统计，有90%的葡语专业毕业生进入政府部门和新闻机构工作，这些机构包括外交部、商务部、国际广播电台、人民日报社、新华社，只有10%的本科毕业生进入各类企业。[②] 当前，中国与葡语

① 《我校代表出席“中葡语言文化合作交流联合体”成立仪式》，对外经济贸易大学新闻网，2014年5月19日，http://news.uibe.edu.cn/uibenews/10_article.php?articleid=20805。

② 《2014年葡萄牙语专业就业前景与就业方向》，《职场资讯》2014年6月1日，http://www.myzhidao.com/zczx/1095.html。

国家，特别是巴西和非洲葡语国家经贸关系日趋密切，葡萄牙语人才稀缺，尤其是精通葡萄牙语的人才更加紧俏。从薪酬来讲，进入企业的毕业生薪酬最高，进入政府部门的毕业生的待遇不高，但是社会地位较高。口译、笔译能力俱佳的毕业生薪酬相对较高。截至 2013 年 12 月，39000 多名葡萄牙语专业的毕业生平均薪酬为 6400 多元人民币。在西班牙语、意大利语、俄语和葡萄牙语等语种中，企业给予葡萄牙语毕业生的待遇最高。其就业方向主要有葡语外贸业务员、翻译、海外销售，以及经理级外贸业务主管等。

4. 2014年中国对亚非葡语国家的援助和对葡萄牙的帮助

（1）向几内亚比绍提供抗埃博拉物资援助。

2014 年，中国向几内亚比绍实施紧急人道主义援助。当年 2 月开始，西非地区爆发大规模埃博拉病毒疫情，对非洲人民生命安全、经济社会发展和全球公共卫生造成严重威胁。2014 年 12 月，埃博拉确诊、疑似病例累计 17290 例，其中死亡 6128 人，感染人数超过 10000 人。疫情暴发后，中国政府积极响应世界卫生组织和疫区国家的强烈呼吁，采取包机运输方式第一时间向这些疫区国家提供紧急人道主义援助。2014 年 4 月，应几内亚比绍过渡政府请求，中国政府第一时间向几内亚比绍提供了价值 100 万元人民币的预防埃博拉疫情紧急物资援助。中国还派出中国专家赴几内亚比绍开展埃博拉公共卫生培训工作。[①]

（2）援建葡语国家民生工程。

中国援建安哥拉罗安达省总医院项目，改、扩建后的医院总建筑面积达 22000 平方米，床位 301 张，成为安哥拉最大的省级综合性医院。[②] 中国为莫桑比克加扎省比乐讷县（Bilene）打井 100 口，包括物探、钻井、井台制

① 《中国向几内亚比绍提供抗埃物资援助》，新华网，2014 年 11 月 2 日，http://news.xinhuanet.com/2014-11/02/c_1113076626.htm。

② 《安哥拉总统办公室主任视察中国援助安哥拉罗安达省总医院项目》，中国驻安哥拉大使馆经商参处，2014 年 10 月 6 日，http://www.mofcom.gov.cn/article/i/jyjl/k/201410/20141000750811.shtml。

作、手压泵安装。[①] 中国援建佛得角萨尔岛综合学校，其总建筑面积7447平方米，占地面积2.1万平方米。综合学校包括1座综合教学楼、23间教室、9间实验室，还有阶梯教室、图书阅览室、办公室和会议室，附属设施包括室内体育训练场、室外简易运动场和停车场。此外，该学校还配备必要的教学和办公家具。[②] 中国从2008年起，援助东帝汶杂交水稻项目，为东帝汶增强粮食自给能力发挥重要作用。中国技术组在东帝汶设立四个杂交水稻示范点，示范面积2.2公顷，推广种植面积200公顷。推广期杂交水稻平均产量每公顷达到7.7吨，最高产量每公顷可达8.8吨，比常规稻产量高出3~4倍。同时，项目为东帝汶培训农业人才500多人次。[③]

（3）援建葡语国家体育设施。

中国援建佛得角国家体育场项目2009年底开工，2014年8月23日体育场正式启用，可容纳1.5万名观众，可承办各项体育赛事和文化演出活动。[④]

（4）向葡萄牙伸出援手。

2014年，葡萄牙基本处于主权债务危机之中。始于2008年的欧洲主权债务危机，直接影响欧洲国债市场，葡萄牙未能幸免，国债市场利率差距呈扩大趋势。葡萄牙因财政赤字高于预期，10年期国债收益率从2009年的4%上升至2012年的17.26%，5年期国债利率一度达10.47%，均创历史新高。三大评级公司连番下调葡主权信用评级。国债比例从2009年的82.4%上升至2010年的92.4%。葡萄牙主权债务危机引发其政坛动荡，葡萄牙总理若泽·苏格拉底2011年3月辞职；同时，还引发民众不满，曾出现300万工人上街游行。在债务危机期间，74%的当地人家庭购买力下降，58%的

---

① 《中国政府援助莫桑比克打井项目举行隆重开工典礼》，中国江西国际经济技术合作公司，2014年3月24日，http://www.cjic.cn/news/2014324/n55391726.html。

② 《佛得角基础设施部长视察中国政府援建的综合学校项目》，中国驻佛得角大使馆经商参处，2014年11月1日，http://china.huanqiu.com/News/mofcom/2014-11/5187311.html。

③ 《驻东帝汶大使田广凤考察中国援东帝汶杂交水稻项目》，中国外交部，2014年11月2日，http://china.huanqiu.com/News/fmprc/2014-11/5187983.html。

④ 《中国援建佛得角国家体育场举行落成典礼》，新华网，2014年8月24日，http://news.xinhuanet.com/world/2014-08/24/c_1112205092.htm。

人认为月底支付账单感到吃力，50%的人缩减了在烟酒、餐厅和酒店方面的消费。葡萄牙身负2140亿欧元债务，债务占国内生产总值（GDP）的比重位列欧元区第三，政府迫于无奈在2011年申请了国际援助。2011年5月，葡萄牙与欧盟、欧洲中央银行和国际货币基金组织“三驾马车”达成救助协议，信贷总额为780亿欧元。

面对葡萄牙主权债务危机，中国没有袖手旁观，而是伸出援手。中国外交部副部长傅莹于2010年11月表示，中国愿意购买葡萄牙国债，从而促进葡萄牙经济和金融复苏。中国一直是葡萄牙国债的重要投资者，在2011～2012年已经购买了价值超过10亿欧元的葡萄牙国债。[①] 中国国家电网公司收购葡萄牙电网公司25%的股权，中国长江三峡集团公司收购葡萄牙电力公司21.35%的股权，中国石化集团收购葡萄牙石油和天然气公司旗下巴西分公司30%的股份，复星国际收购葡萄牙储蓄总行附属保险公司80%股份，香港北控水务集团收购法国威立雅水务公司旗下葡萄牙水务公司100%的股份。上述股权投资有力缓解了葡萄牙主权债务危机。

三　2015年葡语国家经济社会发展整体前景光明

2015年全球经济复苏步伐缓慢，一些国家仍然在消化金融危机的后续影响，大多数经济体仍需“保增长”。[②] 国际货币基金组织（IMF）将2015年、2016年的全球增长率预期分别下调为3.5%和3.7%，这意味全球进入低增长“新常态”，而全球贸易增长可能更加减缓，2015年全球贸易额增长预期下调至4%。美国等发达经济体经济依然疲软，美联储退出量化宽松货币政策（QE）后，美元在相当长时期内还是全球追逐的安全资产，增加全球特别是新兴市场溢出风险。2014年，新兴经济体阿根廷、巴西、中国、

① 葡萄牙财政国务秘书玛丽亚·阿尔伯克基（Maria Luís Albuquerque）于2012年6月14日访华期间的谈话，葡萄牙卢萨社，2012年6月14日。

② 姚波：《领航：全球经济复苏缓慢　美联储加息或提前》，《中国基金报》，http://funds.hexun.com/2015-01-26/172732931.html。

印度、印尼、韩国、墨西哥、俄罗斯、沙特、南非和土耳其经济增速放缓，多在新常态下运行。2015 年，跨太平洋伙伴关系协定（TPP）谈判已达成，但是需要得到相关各国的批准，区域全面经济伙伴关系（RCEP）谈判还有许多不确定因素，离缔结协议还有不少距离。2015 年，新兴经济体经济复苏、大幅回暖的概率较小，预测增长率为 4.8%。2015 年第一季度，中国国内生产总值为 140667 亿元人民币，按可比价格计算，同比增长 7.0%，在新兴经济体中表现不俗。

2015 年第一季度，中国进出口总值为 55433 亿元人民币，同比下降 6.0%。其中，进口下降 17.3%，降幅较大，出口小幅增长 4.9%。[①] 应对国际形势错综复杂和国内经济下行压力，中国把调结构、转方式放在突出的位置，着力深化改革开放，着力激发市场活力，着力加强民生保障，国民经济运行总体平稳。

2015 年 1 ~2 月，中国与葡语国家进出口总额为 150.3 亿美元，与上年相比下降 23.64%，降幅较大。不过，中国向葡语国家出口总额为 79.4 亿美元，实现 16.45% 的较大幅度增长。中国从葡语国家进口总额为 70.9 亿美元，同比下降 44.9%。2015 年前两个月，巴西仍是中国在葡语国家中的最大贸易伙伴，两国贸易总额为 97.9 亿美元，同比下降 18.46%。安哥拉是第二大贸易伙伴，中国与安哥拉两国贸易总额为 39.8 亿美元，同比下降 41.05%；中国与莫桑比克同期贸易总额为 4.4 亿美元，同比上升 60.59%。[②] 葡语国家存在地域上的差异，经济结构也各不相同。葡语国家的贸易发展呈现三大特征：一是巴西、葡萄牙和安哥拉是葡语国家的主要贸易国，三国对外贸易总额占葡语国家对外贸易总额的 98% 以上；二是投资和对外贸易伙伴相对集中，巴西、葡萄牙和安哥拉的主要贸易伙伴都是美国和欧盟，三国与美国、欧盟的贸易额均占该国贸易总额的一半以上，同时美

① 《国家统计局：2015 年第一季度 GDP 同比增长 7.0%》，环球网，2015 年 4 月 15 日，http：//finance. huanqiu. com/roll/2015 -04/6205676. html。

② 《2015 年1 ~2 月中国与葡语国家进出口总额为 150.3 亿美元》，中国商务部网站，2015 年4 月 16 日，http：//www. mofcom. gov. cn/article/i/jyjl/k/201504/20150400944823. shtml。

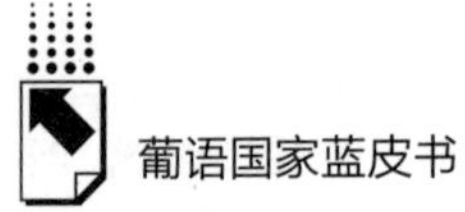

国和欧盟也是上述三国的主要投资来源国；三是各国进出口商品多样化，葡萄牙、巴西、安哥拉等葡语国家与中国进出口商品品种逐步增多、贸易结构逐步优化。葡萄牙主要向中国出口服装、纺织、鞋类、木材和纸浆，从中国进口机械、车辆、石油、粮食和蔬菜等；巴西向中国主要出口汽车、飞机、钢铁、铁砂矿和肉类等，主要从中国进口机械、石油、精密仪器、纺织品、药品和化肥等；安哥拉主要向中国出口石油、钻石，其中石油约占其出口总额的90%，主要从中国进口日用消费品、原材料、机械设备和食品等；其余葡语国家主要从中国进口日用消费品、建筑材料、机械设备、粮食等，主要向中国出口海产品和少量的农产品。

亚洲葡语国家东帝汶作为小经济体的发展前景较为乐观，随着当地新的矿产投资和出口增加，其经济增长速度令世人瞩目。莫桑比克2015年2月水灾导致159人死亡，灾民达到16万人，暴雨和洪涝已摧毁约1.4万座房屋，另有近3000座房屋不同程度受损。这也增加了莫桑比克政府的财政压力，加剧债务上升的趋势。[①] 莫桑比克经济7.5%的增长速度可能会下降至6.5%~7%，减少1~0.5个百分点。尽管如此，莫桑比克在2015年仍然不失为葡语国家中的佼佼者。受大宗商品价格大幅下跌影响，巴西大豆和铁矿石出口收入均大幅下滑。2015年第一季度巴西大豆的出口销量降至650万吨，比2014年同期减少28%，巴西的经济当前处于一个危机时期，这种形势可能要延续到2016年。巴西作为南半球的核心国家之一，面对世界经济的新常态，要从解决国内的事务入手，把增长率稳定下来，这是一个很艰巨的任务。2015年，因2014年下半年以来国际油价下跌，安哥拉经济发展面临的挑战增多，各方面政策调整步伐明显加快，投资环境发生复杂变化，国家发展处于转型时期。中国与安哥拉合作面临新的挑战，两国经贸合作发展后劲不足，贸易额连续几年徘徊不前，工程承包业务明显萎缩。

---

① 《莫桑比克洪灾恶化　已造成159人死亡》，中国新闻网，2015年2月3日，http://www.chinanews.com/gj/2015/02-03/7028362.shtml。

2015 年，中国－葡语国家经贸合作论坛（澳门）继续加大落实 2013 年制定的《经贸合作行动纲领》的力度，建立和健全三个中心的建设，即中小企业商业服务中心、会议博览中心和食品配送中心。中国与葡语国家之间的商务会议在几内亚比绍举行。这是中国－葡语国家经贸合作论坛（澳门）创建以来几内亚比绍第一次主办中国与葡语国家之间的商务会议，在这以前已经在安哥拉、巴西、佛得角、莫桑比克、葡萄牙和东帝汶分别举办过年度会议。中国与葡语国家合作与发展基金已经有两个项目正在实施，还有大约 20 个项目正在准备中。

2015 年，无论是全球还是中国，抑或所有葡语国家的经济社会发展虽有诸多不同，但未来总是美好的。

专题报告

Special Topics Reports

B.2

安哥拉在葡萄牙语国家共同体中的表现及原因分析

贾丁 刘海方*

摘　要：本文通过回顾葡萄牙语国家共同体的演变历程，梳理出安哥拉在其内部的一条发展脉络，并通过实证的方式对安哥拉近期在这一组织中的表现和作用进行了归纳。在结合葡萄牙、巴西等成员国情况及安哥拉本国背景的基础上，本文对安哥拉表现和作用背后的原因进行了分析，试图揭示出安哥拉在葡萄牙语国家共同体中的地位及发展趋势，同时对安哥拉基于葡语国家的外交政策进行初步的研究。

关键词：安哥拉　葡萄牙语国家共同体　非洲葡语国家

* 贾丁，北京大学国际关系学院硕士研究生；刘海方，北京大学国际关系学院副教授，北京大学非洲研究中心副主任兼秘书长。

"葡萄牙语国家共同体"（Comunidade dos Países de Língua Portuguesa, CPLP），简称"葡共体"，1996 年 7 月 17 日成立，总部设在葡萄牙首都里斯本。初始成员国包括老殖民宗主国葡萄牙和其原来的殖民地巴西、安哥拉、莫桑比克、佛得角、几内亚比绍、圣多美和普林西比七国。2002 年内战结束之后的安哥拉，经济快速发展，在非洲大陆被视为经济发展的翘楚，更以连续多年荣膺国际上增速最快的国家而为世人瞩目。更值得关注的是，在这个因为原来的殖民关系而联系在一起的葡共体中，安哥拉也表现得愈发活跃，特别是在葡萄牙经济伴随着全球金融危机爆发而日显沉沦的情况下，无论在共同体内部的多边关系还是双边关系，以至于共同体的成长壮大等方面，安哥拉扮演的角色都非常重要且不可或缺。

一　葡共体近年来的增扩与多元化发展

1. 葡共体成员国的扩充

2002 年，历经数百年殖民统治的东帝汶终于得以独立，建立了亚洲最年轻的国家东帝汶民主共和国。同年 7 月 31 日，葡共体在巴西举行第四届首脑会议，决定接纳东帝汶为该组织的正式成员国。这使得葡共体的构成跨越了亚洲、欧洲、非洲和美洲。2014 年 7 月 23 日，在东帝汶举行的第十届葡共体首脑会议上，赤道几内亚被正式接纳为该组织的第九个成员国，成员国的范围也超越了原来的葡萄牙殖民地的范围。此外，葡共体还有六个观察员国家，分别是毛里求斯、塞内加尔、格鲁吉亚、日本、纳米比亚和土耳其。

2. 葡共体的机构设立和运行机制

葡共体的最高机构是每两年举行一次的首脑会议，首脑会议决定葡共体之后两年的方针政策；葡共体每年还举行由各成员国外长参加的外长理事会，负责对葡共体的行动计划进行审批；此外，葡共体还有一个常设指导委员会，每月召开一次会议并密切关注重要计划和项目的进展状况；而计划和项目的制订和执行则是由执行秘书处负责的，执行秘书处设立在里斯本，执行秘书由选举产生，任期为两年，只允许连任一次，现任葡共体执行秘书是处于第二个任期的穆拉德·艾萨克·米古伊·穆拉里（Murade Isaac Miguigy Murargy）。穆拉里是莫桑比克人，曾为职业外交官，先后担任过莫桑比克驻巴西、法国、德国、瑞士和美国大使，1995~2004 年，他还担任过莫桑比克总统的幕僚长。

与其他共同体组织相似，葡共体也设有轮值主席国，由当届承办首脑峰会的国家担任轮值主席国，其国家元首则担任葡共体轮值主席。根据协议，轮值主席在直接影响葡共体议程上的权力是比较有限的；但在任期内，轮值主席是葡共体事务的召集人、掌管者，在推动葡共体政策议程方面具有举足轻重的影响。轮值主席要主持葡共体首脑峰会，还要在与第三国交往和在国际组织中代表葡共体。因此，轮值主席更像是一个管家，而非大权在握的首席执行官。在很大程度上，轮值主席的影响力是由其本人的进取心和其国家的实力所决定的。对于一个国家实力强盛且雄心勃勃的领导人来说，轮值主席的头衔正好使得其在国际活动中“出师有名”。

3. 葡共体的首脑会议与发展历程

1996 年，葡共体的成立在很大程度是为了恢复前宗主国与前殖民地之间的联系，特别是要安抚非殖民化运动给双方造成的沉重伤痛。10 多年过去了，葡共体发展得越来越成熟，它与时俱进，不断地调整着自己的战略利益。葡共体成立伊始就推动了圣多美和普林西比、几内亚比绍军事政变问题的解决，还分别帮助两国进行了经济改革和民主重建，这为葡共体的发展壮大开了一个好头。此后，两年一届的首脑会议定期举行，议题鲜明务实，合作范围涉及政治、经济、社会等众多领域。

2000 年 7 月，第三届葡共体首脑会议在莫桑比克首都马普托举行。会议发表了《马普托宣言》。宣言呼吁国际社会遵守联合国对安哥拉反政府组织争取安哥拉彻底独立全国联盟的制裁，赞赏安哥拉政府反对颠覆、重建和平的努力，表示支持东帝汶的独立，并敦促国际社会为援助几内亚比绍扫清障碍。[①]

---

① 中新网，2015 年 3 月 8 日，http：//www. chinanews. com/2000 - 07 - 19/26/38291. html。

2004年7月，第五届葡共体首脑会议在圣多美和普林西比召开。各国领导人签署了最后声明，强调葡共体成员国要在国际重大问题上协调立场，加强在防务、消除贫困、预防艾滋病和疟疾等方面的合作，并努力规范葡萄牙语。①

2006年7月，第六届葡共体首脑会议在几内亚比绍首都比绍市举行，此次峰会的主题为"新千年的目标——葡共体的挑战与贡献"，会议发表了《比绍宣言》，提出了以完成联合国千年发展计划为目标，集中力量到2015年将葡共体内贫困人口减少一半等一系列目标和举措。②

2008年7月，第七届葡共体首脑会议在葡萄牙首都里斯本召开。这次峰会的主题为"葡萄牙语：共同的遗产，全球的未来"。与会领导人签署的《里斯本声明》表示要提升葡萄牙语价值，促进葡语在全世界的推广。③

2010年7月，第八届葡共体首脑会议在安哥拉首都罗安达举行。会议选举安哥拉总统多斯桑托斯担任新一届葡共体轮值主席，在其任期内，安哥拉在葡共体中扮演了加强版的"积极有为者"角色，特别是在非洲葡语国家（以下简称"非葡国家"）中，安哥拉已经是绝对主角了。

2012年7月，第九届葡共体首脑会议在莫桑比克首都马普托召开。会议就葡共体如何应对粮食安全和营养挑战以及几内亚比绍政治局势等议题进行了讨论。同年，葡共体推出了一揽子计划，旨在为成员国创造更好的合作条件，重点关注在科学技术研究、乡村地区发展、基础设施建设、海洋资源和能源、旅游产业等方面的合作，以求推动贸易和投资进一步增长。④

2014年7月，第十届葡共体首脑会议在东帝汶首都帝力举行。会议发表了《帝力宣言》，确认了各成员国在能源领域的政治和外交协调。在2004～2013年这10年间，全球新探明的石油储备有一半都在葡共体国家内；2013

---

① 新华网，2015年1月24日，http://news.xinhuanet.com/world/2004-07/28/content_1660001.htm。

② 商务部网站，2015年2月26日，http://www.mofcom.gov.cn/aarticle/i/jyjl/k/200607/20060702670594.html。

③ 新华网，2015年2月24日，http://news.xinhuanet.com/newscenter/2008-07/26/content_8772978.htm。

④ "CPLP Economic Growth Highlighted," *Africa News*, October 6th, 2014.

年，葡共体国家的石油和天然气产量已达世界碳氢化合物产量的30%，与中东地区所占的比例大致相当。[①] 可以说，葡共体逐渐从一名“路人甲”变为国际社会的有力“参与者”。

二 安哥拉在葡共体下开展的行动

安哥拉石油储备丰富，2013年已探明石油储量达到127亿桶，在撒哈拉以南非洲排在第二位。[②] 安哥拉2002年结束内战，正好赶上国际油价节节攀升，大量的石油收入不仅为安哥拉基础设施的重建提供了资金，也使安拉哥政府有能力实施经济多元化的战略目标。[③] 2008年，国际油价飙升至历史高点，安哥拉的经济增长率甚至达到了17%，被媒体形容为“安哥拉奇迹”。[④] 安哥拉已成为继尼日利亚和南非之后的撒哈拉以南非洲第三大经济体。

安哥拉现任总统多斯桑托斯，自1979年到现在一直担任安哥拉的总统（内战时期是安人运的领导人），执政时间已经超过了30年，并且赢得了2012年的大选，继续执政。多斯桑托斯总统在很大程度上主导着安哥拉的国家政策，他曾在2011年的国情咨文中强调：安哥拉将继续捍卫自己的主权和领土完整，反对任何外国政府和外来势力干涉本国内政。他表示，安哥拉将继续履行自己的国际义务，特别是在非洲事务以及葡语国家共同体、南部非洲发展共同体和西部非洲经济共同体等地区性组织中继续履行自己的义务，并将继续同国际社会保持合作，共同应对恐怖主义、有组织犯罪、洗钱、毒品走私等犯罪活动。[⑤] 类似的，多斯桑托斯及其政府的阁僚，尤其是

① “CPLP Reaches ‘Maturity Age’ with Future Challenges,” *Africa News*, July 18th, 2014.

② BP Statistical Review of World Energy 2014, http://www.bp.com/en/global/corporate.html.

③ 本文旨在说明安哥拉的经济实力是其在葡共体内积极表现的重要基础，并不对安哥拉战后的发展模式进行讨论，相关内容请参见刘海方《从资源优势到发展优势：安哥拉战后发展研究》，载《葡语国家研究：2013》，对外经济贸易大学出版社，2013，第35~72页。

④ 中新网，2015年1月13日，http://www.chinanews.com/gj/2011/11-22/3478779.shtml。

⑤ 新华网，2015年1月20日，http://news.xinhuanet.com/world/2011-10/19/c_122173146.htm。

外交国际合作部负责人，都多次在阐述其对外关系蓝图的时候，将葡语国家共同体作为首要推进合作的重点。

安哥拉以经济实力为保障，加之领导人在地区发展中的进取心，在葡共体内表现得十分活跃。

2005 年，刚从战乱中走出三年的安哥拉就主办了第五届葡共体运动会（CPLP Games）。虽然该项赛事只是为葡共体国家 16 岁以下青少年举办的，东帝汶甚至没有经费组团参赛，但安哥拉政府仍然安排了 400 万美元的预算来举办这次运动会。① 2014 年，安哥拉又成功举办了第九届葡共体运动会，圣多美和普林西比的特使达米昂·瓦斯·德·阿尔梅达（Damião Vaz de Almeida）也表达了对安哥拉政府所做出努力的认可。②

2010 年 7 月 23 日，第八届葡共体首脑会议在安哥拉首都罗安达举行，会议选举安哥拉总统多斯桑托斯担任为期两年的葡共体轮值主席。多斯桑托斯在会上强调，葡共体应成为一支促进和平与稳定、推动经济发展的强大的国际力量，积极参与制订新的国际政治秩序和经济秩序，各成员国应在社会、医疗保健、劳工保护、性别平等、环境保护、教育、能源和新技术领域进行广泛的合作。同时，安哥拉将推进葡共体与葡共体观察员国家之间的对话，以推进和扩大葡共体的影响。③

事实证明，安哥拉确实在葡语国家中间主导了以上多个领域的实质性合作，在经贸和金融领域尤其明显。葡萄牙陷入欧债危机后，多斯桑托斯总统曾在 2011 年表示："我们很清楚葡萄牙人民最近遇到的困难，我们有能力，也很乐意帮助葡萄牙度过这次危机。"④ 葡萄牙工业协会（Associação

---

① 新华网，2015 年 2 月 1 日，http://news.xinhuanet.com/sports/2004-12/02/content_2287592.htm。

② 新华网（英文版），2015 年 2 月 3 日，http://news.xinhuanet.com/english/sports/2014-05/31/c_133374341.htm。

③ 参见新华网，2015 年 2 月 1 日，http://news.xinhuanet.com/world/2010-07/24/c_12367919.htm。

④ "Fortunes, and Tables, Turn for Portugal and Angola," *The New York Times*, November 20th, 2011.

Industrial Portuguesa，AIP）的会长何塞·爱德华多·卡瓦略（José Eduardo Carvalho）也在2013年表示，安哥拉市场对于葡萄牙的经济复苏来说是至关重要的，约有8000家葡萄牙企业是以安哥拉为出口市场的，而这8000家葡企出口安哥拉的货值每年高达30亿欧元，安哥拉已成为葡萄牙第二大外贸市场。①此外，作为非洲唯一一个海外投资总额超过吸纳外国投资总额的国家，②安哥拉的资金也开始大量流入葡萄牙，对葡萄牙的国有和私人企业进行收购。身为安哥拉近年海外投资的先锋，安哥拉国家石油公司（Sociedade Nacional de Combustíveis de Angola，Sonangol）在葡萄牙、巴西、圣普和佛得角都有投资项目。2013年，安哥拉国家石油公司又宣布，该公司已拥有葡萄牙最大的私人银行——葡萄牙商业银行（Banco Comercial Português，BCP）19.44%的股权，这使得安哥拉国家石油公司成为葡萄牙商业银行最大的单一股东。③安哥拉的私营公司也纷纷出手，开始涉足葡萄牙的银行业、建筑业和媒体业。

从共同体的区域和平安全角度出发，安哥拉也做出了实质性的贡献——尽管安哥拉在地区维和方面的作用还有争议。2010年12月，安哥拉和几内亚比绍签订了安哥拉军团赴几内亚比绍的军事合作协议；2011年3月，安哥拉向几内亚比绍派遣了由270名安哥拉军人和警察组成的军事特派团，费用支出超过1000万美元。④之后，安哥拉与几内亚比绍的军事合作一度停止，但是2015年2月，安几双方又宣布要重启军事国防方面的合作。⑤此外，安哥拉还与佛得角在2013年签订了军事合作协议，这份涵盖范围很广

---

① 《安哥拉市场对葡萄牙经济复苏至关重要》，Macau hub网站，2015年2月16日，http://www.macauhub.com.mo/cn/2013/11/20/。

② 《安哥拉是海外投资超越吸纳国外投资的唯一非洲国》，Macau hub网站，2015年3月17日，http://www.macauhub.com.mo/cn/2014/09/08/。

③ 《安哥拉Sonangol公司拥有葡萄牙商业银行近20%股权》，Macau hub网站，2015年2月16日，http://www.macauhub.com.mo/cn/2013/02/27/。

④ 参见中国驻几内亚比绍大使馆经商参处网站，2015年1月17日，http://gw.mofcom.gov.cn/aarticle/jmxw/201206/20120608161747.html。

⑤ "Angola and Guinea-Bissau Analyze Relaunch Defense Cooperation," *Africa News*, February27[th], 2015.

的协议被认为巩固了安佛传统友谊。①

安哥拉也积极介入共同体中其他国家的社会发展领域。2013 年 12 月，安哥拉向圣多美和普林西比提供了 1.8 亿美元的信贷，用于公共项目的投资。2014 年 8 月，安哥拉又资助圣普建设输电线路，这条输电线路建成后将有效改善圣普首都及其他地方的电力供应状况。② 该年 2 月，安哥拉承诺向佛得角提供 1330 万美元，用于基础设施的建设。③ 同年 11 月，佛得角福古岛（Fogo Island）一座火山爆发，安哥拉立即向佛提供了 700 万美元的援助资金和 1200 吨的救援物资。④ 此外，安哥拉还免除了莫桑比克与圣多美和普林西比自 20 世纪 80 年代以来因购买安哥拉石油而拖欠的债务，其中免除莫桑比克的债务超过了 7000 万美元。⑤

2014 年初，作为税收和公共财政部门改革的一部分，安哥拉政府计划与和本国有特殊经济或政治关系的国家签署避免双重征税的协定，这些国家包括葡共体和南部非洲发展共同体（SADC）的成员。⑥

2014 年 6 月，非洲葡语国家论坛成立大会暨首届峰会在罗安达举行，多斯桑托斯总统当选论坛轮值主席，任期两年。2014 年 7 月，非洲葡语国家经济峰会⑦又在安哥拉首都罗安达召开，该峰会是葡共体商业联合会 10 周年庆祝活动的一部分。该峰会的主旨是探讨如何在非洲培育一个强有力

---

① "Parliament Passes Resolution on Military Co-Operation Between Angola and Cabo Verde," Africa News, *February*27th, 2015.

② 《安哥拉资助圣多美和普林西比输电线路建设》，Macau hub 网站，2015 年 3 月 17 日，http://www.macauhub.com.mo/cn/2014/08/21/。

③ 《安哥拉向佛得角提供 1330 万美元预算援助》，Macau hub 网站，2015 年 3 月 17 日，http://www.macauhub.com.mo/cn/2014/02/18/。

④ "Angola Sends Humanitarian Relief Aid to Cabo Verde," *Africa News*, December 12th, 2014.

⑤ 中国商务部网站，2015 年 1 月 17 日，http://www.mofcom.gov.cn/article/i/jyjl/k/201404/20140400560403.shtml。

⑥ 《安哥拉与 CPLP 和 SADC 签署双重征税协议》，Macau hub 网站，2015 年 3 月 17 日，http://www.macauhub.com.mo/cn/2014/01/21/。

⑦ 非葡国家主要指安哥拉、莫桑比克、佛得角、几内亚比绍、圣多美和普林西比五国。在葡共体框架之外，非葡国家早在 1979 年就有了自己的合作形式，其中制度化程度最高的是五国首脑会议。该会议在五国首都轮流举行，每年一次。此外，五国每年还会举行两次部长级会议，以加强五国内部的合作，协调在国际事务中的立场。

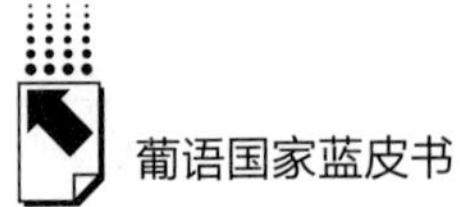

的商业阶层，并促进非洲公私营合作，以及增进非洲商业社会与诸如欧盟和新兴的金砖五国等跨国市场之间的合作。[①] 安哥拉经济部长布莱昂·戈尔热（Abrahão Gourgel）在会上发表讲话称，非葡国家应该加紧经济方面的立法机制建设，保障非葡国家的经商环境；非葡国家在吸引外资方面仍较为落后，要消除腐败和减少商业障碍，加快资金、货物、劳动力流动，进一步改善商业环境；非葡国家应该鼓励中小型企业的发展，其发展不仅给社会带来活力还创造更多就业机会；此外，要合理利用农业及自然资源，这是非葡国家的重要优势。[②] 当月，由安哥拉旅行社商会（AAVOTA）倡议的，葡共体首个旅游会议也在罗安达举行，会议旨在展示各成员国的旅游潜力，以吸引投资、推广旅游业。[③] 在这之前，安哥拉自2012年起，每年都会定期举办“国际旅游博览会”，并邀请葡共体国家的相关企业参展，力求开发本国和本地区的旅游潜力，推动酒店业和旅游业的快速发展。

近年来，安哥拉对于成员国事务的介入更加频繁，从和平安全领域到经济和社会领域，显示出一个地区大国在振兴区域发展中的雄心和实力。2014年9月，在几内亚比绍遭受一系列的军事和政治动荡之后，安哥拉铝土矿公司（Sociedade Mineira de Investimentos Bauxite Angola）宣布将出手拯救几内亚比绍的采矿业。在此之前，安哥拉也在几内亚比绍频频出手，不仅参与几内亚比绍磷酸盐的开采业务，更是致力于该国军队领域的改革，先后向几内亚比绍提供了高达6亿美元的信用额度，成为援助几内亚比绍规模最大的非洲国家。[④] 此外，安哥拉还对圣多美和普林西比的油气业有着重要的影响。[⑤]

---

① 《非洲葡语国家将荟萃安哥拉出席经济峰会》，Macau hub 网站，2015 年 2 月 16 日，http：//www. macauhub. com. mo/cn/2014/07/02/。

② 中国驻几内亚比绍大使馆经商参处网站，2015 年 3 月 16 日，http：//gw. mofcom. gov. cn/article/jmxw/201407/20140700677263. shtml。

③ 《葡语国家旅游会议正在安哥拉罗安达举行》，Macau hub 网站，2015 年 2 月 16 日，http：//www. macauhub. com. mo/cn/2014/07/11/。

④ 商务部网站，2015 年 2 月 26 日，http：//www. mofcom. gov. cn/aarticle/i/jyjl/k/201102/20110207419667. html。

⑤ Zoe Eisenstein and Patrick Smith，“Angola's Diplomatic Dancing,” *The Africa Report*，December 2nd，2014.

三　安哥拉在葡共体中积极表现的原因

按照通常的定义和逻辑，葡共体的九个国家中，葡萄牙是发达国家，巴西是新兴大国，两者都在国际上享有更高的权威，也掌握更多的资源，其余七个国家都是发展中国家，葡萄牙和巴西理应是葡共体的领导者，但是葡萄牙和巴西各自的国情和外交政策在某种程度上造成葡共体领导者的“缺位”，这为安哥拉的强势表现提供了舞台和空间。

1. 葡萄牙“势衰”，难以挑起领导之任

葡萄牙是西欧国家中的“发展中国家”，经济发展长期在低位徘徊。2011 年，葡萄牙成为继希腊、爱尔兰之后，第三个受欧洲主权债务危机严重冲击的国家，经济状况更为恶化。

与葡萄牙的经济发展态势不同，非洲国家的经济发展势头良好，特别是非葡国家保持了较快的经济增长速度（见表 1）。葡萄牙与非葡国家发展关系，在很大程度上依托于其“前殖民宗主国”的遗产，但这并不是其重拾大国地位的情结所推动的，而是其应对经济危机的产物。葡萄牙希望借加强同非葡国家联系与合作的机会，搭上非洲大陆快速发展的顺风车，尽快将自己拉出财政危机和经济倒退的泥潭。

表 1　2000～2013 年葡共体国家 GDP 年增长率

单位：%

国家 \ 年份	2000～2009	2010	2011	2012	2013
巴西	2.9	7.5	2.7	1.0	2.5
葡萄牙	—	1.9	-1.8	-3.3	-1.4
安哥拉	10.9	3.4	3.9	5.2	6.8
莫桑比克	7.1	7.1	7.4	7.1	7.4
佛得角	6.0	1.5	4.0	1.2	0.5
几内亚比绍	2.3	4.4	9.0	-2.2	0.3
圣多美和普林西比	—	4.5	4.9	4.0	4.0
东帝汶	—	9.4	14.7	7.8	—
赤道几内亚	15.0	-1.3	5.0	3.2	-4.8

资料来源：World Bank，GEP June 2014，http：//www.worldbank.org.cn。

2013 年，葡萄牙与安哥拉的商品贸易进出口额分别占其商品贸易进出口总额的 4.6% 和 6.6%，安哥拉排在欧盟之后，是葡萄牙第二大贸易伙伴。[①] 非葡国家一直是葡萄牙对外援助的重点国家，2012 年非葡国家一共收到来自葡萄牙 2.8 亿美元的政府开发援助，占当年葡萄牙对外援助总额的 70% 以上。但值得注意的是，在非葡国家中，由于安哥拉的经济实力相对较强，加之葡萄牙自身的经济困难，在部分年份还出现了援助额净流出的情况（见表 2）。

表 2　葡萄牙对非葡国家的政府开发援助

单位：百万美元

国家＼年份	2008	2009	2010	2011	2012
安哥拉	19.1	-9.9	-12.8	-7.5	1.5
莫桑比克	25.1	68	112.6	219.2	80.2
佛得角	62.4	53.5	142.1	146.7	168.2
几内亚比绍	17.8	14.4	15.7	13.7	9.5
圣多美和普林西比	13.3	14.8	25.7	29.1	21.5
赤道几内亚	—	—	—	—	—

资料来源：OECD，“Geographical Distribution of Financial Flows to Developing Countries 2014,” http：//www.oecd.org。

在葡萄牙，与经济一起恶化的还有就业市场。2011 年，葡萄牙的失业率为 12%，位列欧盟第四，年轻人的失业率更是高达 22%。在此情况下，许多葡萄牙人把目光投向了本国乃至欧洲之外，人才需求强劲的前殖民地安哥拉顿时成了香饽饽。据葡萄牙移民局统计，2006 年仅有 156 名葡萄牙人移民安哥拉，而在 2010 年，这一数字已经骤升至 23787 人。[②] 与此相伴的是，葡萄牙来自安哥拉的侨汇大幅增长。与 2008 年相比，2012 年旅居安哥拉的葡萄牙人往葡萄牙的汇款额增长了四倍，达到了 2.706 亿欧元，占葡萄牙侨汇总额的 10% 左右，而旅居葡萄牙的安哥拉人往安哥拉的汇款额仅为 1530 万欧元，尚不及前者的 1/17。[③]

---

① WTO statistics database，https：//www.wto.org/index.htm.

② 丁大伟：《葡萄牙青年掀起安哥拉“淘金热”》，《人民日报》2011 年 11 月 22 日。

③ 中国商务部网站，2015 年 1 月 21 日，http：//cccme.mofcom.gov.cn/article/i/jyjl/k/201302/20130200039957.shtml。

葡共体中各成员国的政治地位是平等的，摆出“前宗主国”的姿态是无法施加实质性影响的，实际的影响力还是取决于经济实力和经济发展预期。经济实力关系到是否能够提供即时的援助和贷款，经济发展预期则关系到是否能够提供发展“顺风车”。虽然葡萄牙与非葡国家发展关系主要集中在经贸领域，但是在大多数方面是互惠的，甚至在一定程度上是依靠这些“前海外省”国家“反哺”的。即使葡萄牙执意在其他方面进行干涉，也是心有余而力不逮，难以达到法国在法语非洲的那种强势地位。但值得注意的是，为完成经济援助计划，葡萄牙政府采取了一系列经济结构调整措施，并向 IMF 等承诺进行私有化计划。这项从 2011 年开始实行的私有化计划卓有成效，与葡萄牙政府“式微”不同，葡萄牙的民间公司和财团加强了与非葡国家的经济合作和投资，一定程度上巩固了原有的经济联系。

2. 巴西“志远”，无意承担领导之任

殖民时期的奴隶贸易使巴西与撒哈拉以南非洲，特别是葡萄牙的非洲殖民地之间建立起了种族和文化的纽带。20 世纪 70 年代中期，巴西对外交政策做出重大调整，在 1974 年宣布承认几内亚比绍和佛得角的独立和主权，之后又率先承认安哥拉人民解放运动政府，并支持非洲葡语国家首脑会议达成的“在发展中国家之间进行横向合作”的协议。[①] 1985 年后，受外债危机和经济发展停滞等因素的影响，巴西对非关系陷入低谷。科洛尔政府（1990～1992 年）与佛朗哥政府（1992～1995 年）当政期间，巴西更是将外交政策的重点转向西方发达国家，在非洲设立的外交机构从 20 世纪 80 年代的 34 个减至 90 年代初期的 24 个。在之后卡多佐政府执政的八年时间里（1995～2002 年），巴西进一步裁减其驻非洲的使馆和领事馆，到 2003 年卢拉总统上台时，巴西驻非洲的外交机构仅为 18 个。[②]

卢拉就任伊始就表明了自己的立场，上台第一年就颁布了旨在提高巴西国内非洲裔社会地位的法令；频繁出访非洲国家，恢复并增设对非外交机

① 陈作彬：《从菲格雷多总统的非洲之行谈起》，《拉丁美洲研究》1983 年第 6 期，第 31 页。

② 周志伟：《巴西崛起与世界格局》，社会科学文献出版社，2012，第 136 页。

构；加强同非洲国家的经贸关系；积极参加和组织“南南合作”，并在国际多边舞台上代表发展中国家发声；等等。除葡共体以外，巴西还参加了南方共同市场、南美洲国家联盟、拉丁美洲一体化协会、拉丁美洲议会、拉丁美洲和加勒比国家共同体等发展中地区合作组织。卢拉政府改变了科洛尔政府时期提出的“宁当牛尾而不当鸡头”的口号,[①] 积极发展同第三世界国家的关系，特别是加强与非洲国家的外交合作力度。

卢拉政府重视对非关系是争取巴西国内非洲裔选民支持的需要，也是拓展巴西经济发展空间的需要。但在很大程度上，卢拉政府还希望利用非洲提供的机遇，实现巴西的大国抱负，即成为联合国安理会常任理事国。为此，卢拉政府不仅强调深化同发展中国家的联系与合作，而且更重要的是寻求充当南方国家领导的角色。[②] 在追求南方国家领导角色的过程中，特别是在扩大对非洲影响的时候，很容易面临“新殖民主义”的非议,[③] 因此，巴西非常注重恪守“不干涉”和“多边主义”的外交原则，以“软实力”为基础，在外交领域展现出一种积极、自主、有感召力的国际形象。正如巴西外交部发言人努内斯说的：“巴西是新兴国家中唯一只有软实力（而不具备军事硬实力）的国家，巴西是非常自然地选择了非军事化道路。在整个世界上，甚少有国家像巴西一样选择一位外交家，而非一位将军作为民族英雄。我们没有其他选择，巴西的历史本身就是一种软实力。”[④]

巴西的经济实力和经济发展预期都远远超过葡萄牙，综合国力在葡共体各国中更是遥遥领先，但它“无意”在葡共体中表现得“强势”。这种“无意”既不是“不作为”，也不是“不积极”，而是一种为了维护自身国际形象的战略选择。正是出于这种精心维护自身国家形象的考量，巴西不愿在葡共体中表现出“强烈的进取心”，而更愿意通过多边机制、经济合作和国际

① 张宝宇：《巴西大选与卢拉政府的政策走向》，《拉丁美洲研究》2007 年第 1 期，第 19 页。

② 周志伟：《卢拉政府外交政策评析及未来外交政策走向》，《拉丁美洲研究》2006 年第 6 期，第 48 页。

③ 周志伟：《新世纪以来的巴西对非政策：目标、手段及效果》，《西亚非洲》2014 年第 1 期，第 139 页。

④ 周志伟：《巴西的软实力建设：不一样的崛起》，《当代世界》2014 年第 6 期，第 62 页。

援助等方式为自己“加分”。

3. 安哥拉“独秀”，勇于担当领导之任

根据非洲进步小组2014年发布的报告，2000年至2012年间，非洲大陆有4.93亿非洲人生活在国内生产总值年人均增长率等于或大于3%的国家。有三个非葡国家在增长率排名中名列前茅，分别是排在第二位的安哥拉、排在第四位的佛得角和排在第八位的莫桑比克。①

安哥拉在非葡国家中处于领头羊的地位（见表3），如前文所述，其他非葡国家希望搭上安哥拉飞速发展的顺风车，无论是建立相对平等的经济和商业关系，还是接受安哥拉的贷款或援助，都在一定程度上接受或默认了安哥拉在葡共体，特别是非葡国家中的领导地位。2013年，安哥拉同圣多美和普林西比建立双边合作委员会，用于评估合作和承诺的情况以及讨论双边议题，此外，两国政府高层也互访不断，关系持续升温。② 2014年，安哥拉国民议会议长发表谈话时称，安哥拉已做好充分准备，愿意支援圣普在其经济专属区进行石油开采。③ 2015年，双方又在环保议题中取得进展，安哥拉政府承诺帮助圣普收集和处理固体废弃物。④ 圣美总理帕特里斯·特罗瓦达（Patrice Trovoada）也代表本国政府表达了对于安哥拉的感谢，并希望两国能够继续发展经济、商业和文化关系。⑤ 2014年5月，安哥拉和莫桑比克签署地质和矿产谅解备忘录，莫桑比克矿资源部部长表示，谅解备忘录旨在利用安哥拉在矿业方面的经验，进行更深入的合作。⑥ 同年7月，在第三十一

① 中国驻几内亚比绍大使馆经商参处网站，2015年2月17日，http：//gw.mofcom.gov.cn/article/jmxw/201405/20140500578309.shtml。

② 《安哥拉圣多美和普林西比将加强合作》，Macau hub 网站，2015年3月16日，http：//www.macauhub.com.mo/cn/2013/06/10/。

③ 《安哥拉随时准备支援圣普开采石油》，Macau hub 网站，2015年3月17日，http：//www.macauhub.com.mo/cn/2014/07/04/。

④ “Angola and Sao Tome Want to Cooperate in Handling of Solid Waste,” *Africa News*, February5th, 2015.

⑤ “Angola and Sao Tome Can Build Strong Relations,” *Africa News*, January16th, 2015.

⑥ 《安哥拉和莫桑比克签署地质和矿产谅解备忘录》，Macau hub 网站，2015年3月17日，http：//www.macauhub.com.mo/cn/2014/05/20/。

届罗安达国际博览会上，佛得角旅游、能源和工业部部长胡姆贝托·布里托（Humberto Brito）就曾表示："鉴于安哥拉的极大潜力，与安哥拉建立伙伴关系，以促进双方在各行业的关系很重要。"① 而这种近似于依赖与被依赖的伙伴关系也正是安哥拉在葡共体中积极表现的重要原因。

表 3　2013 年非葡国家重要经济数据比较

国家＼指标	GDP（十亿美元）	劳动力（百万人）	总储备（十亿美元）
安哥拉	124.18	7.89	32.78
莫桑比克	15.63	11.88	3.35
佛得角	1.88	0.24	0.48
几内亚比绍	0.96	0.73	0.19
圣多美和普林西比	0.31	0.07	0.06
赤道几内亚	15.58	0.40	—

数据来源：World Bank，http：//www.worldbank.org.cn。

2014 年 10 月，安哥拉在第六十九届联合国大会上被选为 2015 年和 2016 年安理会非常任理事国。在此之前，在所有非葡国家中，除安哥拉外，只有佛得角和几内亚比绍分别在 1992 年和 1996 年各担任过一次非常任理事国。安哥拉的国际声望得到了国际社会的认可，这也标志着其在非葡国家中无可争议的领头羊地位的确立。

安哥拉结束内战不过 10 余年时间，却取得了举世瞩目的成绩。安哥拉在葡共体中的"强势"有时难免被指责为有地区霸权倾向，但其行为并未造成对他国实质性的侵略或者控制。客观上看，安哥拉更多是通过地区责任的承担彰显自己的地区和国际存在感，提升自己的国际形象。在内战结束初期，安哥拉没有接受国际金融机构以结构调整方案为条件的借贷，而是从中国获取重建所需的资金，恰是安哥拉政府桀骜不驯的外交风格的体现。② 当有平

① 《佛得角希望与安哥拉建立卓越的经济和商业关系》，Macau hub 网站，2015 年 2 月 16 日，http：//www.macauhub.com.mo/cn/2014/07/24/。

② 刘海方：《从资源优势到发展优势：安哥拉战后发展研究》，载《葡语国家研究：2013》，对外经济贸易大学出版社，2013，第 71 页。

台、有空间、有能力帮助其他非葡国家发展、推动地区合作的时候，安哥拉便展现出一种积极的态度，就像多斯桑托斯总统在2015年新年致辞中讲到的，“在我们所生活的世界中，无论大国，还是小国，都不可能独力解决所有的问题。人天生是群居动物，这种特性会被反映在人与人的关系中，同样也会被反映在国与国的关系中，我们因彼此需要对方，才能生存至今。安哥拉愿意在相互尊重的基础上，与各国分享成功的经验，以巩固友谊与合作关系”。①

受国际油价持续低迷的影响，安哥拉现在正面临着日益严峻的财政危机，虽然安哥拉政府已经施行了更加严格的财政政策，但多家国际评级机构还是下调了安哥拉的政府信用级别和经济发展预期。虽然2007年“次贷危机”爆发之后，国际评级机构便因其评价标准缺乏独立性和公正性而不断遭到批评和指责，但如若安哥拉政府能够借此次危机，在恢复基础设施和完成重建任务的基础上，进一步调整产业结构、促进经济多元化，以达到稳定增长的状态，那么，安哥拉将有能力在未来的葡共体和非洲地区发挥更加积极的作用和影响。

① “Angola Wants to Share Successes with Other Countries-President Dos Santos,” *Africa News*, January17th, 2015.

B.3

巴西在金砖国家合作进程中的作用

赵雪梅*

摘　要：为推动金砖国家取得实质性合作，巴西在合作机制、合作架构、合作范围等方面做出了积极努力，发挥着有益的助推作用。巴西在金砖国家中的作用受其产业结构、经济实力、对外贸易关系、外交战略、国际认可度等诸多因素的影响。迄今为止，巴西是金砖国家中唯一组织和承办过两次峰会的国家。特别是在2014年7月举办的第六次金砖国家峰会上，通过巴西的协调和推动，金砖国家在金融合作上实现了质的突破，签署了成立金砖国家开发银行和应急储备安排等协议。毋庸置疑，在推进金砖国家合作的进程中，巴西发挥了重要的作用。

关键词：金砖国家　巴西　合作机制

"金砖国家"概念的提出及其合作机制的产生，是全球经济格局深刻变化、新兴经济体实力壮大及与之相随的南南合作不断加强的产物。自2001年美国高盛公司首席经济学家奥尼尔创建"金砖四国"概念以来，"金砖国家"已经从最初的纯粹的市场投资概念演变成增加互信、解决分歧、探讨全球重大问题的重要交流平台。本文拟分三个部分探讨巴西在金

* 赵雪梅，对外经济贸易大学教授、硕士生导师，北京外国语大学校外兼职博士生导师，中国拉美学会常务理事。

砖国家合作进程中的作用。第一部分阐述金砖国家合作的由来及其主要特征；第二部分拟从金砖国家合作机制、合作范围等视角分析金砖国家的合作层面以及巴西在推动合作中所做出的主要贡献；第三部分拟对决定巴西积极推进和参与金砖国家合作的主要因素进行分析。通过三个部分的分析与论证，本文的结论是，作为金砖国家中的第二大经济体和南美洲新兴经济体的代表，随着经济实力的不断增强，巴西参与国际政治经济格局改革的兴趣和行动都在增加，并将金砖国家视为其扩大国际影响的重要平台。

一 金砖国家合作的由来

20 世纪 90 年代以来，新兴经济体经济实力不断壮大，为全球经济发展做出的贡献越来越大，并已经成为全球经济增长的新亮点。据国际货币基金组织的数据，"30 年来，新兴经济体在全球 GDP 中的占比从 28% 上升至现在的 50%，社会财富从 22% 增长到 70%，贸易从 21% 发展到 50%，投资从 26% 增长到 65%，成为世界上最重要的经济群体之一"。[①] 国际货币基金组织副总裁朱民认为，新兴市场已经兴起，并将持续发展壮大。由中国、巴西、印度、俄罗斯和南非五国构成的金砖国家，凭借自身经济实力的稳步提升，在世界经济中的地位越来越高，作用越来越大，被外界赋予很高的发展期望。在面对复杂的国际经济形势时，金砖国家急需构建相互间利益平衡与分歧化解的合作机制，强化彼此之间的合作。[②]

众所周知，"金砖国家"是由"金砖四国"演变而来的。最早提出"金砖四国"这一概念的是美国高盛公司（GSAM）首席经济学家吉姆·奥尼尔

① 禹洋：《新兴经济体将持续壮大 占全球 GDP 半壁江山》，中国经济网，http://intl.ce.cn/specials/zxgjzh/201409/11/t20140911_3515288.shtml。

② 蔡春林、刘畅、黄学军：《金砖国家在世界经济中的地位和作用》，《经济社会体制比较》2013 年第 1 期。

(Jim O'Neill)。[①] 2010 年 11 月，南非正式提出申请，要求加入金砖四国，并于次年 4 月受邀参加了在中国三亚召开的第三届金砖四国领导人峰会。随着南非的加入，“金砖四国”改称“金砖国家”，其英文名称亦从原来的“BRIC”变更为“BRICS”。高盛公司在最初提出“金砖四国”概念时，表达的只是这些国家在商业投资上的市场价值之潜力。2003 年 10 月，高盛公司发布《与金砖国家一起筑梦：通向 2050 之路》的研究报告，并预言 2050 年金砖四国将超越包括英国、法国、意大利、德国在内的西方发达国家，与美国、日本一起跻身于全球新的六大经济体之列。此后几年，高盛公司相继发布了多份有关金砖四国的报告，引起了 IMF、WTO、UNCTAD 等国际机构的关注。随着国际社会逐渐接受并关注这个代表新兴经济体的新概念，金砖国家内部也在潜移默化中开始构建一种共同的身份认可，为其之后的合作奠定了基础。

2006 年 9 月，金砖四国外长在联合国大厦举行了会晤，迈出了金砖四国合作进程的第一步；之后在 G20 峰会和亚太经济峰会等多边场合，金砖国家的首脑多次借机聚首，并形成了四国财长和央行行长的定期会晤机制。[②] 2008 年 5 月 16 日在俄罗斯叶卡捷琳堡市首次召开的金砖四国外长会议被外界视为金砖四国正式登上国际舞台的开始。

在经历了多次的接触和磋商后，2009 年 6 月金砖四国首次峰会在俄罗斯叶卡捷琳堡市举行。我国学者林跃勤认为，这次峰会既是过去几年来，金砖四国对高盛集团首倡的“金砖四国”这一经济概念的不断延伸和扩展，及其在金砖四国内部得到认可和积极回应的结果，也是其外部逐渐成熟和定型的标志。[③] 这次峰会向世界传达的最重要的信息是，金砖四国拥有进一步

---

① 2001 年吉姆·奥尼尔在其所做的《全球需要更好的经济之砖》报告中，首次用巴西（Brazil）、俄罗斯（Russia）、印度（India）和中国（China）四个国家的英文首字母组成新的缩写词“BRIC”。因该词的发言与英文单词“砖块”（brick）的发音近似，人们将这四个国家称为“金砖四国”（BRIC）。

② 林跃勤：《从“金砖四国”首届峰会看国际经济新秩序的构建》，《红旗文稿》2009 年第 19 期。

③ 林跃勤：《从“金砖四国”首届峰会看国际经济新秩序的构建》，《红旗文稿》2009 年第 19 期。

通力合作、创建对话平台、不断升级协作关系的意愿，以求在世界舞台上拥有更大的发言权。

从表1中可以看到，南非作为新成员首次亮相在第三次峰会上，“金砖四国”开始变为“金砖国家”。随着六次峰会的先后召开，不仅合作成员从四国增至五国，而且金砖国家的合作机制逐渐形成，其国际影响力也日益增强。

表1　金砖国家的历次峰会

会议	时间	地点	参加国家	会议主题	会议主要成果
第一次峰会	2009年6月16日	俄罗斯叶卡捷琳堡	中国、俄罗斯、印度、巴西	呼吁建立一个更加多元化的货币体系，提高新兴市场和发展中国家在国际金融机构中的发言权和代表性；本次会议被认为是新兴大国崛起的开端	《“金砖四国”领导人俄罗斯叶卡捷琳堡会晤联合声明》和关于粮食问题的声明，在联合声明中，四国呼吁建立一个更加多元化的货币体系，提高新兴市场和发展中国家在国际金融机构中的发言权和代表性
第二次峰会	2010年4月15日	巴西巴西利亚	中国、俄罗斯、印度、巴西	讨论在后国际金融危机时期如何抓住机遇、应对挑战、推进改革、推动发展；商定“金砖四国”合作与协调的具体措施	《联合声明》，在联合声明中，四国商定推动“金砖四国”合作与协调的具体措施，“金砖四国”合作机制初步形成
第三次峰会	2011年4月14日	中国三亚	中国、俄罗斯、印度、巴西、南非	“展望未来、共享繁荣”，决定深化在金融、智库、工商界、科技、能源等领域的交流合作	《三亚宣言》，宣言对金砖国家的未来合作进行了详细的规划，决定深化在金融、智库、工商界、科技、能源等领域的交流合作
第四次峰会	2012年3月28日	印度新德里	中国、俄罗斯、印度、巴西、南非	“金砖国家致力于稳定、安全和繁荣的伙伴关系”	《新德里宣言》和行动计划，签署了两项旨在扩大金砖国家本币结算和贷款业务规模的协议，探讨了成立金砖国家开发银行的可能性

续表

会议	时间	地点	参加国家	会议主题	会议主要成果
第五次峰会	2013 年 3 月 26 ~ 27 日	南非德班	中国、俄罗斯、印度、巴西、南非	“金砖国家与非洲：致力于发展、一体化和工业化的伙伴关系”	《德班宣言》和行动计划，决定设立金砖国家开发银行、外汇储备库，宣布成立金砖国家工商理事会和智库理事会，在财金、经贸、科技、卫生、农业、人文等近 20 个领域形成新的合作行动计划
第六次峰会	2014 年 7 月 15 日	巴西福塔莱萨	中国、俄罗斯、印度、巴西、南非	“包容性增长的可持续解决方案”	《金砖国家领导人第六次会晤福塔莱萨宣言》，签署成立金砖国家开发银行协议，签署建立初始资金规模为 1000 亿美元的应急储备安排协议

资料来源：中国经济网，http：//intl. ce. cn/specials/zxxx/201407/15/t20140715_ 3165179. shtml。

从金砖国家合作进程发展的背景看，2008 年爆发的全球金融危机无疑是金砖四国踏上合作征程的重要助推器。金融危机凸显了现有的国际经济、金融秩序的弊端，也相对削弱了现有秩序下的话语权主导国家的实力。这使得中国、印度、巴西、俄罗斯等新兴市场国家看到了联合起来发出自己声音、争夺话语权的机会。正如美国著名学者迈克尔·斯宾塞在其《下一次大趋同——多速世界经济增长的未来》一书中所言，在一个开放的全球经济环境中，面对出现的危机，新型经济体合作和不合作的结果完全不同。“期望完全合作的结果是不现实的，但是不合作会产生更为不利的结果。”①

二　巴西对金砖国家合作机制的贡献

我国学者王玉华和赵平在其《“金砖国家”合作机制的特点、问题及我

① 迈克尔·斯宾塞：《下一次大趋同——多速世界经济增长的未来》，王青、刘其岩译，机械工业出版社，2012，第 121 页。

国的对策》一文中认为，金砖国家合作机制是各大地理区域板块的新兴经济体领头羊之间全新的对话机制，是真正的新兴经济体之间的合作机制。[①]这一合作机制从媒体制造转向主动寻求合作，通过成员国轮流举办政要峰会的运行方式，寻求实质性的对话与合作。朱杰进认为，德班峰会（第五次峰会）是金砖合作机制转型的一个分水岭，表明了金砖国家合作机制从“对话论坛”向“全方位协调机制”转型，增加了政治合作与务实合作两个新的维度。因此，德班峰会对金砖机制的发展产生了历史性影响。[②] 随着在第六次峰会上金砖国家签署成立金砖国家开发银行和应急储备安排的协议，金砖国家的合作已经从意向走向实质性阶段，机制由松散的论坛形式向紧密联系的制度化机制转变。

金砖国家的合作在形式、内容、成员组成等方面都表现出高度的新颖性和开放性。从形式上看，金砖国家合作兼容双边会谈和多边会谈多种形式，重视对话和沟通，致力于形成共同的立场和解决分歧；从内容上看，金砖国家的对话涵盖了政治、经济和发展等全球面临的各方面重大问题，协调重大的国际政治、经济、金融等问题的立场是其基本功能和重要目标之一；从成员组成上看，金砖国家成员由亚洲、欧洲、南美洲和非洲四个区域的五大新兴经济体构成，各国制度迥异、发展道路和历史轨迹特色分明。

作为金砖四国及后来的金砖国家之一的巴西，从概念提出以来，其政府就表现出强烈的参与愿望，并采取了积极推动金砖国家合作机制化的实际行动。这一实际行动突出表现在积极推动金砖国家峰会的召开以及推进集团成员国之间开展多领域经济合作等具体行动。

迄今为止，巴西是金砖国家中唯一组织和承办过两次峰会的国家。在推动金砖四国首次峰会的召开上，巴西与俄罗斯是表现最为积极的两个国家，因而在第一次峰会结束之后，巴西积极申请承办第二次金砖四国的首脑会晤。2010 年 4 月，在金砖四国领导人第二次正式会晤之前，巴西总统卢

① 王玉华、赵平：《“金砖国家”合作机制的特点、问题及我国的对策》，《当代经济管理》2011 年第 11 期。

② 朱杰进：《金砖国家合作机制的转型》，《国际观察》2014 年第 3 期。

拉·达席尔瓦为《新世纪》周刊撰文指出，“‘金砖四国’不再是一个空泛的概念，而已经成为一种政治现实”,[①] 这表明金砖国家合作已经得到巴西的承认和支持。巴西总统希望，金砖四国第二次峰会能向世界传达这样一个信息，即在国际事务的决策过程中，四国扮演着必不可少的局内人和行动者的角色。在第二次峰会发表的《联合声明》中，四国商定推动金砖四国合作与协调的具体措施，为金砖国家合作机制的初步形成做出了重要贡献。2013 年 3 月，金砖国家在南非结束第一轮会议的最后一次峰会时，巴西再次申请主办第二轮第一次峰会，即金砖国家第六次峰会。在 2014 年 7 月举行的金砖国家领导人第六次峰会上，通过巴西的积极推动、斡旋和调解分歧，五国最终签订了建立初始核定资本为 1000 亿美元的金砖国家开发银行和初始承诺互换规模为 1000 亿美元的应急储备安排。这两大机制被国际舆论认为是金砖国家迄今最重要、最务实的机制性建设，具有里程碑意义，展示了金砖国家日益提高的全球影响力。通过成立金砖国家开发银行，金砖国家在全球经济秩序变革方面开启了新的篇章。

2013 年巴西 GDP 总量为 22457 亿美元，是金砖国家中仅次于中国的第二大经济体。为推进金砖国家多领域经济合作，巴西利用自身优势为推动金砖国家之间的农业、能源、金融等方面的合作做出一定的贡献。

农业合作是金砖国家合作机制的重要组成部分。金砖五国都是农业大国，拥有世界 35.6% 的耕地，37% 的谷物产量，在全球粮食生产与贸易中占重要地位。金砖五国农业的稳定发展与合作，对全球粮食安全有着举足轻重的作用。巴西是五国之中农业发展水平最高、农业技术研究起步较早和技术创新水平较高的国家，是国际市场上农产品出口强国，其农产品在国际市场上的优势比较明显。在农业合作方面，巴西积极支持和参加金砖国家的农业部部长定期会议机制，推广其家庭农场的经营经验，建立金砖国家农业信息库系统等，为推进建立金砖国家规范的农业合作机制做出了应有的贡献。

---

① 陈雪：《“金砖四国”峰会在巴西开幕》，财新网，http：//international. caixin. com/2010 - 04 - 15/100135325. html。

早在第一次峰会时各成员国就在联合声明中表示将加强能源合作，以减少不确定因素的影响，促进经济持续稳定发展；2012 年金砖国家领导人新德里峰会时，能源合作又被写入行动计划中的“可拓展的新领域”；在 2013 年的《德班宣言》中，能源仍被列为“可探讨”的议题；在 2014 年金砖国家福塔莱萨峰会（第六次峰会）上，俄罗斯提出成立“金砖国家能源联盟”的倡议。但时至今日，金砖国家的能源合作主要在双边层面推进，而多边能源合作仍未成为金砖国家合作的主要议程，能源合作机制更是尚付阙如。[①] 巴西是金砖国家中两个能源出口大国之一。[②] 对金砖国家的能源合作，巴西一直表示了高度的关注。作为能源大国，近年来巴西牢牢抓住石油出口和生物能源技术的推广这两个重要的经济增长点，不遗余力地推动金砖国家能源特别是生物质能上的合作，以促进其经济增长。

在金砖国家金融合作方面，2013 年 3 月金砖国家领导人在第五次峰会发布的《德班宣言》中，决定建立金砖国家开发银行和应急外汇储备。巴西不仅积极支持这一提议，而且为提议的具体落实起到重要的推进作用。正是在金砖国家第一轮峰会结束时，巴西再次申请主办第二轮第一次峰会，即金砖国家第六次峰会。通过巴西的积极推动、斡旋和调解分歧，五国最终在巴西福塔莱萨签署了建立金砖国家开发银行的协议。

毫无疑问，金砖国家开发银行的建立是金砖国家共同努力和合作的结果，是金砖各国金融合作领域的重要突破。但在这一协议的签订过程中，巴西的协调和斡旋作用也是十分突出的。据华尔街见闻报道，金砖国家开发银行的成立过程充满了坎坷。这期间各国在多个问题上始终争执不下。首先，印度和中国在初始资金规模上就存在争议。印度希望每个国家出资 100 亿美元，银行初始资金的最大规模控制在 500 亿美元。而中国希望初始资金达到 1000 亿美元。中国还希望出资份额高于 20%，以便获得更大的控制权。在银行总部方面，中国、俄罗斯、印度和南非四国均在竞争，特别是中国和印

① 赵庆寺：《金砖国家能源合作的问题与路径》，《国际问题研究》2013 年第 5 期。

② 金砖国家中，中国、印度和南非是能源进口大国，而俄罗斯和巴西则是能源出口大国。

度，在这一问题上一直争执不下。直到最后时刻，巴西退出行长的竞争，将行长让给印度，才促成各方最终签署协议。[①]

金砖国家的资源禀赋和经济结构存在相当大的差异，各国所受到的全球经济衰退的冲击也是不同的。金砖国家首脑通过先后召开的六次峰会，向世界表示出其通力合作应对经济危机、创建对话平台、寻求建立更公平的世界治理秩序的意愿，以求在世界舞台上拥有更大的发言权。

三　巴西积极推进金砖国家合作的主要动因

自金砖国家启动每年一次首脑会晤的合作机制以来，巴西对这一合作机制表现出浓厚的兴趣，同其他成员国一起努力拓展合作、保持沟通与协调，为机制建立和完善提出了许多建设性意见，承担了金砖国家机制运行中的重要工作，为提升金砖国家影响力、维护整体利益做出贡献。巴西积极推进金砖国家合作机制建立的动因，可以从其自身和外部的双重视角来看，集中在以下几个方面。

第一，金砖国家平台的出现，符合巴西谋求大国地位、参与国际力量重组的国际战略的诉求。巴西前外长阿莫林在总结卢拉政府 10 年外交成就的文章中指出，巴西对金砖国家机制化的有力支持是巴西参与国际力量重组的重要过程。[②]

自 20 世纪 30 年代开启现代化进程以来，巴西从没有放弃过寻求世界大国地位的国际战略。早在 20 世纪 60 年代初期，当巴西出现了第二次世界大战后经济的第一次飞跃时，时任总统库比契克就提出了凭借强劲的经济增长使巴西成为英美同等重要大国的自主对外政策。[③] 1964 年军政府执政后，巴

---

① 潘凌飞：《揭秘金砖银行背后的斗争：中印争夺总部巴西做和事佬》，华尔街见闻，http：//wallstreetcn. com/node/99679。

② Celso Amorim，“Brasilian Foreign Policy under President Lula (2003 – 2010)：An Overview,” *Rev. Bras. Poli. Int.* No. 53，Vol. SE，2010，p. 214.

③ 周志伟：《巴西崛起与世界格局》，社会科学文献出版社，2012，第 109 页。

西的国际战略出现了“美国化”倾向，但其外交政策的务实性始终是其国际事务的主导方针。冷战结束以来的多极化国际政治格局的发展趋势，为巴西谋求地区大国、扩大对国际事务的参与提供了外部机遇。21 世纪以来，随着巴西经济实力的逐步提升和国内社会的稳步发展，以及国际格局的变化和“金砖国家”概念的提出，2003 年上台的卢拉政府也制定了实现其发展中大国梦的外交战略。

巴西的大国梦基于其国土面积、地理特点、自然资源、人口数量等要素，正如《巴西・地缘政治与前途》的作者所言，“我们巴西人拥有让巴西在世界强国中谋求一席之位的所有条件”。[①] 巴西著名学者萨缪尔・皮涅伊洛・吉马良斯在其《巨人时代的巴西挑战》一书中也多次提及，“在领土面积、人口、国内生产总值规模等方面能够跻身世界前 10 位之列的国家，只有巴西、美国和中国”。[②] 从国土面积上看，巴西是世界第五大国、拉美第一大国；从自然资源上看，巴西拥有丰富的矿产资源、充足的可耕地、潜力巨大的水力资源等；从人口数量看，巴西是仅次于中国、印度、美国、印度尼西亚之后的世界第五人口大国，人口总数超过 2 亿。[③]

巴西在联合国安理会改革、WTO 多哈回合谈判以及国际金融机构改革中表现不俗，成为推动世界多极化格局形成的一支重要力量。而金砖国家平台的出现，更是为其实施大国国际战略提供了机遇。

第二，金砖国家合作机制的建立有利于提升巴西的国际影响力，对其实现成为联合国常任理事国之目标具有积极作用。

在巴西的大国目标中，成为联合国安理会常任理事国是其中最重要的目标之一。近年来，巴西一直积极地要求成为安理会常任理事国之一，2011 年巴西还与德国、印度和日本共同发表四国联盟声明。2011 年 9 月，巴西

① Carlo de Meira Mattos, *Brasil: Geopolitica e Destino*, Rio de Janeiro: Biblioteca de Exercito Editora, 1975.

② 萨缪尔・皮涅伊洛・吉马良斯：《巨人时代的巴西挑战》，陈笃庆等译，当代世界出版社，2011。

③ 根据巴西地理统计局的最新统计，截至 2014 年 7 月，巴西人口为 2.028 亿，较上一年增长 0.86%，增加了近 170 万人口。

总统罗塞夫在联合国大会一般性辩论中演讲的一个重点就是巴西的“入常”问题。她认为，世界需要一个能够反映现实的安理会，一个纳入新的常任理事国和非常任理事国，特别是纳入发展中国家的安理会，巴西已经准备好肩负安理会常任理事国的责任。①

拉美学者马力雅诺·图尔茨（Mariano Turzi）认为，金砖国家的平台可以使巴西在拉美区域外寻求更大的发展，可以使巴西以全球大国的身份出现，这反过来是有利于巴西实现其获得联合国常任理事国席位的。②

第三，构建金砖国家平台，符合巴西南南合作战略。我国学者周志伟在其《巴西崛起与世界格局》一书中认为，南南合作是巴西当前国际战略四大部分的一个重要组成部分。③ 而在南南合作战略中，加强与发展中大国之间的政治和经济战略联盟，确保巴西有效融入和参与世界经济与政治的重组进程，是巴西南南合作的重中之重。西班牙康普斯顿大学教授布鲁诺·艾伊利翁·皮诺（Bruno Ayllón Pino）在《巴西对国际的贡献：新兴联盟和南南合作》一文中也认为，“近10年来，构建与新兴大国和其他发展中国家的合作关系是巴西制定和实施国际战略、开展外交活动最为重要的一个方面”。④

自20世纪90年代中期以来，巴西政府开始重视与发展中国家的合作。通过积极推动和参与南南合作进程，巴西不断拓展与发展中国家合作的领域，携手应对不公正的国际政治经济秩序。2003年，巴西、印度和南非三国建立了IBSA对话机制，⑤ 为三国在国际政治经济事务中加强合作搭建了重要平台。

---

① 《巴西总统称已“做好准备”担负责任》，中新网，http：//news. xinhuanet. com/world/2011 - 09/22/c_ 122070690. htm。

② Mariano Turzi，“El BRIC en el Sistema Internacional：¿Nuevo Actor，Viejos Roles?” FLACSO 20 y 21 de septiembre de 2010。

③ 巴西当前国际战略的四大部分是：南美地区战略、国际多边参与战略、南南合作战略和与发达国家之间的平衡战略。参见周志伟《巴西崛起与世界格局》，社会科学文献出版社，2012，第124页。

④ Bruno Ayllón Pino，“Contribuciones de Brasil al Desarrollo Internacional：Coaliciones Emergentes y Cooperación Sur - Sur，” *Revista CIDOB D'afers Internacionals*，n. °97 - 98，（abril 2012），p. 191.

⑤ 印度、巴西、南非三国对话论坛（IBSA Dialogue Forum）成立于2003年。

在世界贸易组织多哈回合谈判中，巴西与印度、中国、阿根廷等发展中国家联手，要求发达国家取消农业补贴、开放农产品市场，积极推进全球农业贸易改革。2009 年金砖国家合作机制启动以来，巴西所表现出的乐于承担责任、积极促进合作的态度，充分说明该国对金砖国家峰会予以高度重视。其原因之一也恰恰在于巴西希望借助金砖国家机制，构建有效的国际参与平台。

第四，金砖国家平台的出现，符合巴西自身经济发展的需要。20 世纪 90 年代以来，巴西在成功实施了“雷阿尔计划”和之后的经济全方位改革之后，经济逐步从封闭走向开放，其对外贸易格局发生了重要的调整，传统的美国、欧盟等贸易伙伴的比重不断下降，而发展中国家在巴西对外经济关系中的重要性日益突出。巴西向发展中国家出口的占比从 2003 年的 41.4% 增至 2005 年的 52%，首次超过向美国和欧盟等发达国家的出口总额。[①]

以中国巴西双边贸易关系为例。进入 21 世纪以来，巴西中国的双边贸易以年均 20% 的速度迅速增长，中国在巴西对外贸易中的重要性不断提高。表 2 显示，2000 年中国是巴西的第十二大出口市场，而 2009 年中国升至巴西第一出口市场，之后中国一直保持着巴西最大出口国地位。据中国海关统计，2013 年，中国和巴西双边贸易总额为 902.78 亿美元，同比增长 5.3%，其中，中国对巴西出口 361.92 亿美元，自巴西进口 540.86 亿美元，逆差为 178.94 亿美元。[②]

表 2　中国在巴西进出口贸易伙伴中位置的变化

年份	中国在巴西出口中的排名	年份	中国在巴西进口中的排名
2000	12	2000	11
2009	1	2009	2
2011	1	2011	2
2012	1	2012	1

资料来源：COMTRADE，http：//comtrade. un. org/data/。

① Bruno Ayllón Pino，“Contribuciones de Brasil al Desarrollo Internacional：Coaliciones Emergentes y Cooperación Sur – Sur，” *Revista CIDOB D'afers Internacionals*，n. °97 – 98，（abril 2012），p. 193.

② 中国发展门户网，http：//cn. chinagate. cn/news/2014 – 08/11/content_33200764. htm。

巴西与金砖国家的整体贸易亦呈现上升趋势。2003 年巴西与金砖国家的贸易占其外贸总额的 8.05%，2010 年这一比例增至 18.3%。显而易见，随着巴西对外市场的多元化以及与金砖国家贸易的不断增加，积极推动金砖国家合作机制的建立与发展，有利于巴西稳定经济发展，改变其传统的贸易和投资过度依赖发达国家市场的局面。

四　结论

自 2008 年金砖四国首次峰会启动以来，金砖国家完成了从四国到五国的扩展，实现了峰会合作的制度化。当未来的人们站在远处回顾金砖国家合作历程时会看到，成员国间第一轮五次峰会，更多的是为了缓解眼前危机，在“过河”中找寻合作模式的探索过程。如果说 2013 年南非德班峰会标志着金砖国家完成了“而立”的任务，2014 年的巴西福塔莱萨峰会开启的第二轮峰会进程，则标志着金砖国家开始进入了合作目标更为明确、制度化水平更高的“不惑”阶段。金砖国家开发银行和应急储备安排两大合作项目的实施，则是金砖国家进入新阶段的具体标志。[①] 在金砖国家合作机制发展和形成的过程中，尽管每一个成员国都做出了重要贡献，但巴西的积极推动作用是必须得到充分肯定的。

金砖国家合作机制的形成和发展，为新兴经济体提供了改革现有国际游戏规则、建设多极化世界的良好契机。正如巴西学者所言，改变世界格局这一共同利益是使金砖国家凝聚在一起的因素。金砖各国在推动金砖国家合作机制的建立进程中寻求的不仅是各自的利益，而且是更公平和平衡的国际经济新秩序。正是金砖国家合作平台的建立，让巴西看到了增强自身实力、改变国际秩序的重要机遇。巴西前总统卢拉曾说过，金砖国家坐在一起开会就是历史性时刻。现任总统罗塞夫认为，金砖国家合作机制无疑会为世界多极

① 卜永光：《金砖国家第六届峰会　新兴大国合作的新阶段》，《北京青年报》2014 年 7 月 14 日，http：//jingji. cntv. cn/2014/07/14/ARTI1405297249762235. shtml。

化做出贡献。

金砖国家已经开始由概念形式向实体组织转变，其合作机制向常态化、规范化稳步迈进。但从合作的领域来看，目前的合作深度和广度与各国经济发展需求和全球治理需求仍有较大差距。金砖各国仍需付出更大的努力，推进金砖合作机制在更广泛和更深层意义上的实现。

B.4
2014年莫桑比克经济形势与发展趋势

安春英*

摘 要: 得益于基础设施投资、矿业的快速发展、经济结构调整与改革的效能，莫桑比克经济保持中高速强劲增长态势，通货膨胀率保持低位徘徊，进出口贸易活跃，外资流入额继续攀高。未来几年，支撑莫桑比克经济增长的利好因素依然存在，但需关注解决基础设施瓶颈、外债负担重、创造就业、进一步改善营商环境等问题。

关键词: 经济增长 莫桑比克 油气开发

进入21世纪以来，莫桑比克国家经济一直保持在6%以上的经济增长速度，成为撒哈拉以南非洲地区本轮经济增长周期中表现较为突出的国家，其良好的经济增势引人注目，由此体现出该国经济增长的稳健性，并持续至今。

一 2014年宏观经济运行特点

2014年，莫桑比克经济仍然在快速增长轨道上平稳运行，宏观整体经济形势看好，呈现以下特点。

---

* 安春英，中国社会科学院西亚非洲研究所编审，研究方向为非洲经济、非洲减贫与可持续发展问题。

（一）国内生产总值继续保持强劲增势，高于撒哈拉以南非洲地区平均增速

根据英国经济学家情报社的统计，2014 年，莫桑比克国内生产总值达 167 亿美元，增长率为 7.3%，维持该国近五年 GDP 增长率不低于 7% 的水平（见图 1）。[①] 这一增长率既远远高于 2014 年世界经济 3.7% 的恢复性增长，也高于撒哈拉以南非洲地区 5.2% 的经济增长率。[②] 从该国国民经济主要产业发展状况看，作为国家发展基础的农业，受制于基础设施、投资水平、农产品市场开放程度等因素，农业增长率仅为 6%；而基于在莫各大跨国公司强劲的煤矿开采活动，以及国内超大型基础设施投资，该国工业和服务业产值增长率分别达到 9% 和 7.2%，表现抢眼。尤其值得关注的是，莫桑比克近年人均 GDP（按 PPP 计算）呈逐年递增趋势，2012 ~ 2014 年，莫桑比克人均 GDP 分别为 986 美元、1046 美元和 1112 美元。

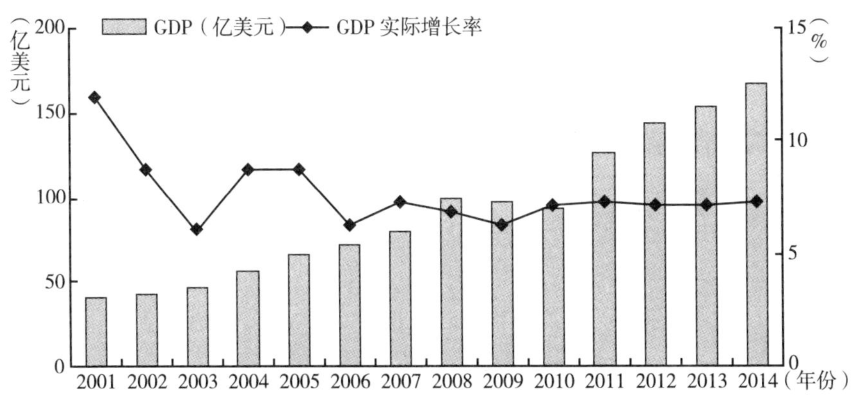

图 1　莫桑比克经济增长情况

资料来源：根据世界银行莫桑比克网上数据（http：//data.worldbank.org/country/mozambique）绘制。

---

① EIU, *Country Report*: *Mozambique*, December 2014, p. 7.

② IMF, *Regional Economic Outlook*: *Sub-saharan Africa*, Oct. 2014, p. 63.

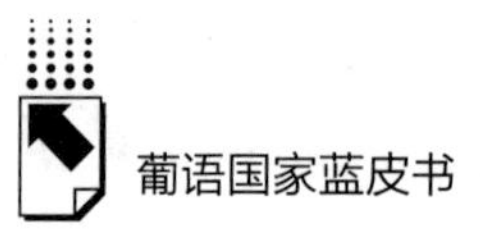

（二）政府财政收支仍为结构性逆差，主权信用评级维持不变

莫桑比克财政收入主要源于煤炭、铝、腰果等农矿产品、各类税收收入以及来自外部国际社会的捐赠款，经济发展支出和社会发展公共支出及偿还外债则构成政府支出的主体。2014 年，政府继续实行包容性经济发展增长战略，由于加大对部分工资、基础设施和其他社会发展领域的支出力度，政府经常项目赤字比上年略有增加，由 58.92 亿美元上升至 61.41 亿美元，政府财政预算收支赤字相当于国内生产总值的 36.8%。但在良好经济增速的带动下，莫桑比克的国际储备有所增加，由 2013 年的 31.42 亿美元增加到 2014 年的 33.13 亿美元。而且，莫桑比克实行稳健的货币政策，该国货币汇率基本保持稳定，2014 年第一季度 1 美元兑 31.50 梅蒂卡尔，到年末则微调至 1∶31.55，本币梅蒂卡尔相对于美元的变动幅度极小。全年消费物价通胀率呈稳定低位态势，仅有 2.7%。[①] 基于此，国际评级机构惠誉（Fitch）于 2014 年 11 月将莫桑比克长期主权债务（外币和本币）和短期主权债务（外币）分别维持“B+”和“B”信用评级。[②]

（三）出口结构优化，贸易新增长点潜力释放

近几年，莫桑比克注重采取积极措施，努力实现外向型经济的良好发展。第一，从贸易规模看，莫桑比克近五年进出口额呈现双向增长态势，其中进口额增势明显，主要是因为该国近年新增众多自然资源开发项目和大型基础设施项目，由此带动配套的机械设备进口。2014 年，莫桑比克进出口贸易额由上年的 126.03 亿美元扩大到 128.07 亿美元，其中出口增加 0.4%，进口增加 2.2%；贸易逆差由 2013 年的 43.57 美元扩大到 2014 年的 45.27 亿美元（见图 2）。第二，从商品贸易结构看，农渔产品如腰果、烟草、棉花、柑橘、对虾等曾是莫桑比克对外出口的支柱产品，但 2000

---

① EIU, *Country Report*: *Mozambique*, December 2014, p. 9.

② http://mz.mofcom.gov.cn/article/jmxw/201411/20141100797578.shtml。

年中期莫扎尔炼铝厂（MOZAL）的建成投产改变了莫桑比克的出口结构，制造业取代农业和渔业成为主要出口行业，铝锭年出口创汇约为11亿美元。煤产品是继铝锭之后第二大出口商品，2014年，出口总值为4.9亿美元，[①] 创历史新高。此外，该国境内拥有非洲第一、世界第七的水电站——卡沃拉巴萨水电站，加之天然气开采的推进，电力和天然气也是该国重要的出口商品。粮食、原材料、石油、机械设备及零配件等，则是莫桑比克主要进口产品。第三，从贸易方向看，南非、津巴布韦等周边邻国，以及葡萄牙、荷兰、英国、德国、比利时、美国、澳大利亚等是莫桑比克较大的贸易伙伴。近几年，该国注重实现贸易伙伴的多元化，中国、印度、巴西、意大利、阿联酋、泰国、越南、新加坡等国与该国的贸易量增多，2013年，印度和中国成为其仅次于南非的第二大和第三大进口来源地，中国也是莫桑比克第三大出口目的地（排在南非和意大利之后），占比为10.3%。[②]

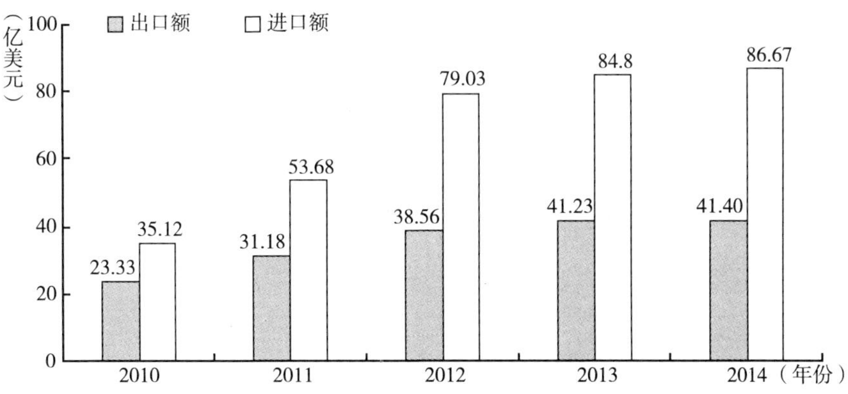

图2　2010～2014年莫桑比克进出口贸易情况

资料来源：EIU，*Country Report*：*Mozambique*，December 2014，p. 10。

---

① 商务部网站：http：//mz. mofcom. gov. cn/article/jmxw/201505/20150500968114. shtml，2015年11月22日。

② EIU，*Country Report*：*Mozambique*，December 2014，p. 12.

（四）投资商机显现，外资流入继续攀高

近年，莫桑比克政府大力改善投资环境，努力吸引外国资本助力于本国经济发展，吸引外资成效显著，外资流入额逐年上升。莫桑比克投资促进中心（CPI）数据显示，2009～2013年，该中心共批准1400个外国直接投资项目，创造约20万个就业岗位。另据联合国贸发会统计，截至2013年底，该国吸收外资存量为209.7亿美元，其中2013年吸收外资流量为59.35亿美元（见图3），① 南非、中国、葡萄牙、瑞士和德国列居前五位（按投资额计算）。2014年1～9月，莫桑比克共批准398个投资项目，总投资额达39亿美元，较2013年同期增加7亿美元，项目涉及行业包括运输、通信、服务、贸易、农业和农产品加工、水产养殖和渔业、旅游和酒店、能源等。②

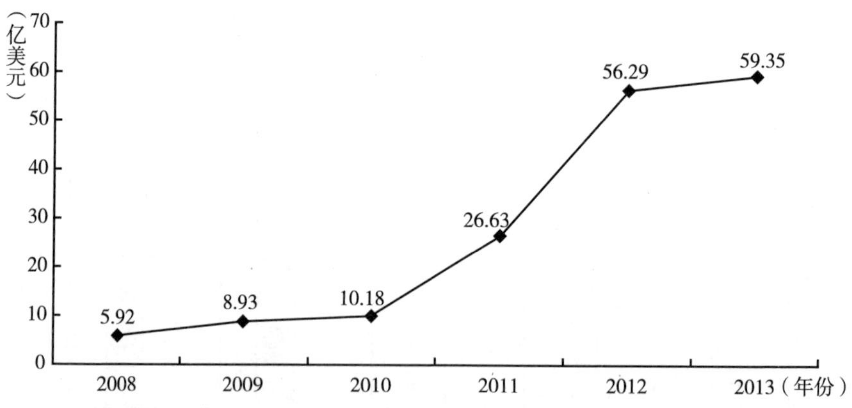

图3　莫桑比克外资流入额

资料来源：UNCTAD，*World Investment Report* 2014，New York and Geneva，2014，p.207。

---

① UNCTAD，*World Investment Report* 2014，New York and Geneva，2014，p.207.

② 商务部网站，2015年1月10日，http：//mz.mofcom.gov.cn/article/jmxw/201412/20141200842894.shtml。

二　高经济增长率出现的原因

与大多数非洲国家类似，安哥拉经济亦属于资源型外向经济，其经济增长既与国内经济政策导向密切相关，也有赖于跨国公司对于国内经济活动的参与度与活跃度。

（一）政府加大国内大型基础设施投资

莫桑比克政府意识到国内基础设施落后，尤其是近年该国强劲的矿业开发，更加急需新的交通基础设施，其中物流容量严重阻碍了国内生产活动的快速进行。于是，近年，该国政府大力启动公路、铁路、机场、港口、大坝、通信、水电等经济基础设施建设项目。目前，连接莫阿蒂泽和纳卡拉的铁路已建成，现进行负重运行测试。该铁路将承担把太特省莫阿蒂泽市出产的煤运往正在兴建的纳卡拉港煤炭码头的任务。塞纳铁路和莫阿蒂泽与纳卡拉之间兴建的铁路正在建设中，后者途经马拉维，全长超过912公里，当中228公里将从头开始兴建，而684公里将重建。在葡萄牙政府9300万欧元贷款的支持下，德尔加杜角省Auasse－Mocímboa、Praia－Palma和Macomia－Auasse三条道路重建工程完工并通车，总长度达225公里。莫桑比克纳卡拉国际机场改建项目耗资超过2亿美元，2014年12月13日改建工程完工，机场投入使用。政府也在位于德尔加杜角省的帕尔马港建设新的石油和天然气码头。为提升国内渔业生产能力，莫桑比克政府投资了1.2亿美元，用于改善贝拉渔码头设施，渔获量预计将由2013年的22万吨增加到2019年的30万吨。[①]

与此同时，大型投资项目的激增，使莫桑比克原来的电力设施发电量压力骤增。政府上马了一批水电基建项目。2014年10月30日，横跨因科马蒂河的Moamba－Major大坝举行奠基开工仪式，该项目投资总金额为4.66

① EIU, *Country Report*: *Mozambique*, May 2014, p. 26.

亿美元，大坝预计可储水7.6亿立方米，电厂装机容量达15兆瓦，用以解决马普托、马托拉等市以及沿线地区饮用水短缺问题。因此，上述大型基础设施工程的投资建设，使基础设施投资与经济增长的正相关性效能得以体现，在一定程度上拉动了国内经济增长。

（二）经济结构改革与调整初显成效

莫桑比克基于国家经济发展基础条件，大力调整经济结构（见图4），改善投资环境，力图使该国的资源优势转化为经济优势。第一，调整农业政策，提高农民收入。莫桑比克政府十分重视农业产业发展，制定并实施了粮食安全计划（如启动贝拉走廊粮食生产投资计划）、绿色革命计划等促进农业发展的政策措施，夯实农业基础产业。2014年4月29日，莫桑比克政府劳动部门调整新的最低月工资标准，最低工资平均上涨11.4%。其中农业、畜牧业和林业部门员工最低工资标准上调幅度最大，为20.4%，达到3010梅蒂卡尔（合99美元），[①] 体现国家对农业发展的关注。第二，大力推动中小企业发展。虽然莫桑比克经济发展较为迅速，但国内中小企业因缺乏发展资金而面临严峻困境。为此，该国政府大力倡导国内外资本向此领域流动。据莫桑比克通讯网2014年11月报道，美国国际开发署与Moza Banco和Banco Único两家银行签署合作协议，为该国农业企业提供为期10年、总额为1725万美元的资助，受益地区主要集中在太特省、楠普拉省、赞比西亚省和马尼卡省。瑞典和美国国际开发署与Socremo银行签署合作协议，集中资助该国的小微型农村企业（特别是妇女拥有的企业），资助金额为1000万美元，为期六年。[②] 另外，日本政府与非洲开发银行制定了一个支持非洲中小企业发展的计划，在2014年11月批出900万美元信贷额度，支持莫桑

① EIU, *Country Report: Mozambique*, June 2014, p. 21.

② 商务部网站，2015年1月10日，http://mz.mofcom.gov.cn/article/jmxw/201411/20141100797568.shtml。

比克中小型企业发展。[①] 第三，简化投资手续，为外商投资活动提供便利。为吸引外资和应对来自其他南部非洲发展共同体国家的竞争，莫桑比克政府近期推出了建立中央信贷风险库、公司注册只需填报单一表格等措施，并已在进一步讨论简化工商企业牌照审批等事宜，进一步改善营商环境。第四，调低银行利率。2014 年 11 月 7 日，莫桑比克中央银行还利用常设借贷便利（Standing Lending Facility，SLF）的货币政策工具，削减商业银行利率，由 8.25% 下调到 7.5%，[②] 由此减轻国内企业信贷负担，有利于活跃国内商业活动。

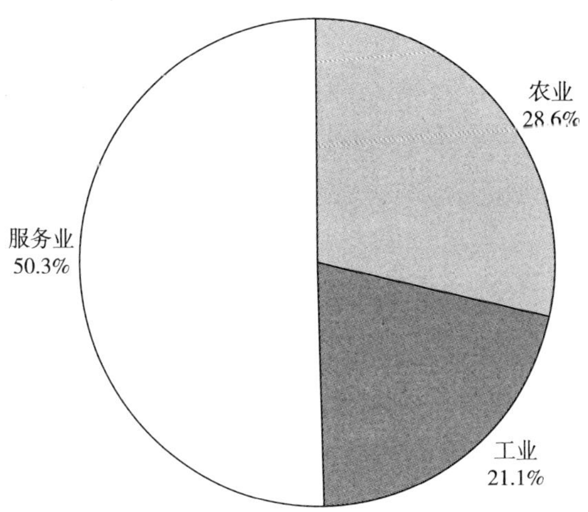

图 4　2014 年莫桑比克三大产业占 GDP 的比重

资料来源：EIU，*Country Risk Service*：*Mozambique*，April 2015，p. 17。

（三）新兴煤炭资源产业产能提升

莫桑比克拥有丰富的煤炭储量，估计为 150 亿吨，其中热煤占 25% ~

---

① 商务部网站，2015 年 1 月 10 日，http：//mz.mofcom.gov.cn/article/jmxw/201411/20141100809839.shtml。

② EIU，*Country Report*：*Mozambique*，December 2014，p. 24.

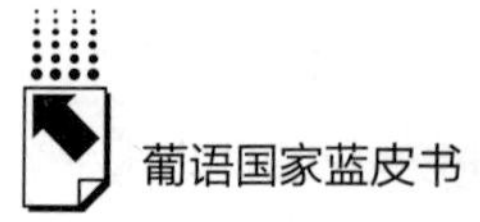

30%，焦煤占70%～75%，长期未得到充分开发。但近几年，国际上掀起开发该国煤炭资源的热潮，其中，巴西淡水河谷公司、澳大利亚 Riversdale 公司正在中部太特省勘探开发煤炭，是目前该国境内最大的两个煤炭跨国公司。巴西淡水河谷公司在莫阿蒂泽的煤炭开发项目总投资达 17 亿美元，设计产能为 1100 万吨/年，其中包括焦煤 850 万吨以及热煤 250 万吨，并同时建造一个年处理能力达 2600 万吨的煤炭加工厂。而根据澳大利亚 Riversdale 矿业公司的项目计划，该项目产能约为淡水河谷公司的一半，其中 2/3 为焦煤，1/3 为热煤。正是颇具实力的两大跨国公司的参与，使莫桑比克煤炭资源开采与产出能力获得显著提高。2013 年，巴西淡水河谷莫桑比克公司煤炭实际产量 400 万吨，2014 年产量约为 650 万吨，拉动莫桑比克工业产值上升。此外，印度国际煤业风投公司（ICVL）于 2015 年 8 月在马普托称，该集团在业已收购英澳力拓集团在莫桑比克的煤矿资产（包括太特省 Benga 煤矿）的基础上，拟加大在当地的煤炭资源开发投资力度，并力图在未来五年内把在莫桑比克的煤炭年产量由目前的 350 万吨提升至 1300 万吨。

2014 年 10 月 29 日，莫桑比克矿产资源部部长比亚斯宣称，莫桑比克现有 1773 个采矿权，其中 124 个属于煤炭业，但是目前只有 4 个正在勘探。一方面，政府积极与外国公司签署煤炭合同。例如，2014 年 11 月，莫桑比克矿产资源部分别与两家公司签署了太特省煤炭开采合同。一个项目由哈萨克斯坦欧亚自然资源公司（ENRC）获得，预计每年开采煤炭 2500 万吨，为期 25 年。另一个项目由阿拉伯联合酋长国 ETA Star 获得，计划每年开采 400 万吨优质动力煤，最终预计开采 750 万吨。另一方面，该国将把煤炭生产税（矿区土地使用费）从 3% 下调至 1.5%，有助于刺激跨国公司开发该国的煤炭资源。[①] 莫政府已经批准启动在德尔加杜角省鲁伍马盆地开采的天然气的液化项目。未来，莫桑比克将在世界煤炭出口市场占有一席之地。

---

① 商务部网站，2015 年 1 月 10 日，http://mz.mofcom.gov.cn/article/jmxw/201411/20141100788148.shtml。

（四）油气勘探投资大量涌入

近期，东非地区油气勘探有突破性发现，其中莫桑比克油气勘探成效突出。据美国地质调查局估计，莫桑比克和坦桑尼亚的海岸区蕴藏着250万亿立方英尺的天然气（莫桑比克的天然气储备约达190万亿立方英尺）及145亿桶原油，这里越来越受到投资者的青睐。美国、加拿大、意大利、挪威、日本、马来西亚等国的多家石油公司正投巨资在该国北部鲁伍马盆地的陆上和近海区域进行石油天然气勘探，由美国阿纳达科（Anadarko）石油公司和意大利埃尼（ENI）集团牵头。鲁伍马盆地1号和4号区块的项目，估计成本超过300亿美元。2014年10月30日，印度和莫桑比克政府签署谅解备忘录，同意合作勘采莫桑比克境内的石油和天然气，旨在促进油气开采上下游产业的合作，鼓励发展贸易和投资。2014年底，莫桑比克政府又拿出总面积达76800平方公里的15个新区块向跨国公司招标，用于石油勘探及生产，包括德尔加杜角省海岸外的3个区块（位于该省东部鲁伍马沉积盆地，即美国阿纳达科石油公司和意大利埃尼集团发现200万亿立方英尺天然气蕴藏的地方）、北部楠普拉省海岸外安哥谢区的2个区块、中部赞比西沉积盆地的6个区块。此外，在陆地上还有莫桑比克盆地侧翼的Pande及Temane地区的3个区块，以及加扎省的1个区块。[①] 因此，莫桑比克的油气资源禀赋为该国的投资注入新的活力，构成推动该国经济增长的动力源之一。

三　近期经济走势研断

展望2015年，从国内经济环境到国际经济环境，从政策取向到经济增长的内在动力，莫桑比克经济发展仍处于本轮增长周期的上升阶段。据英国经济学家情报社预测，2015年莫桑比克经济能承接上年的较快增势，将达

① 商务部网站，2015年1月10日，http://mz.mofcom.gov.cn/article/jmxw/201410/20141000769689.shtml。

到7.4%，继续高于撒哈拉以南非洲5.8%的平均增速；由于广义货币继续适度紧缩，消费信贷得到有效控制，通货膨胀率为3.9%；政府财政收支状况维持原有态势，政府财政赤字占国内生产总值的比重是8.0%。① 国际社会和发达国家对莫桑比克的外资、外援流入呈上升之势。

（一）莫桑比克经济保持快速增长的有利因素

第一，政治稳定。1992年10月4日，莫桑比克政府和“抵运党”签署了罗马和平协议，内战结束，国家进入和平与发展阶段，至今已有20多年。在此期间，政府着力推进国内改革进程，实行包容性增长与减贫战略，政局一直保持平稳，未出现政治危机或政权更迭等政局动荡事件。2014年10月30日，莫桑比克如期举行总统和议会选举，执政党“解阵党”候选人纽西以57.03%的得票率赢得总统选举；在全国议会250个席位中，“解阵党”、“抵运党”（全国最大反对党）和民主运动党分别获得144席、89席和17席，形成国内各政治力量参政议政、分享权力的格局，有利于为国内经济发展创造和平稳定的政治环境。

第二，农业产业发展潜力尚待进一步挖掘。莫桑比克农业发展的自然条件得天独厚，终年气温高，光照时间长，降水量充沛，干湿季明显，光热条件优越，有利于热带作物的种植。从该国土地资源开发利用情况看，农业用地面积达49.95万平方公里，约占全国总面积的63.52%，其中，可耕地面积565万公顷，已开发永久性耕地仅占可耕地面积的14%。② 因此，该国耕地利用存在较大的提升空间。另外，从农业产出水平看，由于莫桑比克农业生产技术装备不足（例如，每千公顷可耕地化肥消耗量仅为5.99千克），2013年莫桑比克谷物单产只有817.8千克。如果加大农业投入，改善灌溉条件，提高技术水平，该国农业生产有很大发展潜力。

第三，矿业开发有可能成为国家经济腾飞的重要引擎。莫桑比克矿业资

① EIU, *Country Report: Mozambique*, December 2014, p.10.

② http://data.worldbank.org/country/mozambique。

源丰富，有铝、煤、铁、天然气、钛、钽、黄金、铜、稀土矿石、石棉、石墨、云母、大理石等多种矿产。该国矿产资源利用率很低，目前大部分矿藏尚未开采。但近年情况有所变化，随着铝、天然气的开采和重砂矿、大型煤矿的开发，莫桑比克矿业由此取得了长足发展。而黄金、稀土矿物和钽等矿物的发现和开发将成为其矿业经济新的增长点。其中，天然气勘探的新发现最为引人注目。其实，莫桑比克早在1904年就开始了对陆上碳氢化合物的勘探，但海上勘探活动还是很少，直到2010年美国阿纳达科石油公司在鲁伍马盆地深水首次发现Windjammer大气田，莫桑比克天然气勘探才取得突破性进展，仅2012年就发现了五个世界级大气田，现有美国、加拿大、澳大利亚、南非、意大利、马来西亚、印度等国的矿业公司正在该国进行油气勘探和作业。莫桑比克基础设施条件的逐渐改善、油气产能的提升，势必会给该国经济增长注入新活力。2015年8月，印度国际煤业风投公司（ICVL）发言人在马普托称，该集团在2013年以5000万美元成功收购英澳力拓集团在莫桑比克的煤矿资产后，加大对该公司所属太特省煤矿的开发力度，希望在未来五年之内，把在莫桑比克的煤炭年产量由目前的350万吨提升至1300万吨。

第四，地理区位优势。莫桑比克是位于东南非的沿海国家，拥有马普托、贝拉和纳卡拉三个大型港口、七个中型港口，以及一些重要的区域性交通走廊。加之，莫桑比克是萨达克、英联邦成员国，以及《非洲增长与机会法案》《经济伙伴协议》的受益国。因此，莫桑比克扼守东南部非洲国家尤其是内陆邻国的重要出海口，且可利用与国际组织或他国签订的优惠贸易协定，这对该国的资源开发、商品进出口具有重要的经济价值。

（二）经济发展面临的挑战

第一，基础设施瓶颈。莫桑比克的铁路总长3116公里，主要由三条东西走向、互不连接的铁路组成；公路总长约30331公里，其中柏油公路占20.78%，南北公路干线尚未修通。从总体上讲，铁路、公路运输系统比较落后，尤其是南北地区间运输网络较差，致使粮食产量富足的北部地区与国内市场割裂开来。铁路线与纳卡拉港、贝拉港和马普托港的无缝接通成为煤、油、气出口等的迫切需求。此外，莫桑比克通信部门发展也总体滞后。据世界银行统计，2013 年该国每 100 个居民平均仅拥有 0. 3 部电话，是南部非洲发展共同体成员国（马拉维除外）中电话拥有率最低的国家。同样，互联网利用率也很低，每1000 人中互联网使用者仅有5. 4 人。① 落后的陆路运输系统和通信设施限制了工农业生产发展，也不利于其吸收更多的外国直接投资。

第二，政府财政赤字持续扩大。由于近年来莫桑比克油气开发力度较大，该国商品进口额逐年居高不下，2012 ~2014 年贸易逆差额均超过 40 亿美元。加之，政府加大财政支出，财政收支差额较大，财政困难局面短期内难以改变（见图 5）。

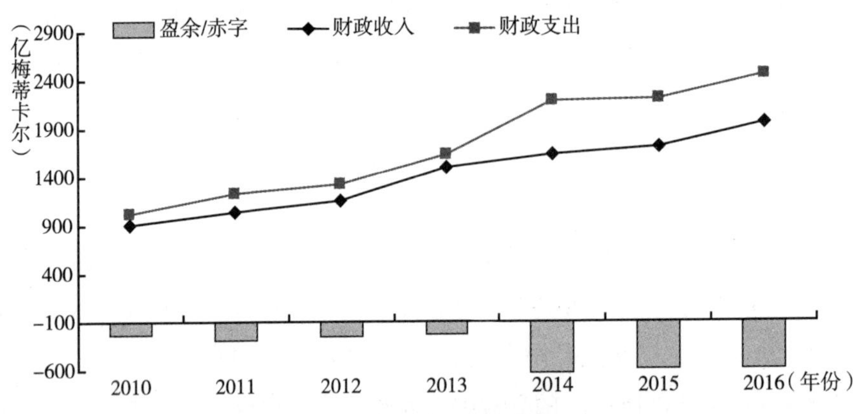

图 5　2010 ~2016 年莫桑比克财政收支状况

资料来源：EIU，*Country Risk Service*：*Mozambique*，April 2015，p. 18。

第三，债务风险不容忽视。莫桑比克属于重债穷国，外债规模庞大。2014 年，该国外债总额为 81. 58 亿美元，分别比 2012 年和 2013 年增加 32. 8 亿美元和 12. 68 亿美元。从外债结构看，莫桑比克以中长期债务且官方债务为主，其占比为 92. 2%。从负债率（指外债余额与当年国内生产总

---

① http：//data. worldbank. org/country/mozambique。

值之比）来看，2014 年莫桑比克负债率为 49.0%，远远高于 30% 的国际警戒线，这说明莫桑比克的外债规模已超过国力所能承受的限度。从债务率（指外债余额与当年外汇总收入之比）来看，2014 年莫桑比克债务率为 141.5%，虽低于国际上 165% 的参照系数，但数值仍然很高，这说明莫桑比克外汇收入本身有一定偿债能力。[①] 从偿债率（指当年的还本付息额与当年外汇总收入之比，是判断偿债能力的最主要指标）来看，2014 年莫桑比克偿债率为 3.1%，远远低于 20% 的国际警戒线（见表 1）。从上述指标看，虽然莫桑比克近期发生债务风险的可能性较小，但由于该国外汇收入与国际经济环境和外资流入量息息相关，波动性较大，这给该国对外经济合作带来一定风险。

表 1　2010～2016 年莫桑比克负债情况

指标＼年份	2010	2011	2012	2013	2014	2015	2016
外债总额（亿美元）	37.47	40.91	48.78	68.90	81.58	88.70	102.46
负债率（%）	36.9	30.9	32.6	44.1	49.0	49.2	51.5
债务率（%）	115.6	97.8	91.6	121.8	141.5	150.1	153.5
偿债率（%）	2.7	1.4	1.4	2.5	3.1	5.5	6.2

资料来源：EIU，*Country Risk Service*：*Mozambique*，April 2015，pp. 21－22。

第四，失业问题未得到根本性解决。从莫桑比克国内就业结构看，该国是农业国，农业是吸收国内劳动就业人口的主渠道，占就业总人数的 80.5%。虽然近年工业和服务业发展较快，但因其属资本密集型产业，创造就业岗位能力有限，第二产业和第三产业就业人口分别占 12.3% 和 7.2%。据统计，2013 年，莫桑比克失业率为 22.5%。如何提高劳动就业人口的经济参与率，是政府面临的重要挑战。

第五，营业环境有待进一步改善。莫桑比克政府采取诸多措施，努力改善投资环境，总体投资环境有所改善。据世界银行发布的 2015 年《全球营

① http：//data. worldbank. org/country/mozambique。

商环境报告》，在全部189个经济体中，莫桑比克在营商指数排名上由2013年的139位上升至2014年的127位。就具体指标而言，该国在开办企业、获得电力、登记财产、交税、跨境贸易等方面的排名有所上升（见表2），而在办理施工许可、保护投资者、执行合同等方面的排名则有所下跌。

表2　2013年和2014年莫桑比克营商环境部分指标

指标＼年份	2013	2014
营商指数排名(189个经济体)	139	127
开办企业(排名)	95	82.96
手续(数量)	9	9
时间(天)	13	13
成本(占人均收入百分比,%)	18.7	17.1
办理施工许可(排名)	77	84
手续(数量)	12	11
时间(天)	130	144
成本(占人均收入的百分比,%)	257.6	4.4
获得电力(排名)	171	164
手续(数量)	7	7
时间(天)	107	107
成本(占人均收入百分比,%)	2857.7	2484.8
登记财产(排名)	152	101
手续(数量)	8	6
时间(天)	39	40
成本(占资产价值百分比,%)	7.7	6.9
交税(排名)	129	123
次数(次/年)	37	37
时间(小时/年)	230	230
总税率(占盈利额百分比,%)	37.5	36.6
跨境贸易(排名)	131	129
出口所需成本(美元/集装箱)	1100	1100
进口所需成本(美元/集装箱)	1600	1600

资料来源：The World Bank, *Doing Business 2014*, Washington, D. C., 2013, p. 211; The World Bank, *Doing Business 2015*, Washington, D. C., 2014, p. 205。

此外，2014 年 8 月，莫桑比克议会批准了石油和天然气法修订案，明确规定：莫桑比克石油天然气公司（ENH）为该国政府的唯一代表，负责石油和天然气及其衍生物的生产、液化、运输和销售，参与所有项目的运营，有意在莫桑比克投资开发天然气的跨国公司均需与莫桑比克石油天然气公司合作；莫桑比克石油和天然气开采量的至少 25% 用于国内市场，所有投资者需要开展对当地员工的培训、补偿油气产区人员搬迁费用、承担环评影响后果等。该法案规范了该国境内的油气开发，最大限度地保护本国利益，具有一定的资源民族主义倾向。

B.5

葡萄牙国家的创新研发能力及创新政策

张　敏*

摘　要：创新是世界各国提高经济竞争力的重要手段之一，近年来欧盟一直致力于通过研发创新推动产业升级和提升全球经济竞争力。在按照欧盟创新综合指数分类的欧盟四大国家集团中，葡萄牙排列在第三集团，是欧盟28个国家中创新能力相对较弱的国家之一。近年来葡萄牙政府努力通过各种创新政策和手段，保持其特有的创新优势，逐渐提升其创新能力。本文分析了葡萄牙国家创新体系的基本特点及创新优势产业。

关键词：创新综合指数　葡萄牙创新体系　创新政策　优势产业

创新是世界各国提高经济竞争力的重要手段之一，近年来欧盟一直致力于通过研发创新推动产业升级和提升全球经济竞争力。2014年，欧盟研发投入占GDP的比重约在2%。创新投入以政府主导、企业重点投入为主。最新的全球创新竞争力报告显示：全球十大创新国家中，欧盟成员国芬兰、瑞典、德国、英国等国家榜上有名。相比之下，葡萄牙是欧盟28个成员国中创新能力相对较弱的国家之一。根据创新综合指数高低进行分类，欧盟28个成员国可分为四大国家集团，葡萄牙排列在第三集团，其创新能力无法与欧盟创新大国相比，但比排列在第四集团的国家又较强。总体而言，葡萄牙

* 张敏，区域经济学专业，理学硕士。中国社会科学院欧洲所研究员，科技政策研究室主任，西班牙研究中心秘书长。

是个创新能力较弱的国家，当前政府正在通过各种创新手段，在保持其特有的创新优势的同时，不断提升其创新能力。

一　欧盟国家创新现状及葡萄牙在欧盟创新中的地位

根据欧盟创新综合指数的高低，可以将欧盟 28 个成员国划分为四大类型：第一是创新领先国家（the innovation leaders）；第二是创新跟进国家（the innovation followers）；第三是创新一般国家（the moderate innovators）；第四是创新较弱国家（the modest innovators）。

从最新的发展情况看，欧盟 28 国创新能力强弱的基本排序[①]是（见表 1）：①创新领先国家（the innovation leaders）包括丹麦、芬兰、德国、瑞典，这些国家的创新水平高于欧盟平均水平，德国和芬兰是创新能力提升最快的两个国家，丹麦的创新能力提升相对缓慢；②创新跟进国家（the innovation followers）包括奥地利、比利时、塞浦路斯、爱沙尼亚、法国、爱尔兰、卢森堡、荷兰、斯洛文尼亚和英国，这些国家的创新水平接近欧盟平均水平；③创新一般国家（the moderate innovators）包括克罗地亚、捷克、希腊、匈牙利、意大利、立陶宛、马耳他、波兰、葡萄牙、斯洛伐克和西班牙，这些国家的创新能力低于欧盟平均水平。④创新较弱国家（the modest innovators）有保加利亚、拉脱维亚、罗马尼亚，这些国家的创新水平与欧盟 28 国家的平均水平尚有不小差距。

表 1　欧盟 28 国科技创新能力年度变化一览*

年份	创新领先国家	创新跟进国家	创新一般国家	创新较弱国家
2014	丹麦、芬兰、德国和瑞典	奥地利、比利时、塞浦路斯、爱沙尼亚、法国、爱尔兰、卢森堡、荷兰、斯洛文尼亚和英国	克罗地亚、捷克、希腊、匈牙利、意大利、立陶宛、马耳他、波兰、葡萄牙、斯洛伐克和西班牙	保加利亚、拉脱维亚和罗马尼亚

＊根据《欧洲创新排行榜》（2014 年）中的资料信息归纳整理而成。

① 这是当前欧盟各国创新能力的现状，参考 2014 年《欧盟创新排行榜》的统计数据。

创新综合指数高低直接反映了不同类别国家创新能力的高低。2014 年，欧盟 28 国创新综合指数[①]平均值为 0.5551。创新领先国家的综合创新指数应高于欧盟均值的 10%。2014 年创新领先国家中，瑞典为 0.7401，丹麦为 0.7362，德国为 0.6763，芬兰为 0.6764。创新跟进国家的综合创新指数介于欧盟均值的 10% ~20%。创新一般国家的综合创新指数介于欧盟均值的 20% ~50%，葡萄牙属于这一集团，创新综合指数为 0.4032。创新较弱国家的创新综合指数低于欧盟均值的 50%。2014 年创新能力最弱的欧盟国家是罗马尼亚，创新综合指数为 0.2043。

从创新业绩看，创新领先国家的主要优势如下。①良好的公私伙伴关系将有助于创新能力的提高。所有创新领先国家在公私合作出版物（public-private co-publications）数量上的得分远远高于欧盟的平均值，科学基础研究与企业之间拥有良好的合作关系。②所有创新领先国家的技术扩散能力较强，科研成果的转化能力和商业化水平较高，来自国外的商品许可和专利收入均有较好表现。③这些国家政府在研发上的投入、企业研发支出和与产业研发投入相关的各种创新指标的表现均远远超过了其他国家。例如，位居创新排行榜榜首的瑞典，在八大创新指标中有三项位居欧盟第一，包括人力资源、金融和支持以及企业投资。德国和丹麦各在两个创新领域位居第一，德国在产、学、研关系，企业创新力和知识产权方面，丹麦在创新者（innovators）和经济效应方面均有较好表现。

创新一般国家和创新较弱国家具有的共同劣势是：研究和创新体系严重失衡，尤其是这些国家的中小企业在引进产品、过程创新、市场或组织创新方面的能力均很弱。

二　葡萄牙创新研发基本特征

葡萄牙属于创新一般国家（the moderate innovators），其创新能力与克罗

---

① http：//www. proinno-europe. eu/sites/default/files/innometrics/IUS2011. html.

地亚、捷克、希腊、匈牙利、意大利、立陶宛、马耳他、波兰、斯洛伐克、西班牙属于同一水平，这些国家的创新能力低于欧盟平均水平。创新一般国家的综合创新指数介于欧盟均值的 20% ~50%，葡萄牙属于这一集团，创新综合指数为 0.4032。[①]

葡萄牙在欧盟经济中所占份额较小，在欧盟内的影响力有限。葡萄牙人口总数为 1050 万，占欧盟人口总数的 2.1%。其 GDP 在欧盟 GDP 中所占份额更小，2013 年大约为 1.26%，相比 2011 年的份额还小（2011 年为 1.4%）。按照购买力平均水平计算，葡萄牙人均 GDP 约为 19200 欧元，在 2012 年相当于欧盟平均水平的 75%，相比 2010 年有所下降（2010 年为 80% 左右）。最近几年，受欧洲主权债务危机的影响，葡萄牙 GDP 出现负增长，2009 年为 -3.0%，2010 年为 1.9%。2011 年陷入主权债务危机，经济持续衰退，2011 ~2013 年的 GDP 连续三年为负增长，分别为 -1.8%、-4.0% 和 -1.6%。随着主权债务危机逐渐缓解，从 2014 年起欧盟成员国经济呈现复苏迹象，葡萄牙经济也开始企稳增长，2014 年 GDP 增长率为 0.9%。[②]

2000 年欧盟颁布的里斯本议程提出，争取在 2010 年将欧盟建设成为基于知识经济的全球最具活力的经济体。该议程明确提出欧盟成员国在 2010 年研发投入规模应达到国内生产总值的 3%。事实上，仅几个欧盟成员国达到或接近这一研发投入目标。相比之下，葡萄牙与欧盟规定的目标水平和创新国家的水平的差距仍然较大。其研发创新领域的主要特点如下。

（一）持续增长的研发投入受主权债务危机的影响而有所下降

按照里斯本议程提出欧盟各国在 2010 年研发投入将达到 GDP 的 3% 的目标要求，进入 21 世纪以来，葡萄牙加大了对创新领域的研发投入。据统计，2000 ~2009 年，葡萄牙公共研发投入持续增长。2001 年，葡萄牙研发投入占国内生产总值的 0.85%。2007 年，政府投入的研发强度首次超过

① http://ec.europa.eu/growth/industry/innovation/facts-figures/scoreboards/index_en.htm.

② 欧盟统计局，http://ec.europa.eu/eurostat/tgm/table.do?tab=table&init=1&language=en&pcode=tec00115&plugin=1。

1%，研发投入为19.73亿欧元。2009年政府研发投入占GDP的1.64%，研发投入为27.64亿欧元。2010年后，受国际金融危机和主权债务危机的双重冲击，政府财政状况持续恶化，公共债务持续上升，财政预算严重超支，政府不得不削减公共开支，研发经费投入也出现下滑。债务危机拖累了葡萄牙经济发展，也使得葡萄牙近年来的研发投入规模有所收缩。2010年和2011年，研发投入规模分别是27.49亿欧元和26.06亿欧元。[①] 2011年3月20日，葡萄牙"2020国家改革计划"明确提出，2020年葡萄牙研发创新投入目标为GDP的2.7%～3.3%，其中公共研发投入目标为1.0%～1.2%，企业研发投入目标为1.7%～2.2%。从当前形势看，葡萄牙2020年的研发目标过于宏大。2012年研发投入为24.69亿欧元，相当于GDP的1.5%，与2010年实现3%的研发投入目标尚有不小差距（见表2）。

表2　2009～2012年葡萄牙研发创新经费统计

指标	2009年	2010年	2011年	2012年	欧盟平均值(2012年)
研发经费(百万欧元)	2764	2749	2606	2469(p)	266898(s)
人均研发经费(欧元)	260.1	258.4	246.5	234.2(p)	525.8(s)
研发强度(研发经费占GDP的比重,%)	1.64	1.59	1.52	1.50(p)	2.06(s)
企业研发经费(百万欧元)	1311	1266	1216	1161(p)	168042(s)(t)
企业研发投入占研发经费比重(%)	44.0	44.1	44.1	…	53.9(s)(2010)
国外经费占研发投入比重(%)	4.1	3.2	5.9	…	8.9(2011)(s)
政府研发经费(百万欧元)	1749	1746	1748	1551(p)	86309(s)(t)
公共研发投入占公共总支出比重(%)	2.13	1.99	2.09		1.49(s)(2011)

注：p表示预测数据，s表示欧盟统计局估算数据，t表示总额。

资料来源：欧盟统计局，http://erawatch.jrc.ec.europa.eu/erawatch/opencms/information/country_pages/pt/country? section=ResearchFunders&subsection=FundingFlows。

（二）研发投入以政府为主导的模式有所改变

在欧盟几大创新国家中，研发投入占GDP的比重较高，政府在研发政

① Manuel Mira Godinho and Vítor Corado Simões, *ERAWATCH Country Reports* 2013: *Portugal*, 2014.

策制定上发挥主导作用，但研发投入以私人企业为主，企业的投入占研发总投入的比重在60%左右。从欧盟平均水平看，研发投入也以企业为主。但葡萄牙的情况略有不同，研发投入的主体是政府，2001年葡萄牙政府研发投入占到了总投入的61%，企业投入在研发投入上的活跃性较差，仅为32%，这也是葡萄牙创新能力较弱的原因之一。2007年葡萄牙研发投入占GDP的比重首次突破1%，企业研发投入逐渐上升，2012年企业研发投入占公共投入的47%。虽然企业的研发投入规模有所扩大，但总体而言，公共部门依然是研发创新投入的主体。

（三）在创新领域积极开展欧盟框架下的共同融资合作

葡萄牙的私人和公共部门也从欧盟项目中争取研发融资项目，特别是积极申请结构基金和欧盟第七研发框架机构的资金支持。在2007~2013年第七研发框架计划期间，葡萄牙从结构基金中获得215亿欧元，其中45亿欧元（约占21%）用于研发投入。葡萄牙申请第七研发框架计划项目的成功率为18.4%，低于欧盟平均水平（28%），截至2013年，葡萄牙向第七研发框架机构成功申请到了2157个项目，总共获得了4.5亿欧元的创新经费支持。

三　葡萄牙的研发管理机构及创新政策

（一）研发创新体系的基本组成

葡萄牙的研发创新治理体系包括三个层面。第一个层面是决策层面，包括总理办公室、负责提供研发经费的主要部委——教育和科学部、经济部。其他部委也参与研发经费的分配，但其重要性远不如教育和科学部、经济部，二者是负责研发创新政策制定的两大部门，前者侧重于科学政策的制定，后者的重点是推动企业的研发和创新工作，推动可持续性增长、竞争力和创新、国际化和地区发展。第二个层面是具体实施和执行层面，负责研发项目的落实和执行。第三个层面是研发者，即研发行为体，包括负责实施研

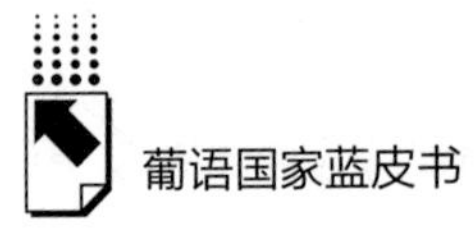

发活动的所有机构与部门，主要是学术研究机构和公共科学实验室，还包括给教育和科学部提供咨询的机构。

葡萄牙议会对上述机构并没有直接的指导权限，议会在葡萄牙科技政策、决策和目标制定中的作用十分有限。

（二）研究和创新体系的调整

进入21世纪以来，葡萄牙不断微调研发创新体系（见图1），增加了一些研发咨询机构，使其在政府的研发决策上发挥咨询作用。2011年12月，企业和创新项目（+E+I Programme）启动后，葡萄牙创建了国家企业和创新理事会。2012年2月10日，部长理事会第十四号决议明确了国家科学技术理事会的权限范围。这些机构的成员均是国际知名科学家和研究人员。理事会对政府的科学技术政策提供咨询意见。葡萄牙国家科学与技术理事会（the National Council for Science and Technology，CNCT）是葡萄牙政府创建的一个咨询机构，该机构不直接参与创新决策和创新项目的执行，向教育和科学部、科学国务秘书建议应让公众了解研发战略计划的制定过程，并参与讨论研发创新政策指导原则的制定过程。该机构认为，调整和改变研发创新政策，应首先对这一变化和调整可能产生的后续影响及带来的风险进行评估。另外，葡萄牙还创建了国家再工业化局。

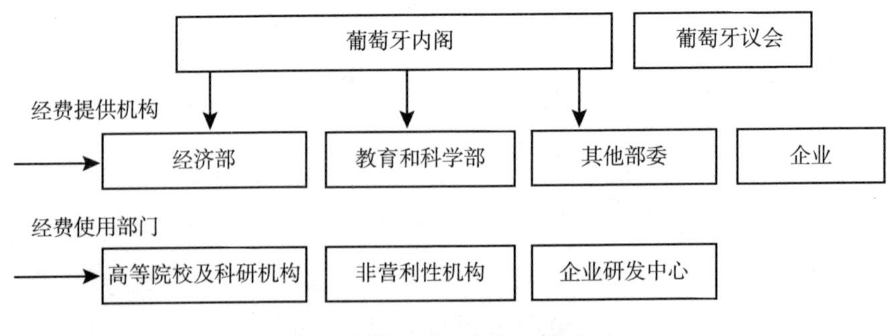

图1　葡萄牙国家创新研发体系

创新经费机构的组成没有太大的变化。葡萄牙科技基金会（the Science and Technology Foundation，FCT）负责管理大部分研发经费，但不包括向公司提供研发经费。在创新领域，竞争和创新局（the Agency for Competitiveness and Innovation，IAPMEI）负责国家战略参考框架（2007～2013 年）（National Strategic Reference Framework，NSRF，2007－2013）项目下的经费分配。

（三）葡萄牙研发经费来源及分配特点

葡萄牙研发经费投入主体（研发创新经费的提供者）主要是经济部、教育和科学部、其他部委、企业。2011 年葡萄牙研发创新总支出（GERD）为 26.06 亿欧元，相当于 GDP 的 1.52%，其中政府投入占研发投入总额的 41.8%，企业占了 44.0%，高等教育机构为 6.3%，来自国外的援助占了 5.9%，私人非营利性组织占了 2.0%（见图 2）。

研发经费的行为体（研发创新执行机构，即经费使用部门）主要有公共研究机构、高等教育、企业和私人非营利性组织。

从 2011 年的研发经费分配情况看（见图 3），公共研发经费（政府的创新研发预算）的主要受益机构是高等教育部门，占了政府投入的 68.5%；其次是公共研究机构，占 15.6%；私人非营利性机构为 11.5%；企业为 4.5%（不包括政府为企业创新提供的税收优惠）。企业研发经费的约 97% 是自己使用的，与其他部门之间的联系较少。来自国外的经费分配比较分散（不包括欧盟结构基金中用于研发的投入，这部分经费计算入政府预算）。多年来，葡萄牙研发经费的支出遵循一定的原则，如以下两点。

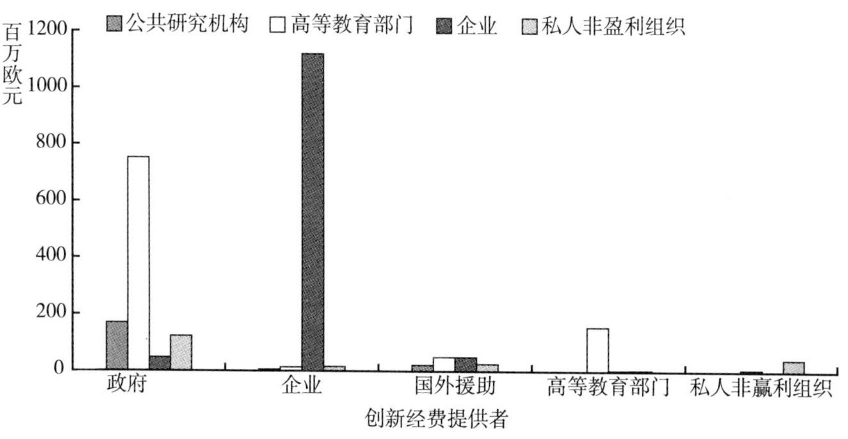

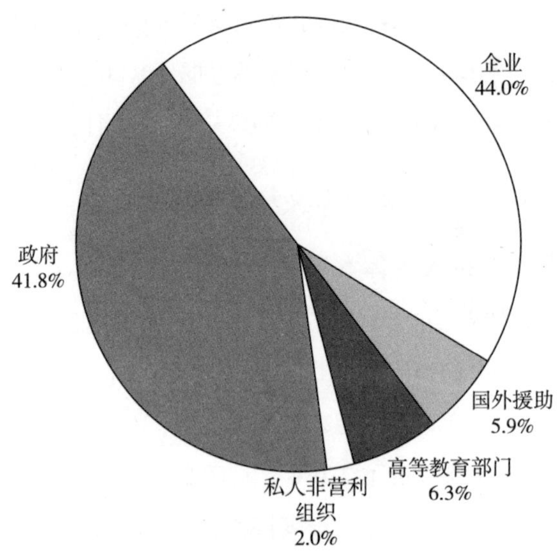

图 2　2011 年葡萄牙创新经费来源及分配使用情况

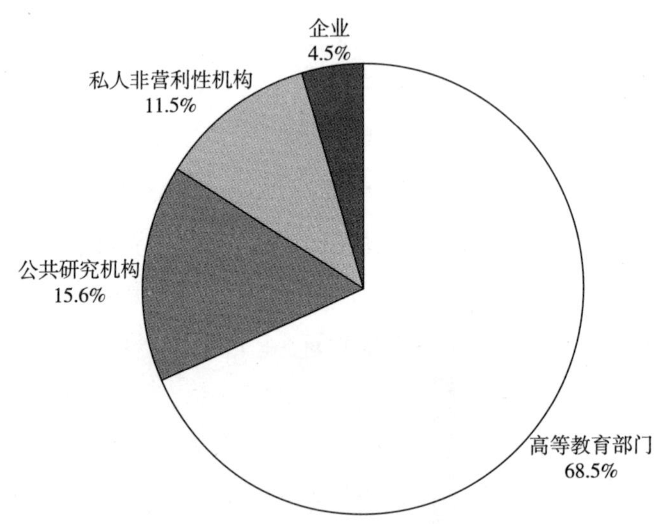

图 3　2011 年葡萄牙公共研发经费的分配

资料来源：葡萄牙国家统计局。

1. 竞争机制

在竞争机制下获得创新经费逐渐成为葡萄牙创新经费分配的原则之一。

20世纪90年代，葡萄牙的研发创新经费主要投入公共实验室，在获取创新经费时并不强调竞争。此后，为鼓励更多的企业和私人参与创新研发活动，葡萄牙政府在从欧盟获得的结构基金中设立多个项目，在创新项目经费分配上采取竞争原则，鼓励更多具有创新活力和能力的企业、个人和机构参与创新研发活动。

随着时间的推移，葡萄牙的研究机构和公司逐渐适应了以竞争获得经费这一新的创新研发环境。2009年，公共研发经费为17.52亿欧元，其中57.1%是按照竞争原则进行分配的。从2010年起，通过竞争分配经费的比例略有下降，2010~2012年，其比例分别是46.4%、47.6%和48.8%。[①]

2. 政府直接或非直接创新研发投入机制

与欧盟其他国家一样，葡萄牙政府将创新经费从原来的创新研发投入逐渐转向创新投资（即从R&D转向R&I），政府采取各种直接和间接激励政策工具调动企业或个人进行创新活动的积极性。

政府直接研发经费包括赠款、贷款和采购。非直接创新研发经费包括研发税收减免、研发补贴、研发人员工资税和社会保险缴费的抵扣，以及研发资本的加快折旧等。政府通过税收优惠或减免税收方式鼓励企业或机构直接或间接开展研发创新活动。鼓励和支持非直接创新研发投入的主要工具是企业研发投资的税收激励机制（the System of Tax Incentives for Company Investments in R&D，SIFIDE）。政府通过这一税收激励手段鼓励或推动企业进行研发创新活动。这一税收激励方式已经通过法规或法律的形式加以推行。2011年葡萄牙预算法案明确规定将这一税收激励方式延续到2015年，开启第二阶段的税收减免机制（即SIFIDE Ⅱ），为从事创新研发活动的企业提供更好的税收优惠。SIFIDE机制提供两种税收优惠：一是基本的税收优惠，提供相当于一个财政年度的32.5%的研发支出；二是累进财政优惠，相当于提供前两年年均研发经费的50%。在SIFIDE财政优惠政策下，葡萄

---

① Manuel Mira Godinho and Vítor Corado Simões, *ERAWATCH Country Reports* 2013: *Portugal*, 2014.

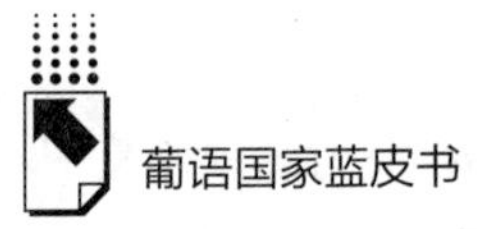

牙每年提供的税收优惠总额大约为 1 亿欧元。此外，按照 2004 年第二十六号法规，个人和机构提供创新经费给基金会、机构、协会、高等教育机构和其他从事研发创新活动的机构，可享受税收优惠。据统计，2012 年大约有 1928 个机构适用这一税收优惠机制，共减免税收 2100 万欧元。

政府的直接激励由国家战略参考框架竞争因素（2007 ~ 2013 年）项目（the Competitiveness Factors OP of the National Strategic Reference Framework 2007 – 2013，COMPETE）负责管理。COMPETE 的两大税收优惠激励工具是商业企业研发刺激机制（the SII&DT）和创新激励机制（SIInovação），COMPETE 还执行集体效率战略项目。集体效率战略项目的主要创新行动是竞争和技术极项目（CTP），该项目注重推动集群创新活动，旨在加强葡萄牙国内或地区创新体系中主要创新行为体之间的联系。

非直接激励主要在税收激励机制下（SIFIDE）执行。这是针对商业企业的税收减免工具，对积极开展创新研发活动的企业，可减免企业收入税。企业研发机构的股权、申请和保持专利的费用、研发审计成本、购买研发设备的投入、从事研发的人员和辅助人员的工资等均可以从企业收入税中一并扣除。

（四）葡萄牙研发创新目标——追求卓越性和国际化

自 20 世纪 60 年代以来，葡萄牙研发创新经费持续投入培养年轻科学家、社会学家，加强基础研究，创办大学等领域。自 20 世纪 90 年代中期以来，葡萄牙国家研发政策提出了两个相互关联的目标：“卓越性”和“国际化”。为了实现国际化，葡萄牙在研发项目的立项、评估中邀请了国外研究学者、专家的参与，依靠国内研究机构和智库的研究力量，在近 10 年间，积极参与欧洲研究区政策方面的研究，但不仅限于在欧洲研究区内的各种研究活动，葡萄牙还与美国多个大学在联合培养博士生和联合开展研究项目方面签署了一系列合作协议。到 2003 年，葡萄牙每年新增博士突破 1000 人，目前这一人数已经翻番，如 2012 年博士生人数为 2209 人。同时，其研究成果逐年显现，2012 年每百万人口中的 ISI 的出版物为 1567 种，在 2000 年，这一出版物仅为 435 种。

葡萄牙政府工作计划中对科技和创新政策的基本定义是：为卓越（科技前沿）的研发活动提供优先和重点扶持；在重视对人力资本投资和个人能力发展的同时，不能忽视对机构研发能力的提升和扶持；为葡萄牙现有的研究人员创造从事科研活动的有利环境，同时采用激励措施引进和吸引国外一流研究人才；鼓励研究机构和企业之间建立产、学、研合作伙伴关系，开展应用性研究项目，创造新的就业岗位。

但是实际上政府此后采取的科技和创新政策未能与这些目标有机结合起来，尤其是与加大对人力资本投入和开发个人能力的目标似乎背道而驰。政府对博士生和博士后的奖学金或薪水的待遇逐年下降（见2013年博士生和博士后招生简章），科技国务委员在2014年1月27日接受《经济日报》采访时提出，现在申请科技预算经费的研究者太多了，应该严格遴选，应重视对研究机构的投入。在这样的呼吁下，目前葡萄牙政府更加重视的是将研发经费投入研究机构，而不是人力资本或个人研究能力的培养。

究竟应该将研发经费重点投入哪个领域是葡萄牙学界、公众争论较多的问题，《葡萄牙国家报》发表过一系列采访和调查文章。联合实验室理事会是葡萄牙获得研发经费最多的机构，但该机构也对政府政策提出了批评意见：政府大幅削减了用于人力资本投入的费用，造成许多高水平科学家移民海外，影响了葡萄牙科研水平和科研文化，不可避免地造成经济结构中技术水平的下降，抑制或拖后了经济的复苏，严重削弱了葡萄牙在国际科技领域的竞争力。

2012年12月11～12日，在一次研讨会上，科技国务秘书在《面向2020年葡萄牙国家研发创新面临的挑战、优势及劣势》的报告中强调，应突出葡萄牙研发政策的重要性，葡萄牙应对“2020地平线计划”做出贡献，并提出智慧的专业化发展路径，这些发展需要葡萄牙各个地区的参与。

研发创新政策对成果数量或质量的要求受研发经费的限制，研发政策制定者更强调研发和创新中的“研发成果的水平”而非“研发成果的数量”，将选择重点领域和项目进行资助。而前届政府提倡多出成果，提出2020年公共研发经费占GDP的比重达到2.7%～3%。

2014 年 1 月葡萄牙颁布的智能专业化研发创新政策确定了五个重点研究领域：①基因技术及其应用（能源、ICT、材料和原材料）；②制造技术和产业（制造产品技术和加工工业）；③流动、空间和物流业（汽车业、航空和空间，运输业、流动和物流）；④自然资源和环境（农产品、林业、海洋经济、水和环境）；⑤卫生健康、福利和疆域（医疗、旅游、创意和文化产业、居住）。

为在 2020 年实现占 GDP 3% 的研发投入目标，未来葡萄牙将力争实现三项战略性目标：一是推动葡萄牙不同学科的科技水平与世界发达国家靠拢；二是促进葡萄牙学术研究机构和部门的国际化发展；三是创建研发支持体系和机制。可以预计，这些战略的推行必将有助于提高葡萄牙的研发创新能力。

B.6

葡萄牙语国家共同体的发展状况（2014年）

赵茹林*

摘　要：葡萄牙语国家共同体是由使用葡萄牙语作为官方语言交流的九个国家组成的。他们虽然距离甚远，但有着相似的历史文化，相互交往密切；在政治、军事、外交、经济上相互支持；在社会、文化和科技方面相互合作，推动葡萄牙语在全球的发展等。本文重点概述了葡语国家共同体在2014年做出的贡献，包括各国首脑是如何认真务实地解决争端，化解矛盾，维护世界和平的；各国间在经贸、外援上又是如何相互帮助与支持的；共同体在语言文化上是如何互相交流的。共同体内部的相互融合是支撑这个新兴组织的重要力量，共同体为葡语国家的繁荣与发展做出了实实在在的工作，具有广阔的发展空间。

关键词：国际组织　葡语国家共同体

葡萄牙语国家共同体（Comunidade dos Países de Lingua Portuguesa, CPLP，下文简称“葡语国家共同体”或“葡共体”）是一个国际性国家联盟组织，于1996年7月17日在葡萄牙首都里斯本正式宣布成立，由巴西等

* 赵茹林，商务部研究院研究员。

八个官方语言为葡萄牙语的国家组成。2014 年赤道几内亚也正式宣布加入，成为第九个成员国。中国澳门特别行政区也因使用葡萄牙语，于 2003 年成为观察员。葡语国家共同体机构总部设在葡萄牙的首都里斯本。

一 葡语国家共同体的发展壮大

葡语国家共同体的成员国葡萄牙、巴西、安哥拉、莫桑比克、几内亚比绍、佛得角、圣多美和普林西比、赤道几内亚、东帝汶，以及观察员之一——中国的澳门特别行政区，分布在欧洲、拉丁美洲、非洲和亚洲，总人口有 2.5 亿多，面积约 1100 万平方公里。[①] 上述国家和地区中除了有葡语的发源地，绝大多数曾是葡萄牙的殖民地。

葡语国家共同体的发起，是因为 1989 年巴西总统佛朗哥提出了“葡语国家加强跨地区合作”的建议，并倡议成立葡语国家共同体。[②] 1993 年，巴西提出了一项共同体制度化的建议并得到了其他六国的普遍赞同。此后，巴西、葡萄牙带领葡语六国多次举行圆桌会议，就推进建立葡语国家共同体、共同议会、葡语大学、国际葡语协会等进行商讨。依靠葡萄牙的悠久历史与传统文化，葡语国家共同协商，在 1996 年 7 月 17 日成立“葡萄牙语国家共同体”，东帝汶为观察员国。2002 年在巴西利亚举办的第四次葡语国家共同体首脑会议上，与会成员国一致赞同东帝汶民主共和国加入共同体，成为第八个成员国。东帝汶因地域优势而成为葡共体与亚洲国家发展经贸关系的门户，对共同体机构发展具有战略意义。

最值得庆贺的是，2014 年共同体又添新成员，赤道几内亚申请加入葡共体的夙愿得以实现，葡共体再次壮大。2012 年应赤道几内亚的邀请，葡语国家共同体代表团对赤道几内亚进行了正式访问，考察了赤道几内亚为加入葡共体而制定的一系列计划的实施情况，并对葡语的推广、提高政府执政

---

① 《世界知识年鉴（2013～2014）》，世界知识出版社，2014。

② 《葡语国家共同体》，新华网，2014 年 12 月 15 日。

能力、传统文化保护等项目进行考察并提供帮助，认为赤道几内亚已经具备了成为葡共体正式成员的条件。2013 年巴西外长安东尼奥在安哥拉首都罗安达对外宣布，巴西愿意支持赤道几内亚加入葡语国家共同体。① 2014 年 7 月，在东帝汶首都罗安达举行的第十次葡语国家共同体首脑会议上，赤道几内亚被正式接纳为第九个成员国。赤道几内亚总统奥比昂亲自出席大会并发表演讲：在历史上，从 15 世纪到 18 世纪，赤道几内亚曾是葡萄牙的殖民地，2011 年葡萄牙语成为第三官方语言，赤道几内亚在加入共同体大家庭后将积极合作。② 2014 年 8 月，赤道几内亚副总理兼教育部长恩圭玛会见了葡萄牙语教学中心主席索萨，双方就发展葡语教学合作进行了交流，共同认为随着赤道几内亚加入葡语国家共同体，葡语将在未来政治、社会、生活中越来越重要，对葡语教育的需求也会越来越旺盛，未来将有很大的合作空间，共同推动葡语在赤道几内亚的普及。③ 另外，葡共体有格鲁吉亚、毛里求斯、日本、纳米比亚、塞内加尔、土耳其六个观察员国。印度尼西亚外交部部长也表示，印度尼西亚希望取得葡语国家共同体观察员的资格。④

二　葡语国家共同体成员国间的多方合作

葡语国家共同体在地域上分属四大洲，但多数是非洲国家。在联合国公布的《2014 年最不发达国家报告》中，共有 48 个国家被定为“最不发达国家”，其中就有安哥拉、赤道几内亚、几内亚比绍、莫桑比克、东帝汶、圣多美和普林西比，这六国都是葡共体成员国。《2014 年度非洲进步报告》提到非洲葡语国家的贫困人口比例，莫桑比克约有 143 万贫穷人口，占全国总

① 中国驻安哥拉大使馆经商参处：《安哥拉将举办非洲葡语国家共同体经济论坛》，2013 年 7 月 20 日。

② 中国驻赤道几内亚大使馆经商参处：《非洲葡语国家第一届经济论坛在罗安达举行》，2014 年 7 月 25 日。

③ 中国驻赤道几内亚大使馆经商参处，2014 年 8 月 30 日。

④ 葡新社，2014 年 7 月 26 日。

人口的60%；几内亚比绍贫困人口超过50%，约70万人；安哥拉贫困人口约830万，占总人口的40%；圣多美和普林西比贫困人口约3万人，占总人口的20%；佛得角贫困人口最少约1万人，占总人口的10%。[①] 在葡萄牙语国家共同体中，经济欠发达国家占2/3，贫困、内乱、政变时常发生。葡语国家共同体成员国政府首脑、外长、国民议会代表在国际事务中发挥着积极的作用，在相互支持、相互尊重的基础上进行政治协商，在社会稳定、经贸发展、文化交流、共同抗击"埃博拉"疫情等领域互相合作。

葡语国家共同体内民间往来不断，它是一个正在蓬勃发展的国际联盟，争取实现人员、贸易流动。2013年11月，葡语国家企业家协会（CE-CPLP）领袖在会见葡萄牙总统席尔瓦时，曾呼吁葡语国家共同体创建货物、服务和人员自由流动的统一市场，希望各国政府落实这个愿望。[②] 2014年世界贸易组织总干事阿泽维多支持建立葡语国家统一市场，称关于建立货物和人员自由流动的葡语国家统一市场的理念是"有益和健康的"，"因为葡语国家之间的企业存在重要的语言、文化和商业联系，企业家提出的这个主张，是基于这些国家经济制度之间的联系和紧密合作关系的"。"葡语国家企业家协会的目的，是实现葡语国家共同体内货物和人员的自由流动，使葡语国家的企业在共同体内开展经营活动更加便利，不再有复杂的行政程序和入境签证，在葡语国家共同体内各国公民可以像在本国一样自由迁移和寻找工作。"[③] 要使货物和人员的自由流动成为现实还有很多工作要做，比如联通各葡语国家协会的网站，发布介绍各国企业和协会的商业信息等。

葡共体于2012年组成粮食和营养安全委员会，粮食和营养安全被认为是葡语国家发展的基础。2014年3月，联合国粮农组织与葡总体签署粮食和营养安全培训协议、农业技术合作协议，提供50万美元为非洲葡语国家

---

① 中国驻几内亚比绍大使馆经商参处：《2014年度非洲进步报告》，2014年5月8日。

② 中国驻佛得角大使馆经商参处，2013年11月29日。

③ 佛得角通讯社：《世界贸易组织总干事阿泽维多支持建立葡语国家统一市场》，2014年1月7日。

及东帝汶的农业生产者提供粮食和营养安全培训。[①] 同月，葡语国家共同体调解和仲裁委员会（CAIMA）在佛得角的萨尔岛成立，它是解决经济及贸易事务纷争的仲裁机构，并开办面授或远程法律课程，无偿提供专家指导咨询服务。同年 11 月葡语国家共同体青年企业家协会成立，并批准建立一个合作联盟的提案，以促进各成员国企业发展和克服现有经济瓶颈。葡共体国家研究共同开采石油项目，在东帝汶首都帝力举行的 2014 年第十次葡共体首脑峰会决定成立技术小组，研究由成员国共同参与石油勘采的可行性，发表了《帝力宣言》，确认了各国在能源、政治和外交领域的协调，特别是“CPLP 能源”项目的确立。技术小组研究如何在 CPLP 领土、领海范围内，联合勘探和开采石油和天然气，并在东帝汶成立财团，进行陆上采油，CPLP 成员国的企业均可参加。[②] 2014 年 5 月，东帝汶政府为促进成员国的经济合作，制定了优惠的石油开采招商政策，吸引葡共体成员国在东帝汶进行陆上石油勘采，主要在南部海岸将 1/4 的陆上石油勘探区块指定为“葡共体联合石油勘探区”。东帝汶国家石油管理局局长还邀请几内亚比绍国有石油企业联合参与石油勘探，分享开采经验。葡共体成员国一致同意东帝汶鲁瓦克出任 CPLP 未来两年的轮值主席。另外，赤道几内亚比奥克商会主席被提名为葡萄牙语国家共同体企业联合会委员，此举利于葡共体的融合，推动葡语国家经贸、政治、文化等领域发展进入快车道。

葡语国家间在基础设施建设方面通力合作，2014 年 10 月葡萄牙航空公司恢复里斯本至比绍的航班，两国签署了合作、培训和移民能力建设的协议。葡萄牙外交部部长马谢特在协议签署仪式上强调，两国将加强边境管制，以防止 2013 年 12 月几内亚比绍政府让 74 名叙利亚人携带假护照强行登机的事件再次发生。[③] 同年 11 月，葡萄牙欧洲大西洋航空（EAA）与几

① 安哥拉快讯：《葡萄牙企业家在威热省与安哥拉企业建立合作伙伴关系》，2014 年 3 月 6 日。

② 安哥拉快讯，2014 年 7 月 22 日。

③ 中国驻几内亚比绍大使馆经商参处：《葡萄牙将草拟与几内亚比绍合作计划》，2014 年 10 月 23 日。

内亚比绍政府签署协议，提供往返几内亚比绍首都比绍和里斯本的航班，同时开通葡萄牙与圣多美和普林西比（简称“圣普”）的往返航班，并拥有圣普国营 STP 航空公司的部分股份。在安哥拉旅行社商会的倡议下，首届葡共体（CPLP）旅游大会在罗安达举行，会议的主题为“CPLP 旅游市场的商机”，探讨 CPLP 成员国的旅游路线和产品，展示每个成员国各自的旅游发展潜力，以吸引投资推动旅游业的发展。2014 年第一季度，安哥拉启动南大西洋电缆系统（SACS）建设项目，建设一条连接安哥拉和巴西的海底光缆，项目工期为 18 个月。建成后，该光缆将成为第一条横跨大西洋并连接非洲与南美洲的海底光缆，被安哥拉政府称为“具有两国战略意义的项目”。[①] 近年来，安哥拉在圣普已成功创办许多商业企业，在圣普的经营十分活跃，圣普日益成为安哥拉人投资的主要目的国之一。安哥拉国家石油公司（SONANGOL）在圣普实力强大，该公司不仅通过旗下的 SONAIR 公司购买了圣普旗舰航空公司 STP 51% 的股权，还同时涉足圣普的燃料、港口、机场以及人才培训等领域，并有望将业务继续扩展到其他产业。据 EIU 2014 年分析，尽管圣普的探明石油储量并不足以大规模开采，但安向圣普提供的此笔信贷很可能以未来参与该国的石油开采项目的形式偿还。该信用额度将对圣普公共财政构成一定压力，因该国外债已达到其国内生产总值的 93%，其中包括欠安哥拉的 2400 多万美元的到期债务。[②] 安哥拉通过提供信贷增强在圣普的影响力。安哥拉总统的女儿伊萨贝尔·多斯桑托斯也在努力开拓圣普电信市场。

巴西为莫桑比克的水库建设提供了 850 万美元的贷款，用以进行水坝的环境评估和工程设计，后又提供 4.66 亿美元贷款支持水坝工程建设。横跨莫桑比克因科马蒂河的水坝工程可储水 7.6 亿立方米，其部分用于河谷农田的灌溉，部分用于电厂发电，装机容量达 15 兆瓦，生产的电力可上传到全国电网。水坝建成后将解决马普托、马托拉、博阿内和马拉夸内等市以及供

① 中国驻安哥拉大使馆经商参处：《安哥拉将建设一条连通巴西的海底光缆》，2014 年 1 月 29 日。
② 中国驻安哥拉大使馆经商参处：《安哥拉通过提供信贷增强在圣普的影响力》，2014 年 1 月 28 日。

水管沿线地区饮用水短缺的问题。[①] 2014 年中国网络企业“百度”，在巴西推出了葡文搜索引擎，网址为 http：//br. baidu. com。为区别于谷歌和 Bing 等主要互联网企业，百度使用的是搜寻算法，视频、音乐和游戏程序可直接显示在结果页面，用户无须先点击相关网页。为实现这一优势，百度须先与内容提供商结成合作伙伴关系。[②]

葡语国家在维护国家稳定上相互支持，早在 2000 年葡语国家首脑就一致通过了《马普托宣言》，[③] 承诺在政治、经济、文化等多方面合作，积极参加国际事务，提高葡共体在世界政治舞台上的地位。葡共体从成立至今曾多次解决政变引起的内乱和争端问题，如葡共体领导人在非洲葡语国家及东帝汶国内政变中积极斡旋。几内亚比绍政府选举、东帝汶总统选举就是最好的实例。2013 年 6 月几内亚比绍组成更具包容性的过渡政府后，葡语国家共同体表示支持，主动为几内亚比绍大选提供资金援助。葡萄牙提供选举物质帮助，包括选票。东帝汶向几内亚比绍全国选举委员会捐赠 20 万美元，还赠送一辆军事越野车和两辆警车，以及向天主教教会青年和比绍大教堂分发了食品、电视、电脑及无线电通信设备和其他设备。[④] 几佛非洲独立党在议会选举中获胜，赢得国民议会 102 个席位中的 55 席。[⑤] 2014 年 4 月 13 日，几内亚比绍举行总统和立法会选举，并于 5 月 18 日举行总统选举第二轮投票。前执政党几佛非洲独立党候选人瓦斯赢得总统选举，6 月 23 日，新当选总统若泽・马里奥・瓦斯宣誓就职，总理多明戈斯・西蒙斯・佩雷拉及新政府就任。选举过程总体平静、有序，获得国际社会广泛认可。同年 6 月，瓦斯总统赴安哥拉出席非洲葡语国家共同体峰会。

葡语国家不断加强安全领域的合作，第五次葡语国家共同体国防部长会议在里斯本召开，与会者在会议中分析了国际和地区政治、军事形势，一致

---

① 莫桑比克咨询网：《巴西提供贷款支持莫桑比克水坝建设》，2014 年 11 月 15 日。

② macauhub 网：《百度在巴西推出葡文搜索引擎》，2014 年 7 月 22 日。

③ 中新社，2000 年 7 月 19 日。

④ 中国驻几内亚比绍大使馆经商参处：《东帝汶向几内亚比绍全国选举委员会捐赠 20 万美元》，2014 年 3 月 7 日。

⑤ 几内亚比绍通讯社：《几佛非洲独立党在议会选举中获胜》，2014 年 4 月 16 日。

认为有必要加强共同体成员国之间的军事合作，还讨论通过了设在莫桑比克的“葡语国家共同体防务战略研究中心”的章程，以便加强各国军事战略情报的交流、分析和研究。2014 年赤道几内亚被选为“中非安全行动补给基地”，以提高安全防范能力。2014 年的安全形势，虽然比 2013 年有所好转，但海盗猖獗、跨境犯罪的增加、“博科圣地”恐怖组织活动频繁、非法移民有所抬头等，仍然威胁着该地区的安全。① 同年 12 月，葡萄牙内政部与几内亚比绍内政部合作培训安保人员、警察，开设治安培训课程，以及对几内亚比绍移民和边境局高级官员进行理论和实践培训。葡萄牙还向几内亚比绍内政部捐赠警察制服和装备，总价值约 6 万欧元。② 为防范走私，2014 年 10 月 28 ~ 30 日，葡共体（CPLP）成员国海关关长汇集于安哥拉首都，参加第二十九届葡共体海关关长会议，会议综合分析葡语国家海关多边合作方案，加强各国海关管理及海关技术援助，以实现成员国海关服务现代化管理、打击犯罪的目标。③ 同年 11 月葡萄牙总理与几内亚比绍签署了一份“未来八个月应急预案计划”，葡萄牙将援助几内亚比绍 682.5 万欧元，用于几内亚比绍和平与安全领域的发展，加强政府治理，巩固国家法治。两国的其他合作还包括移民管理和边境管制、预防犯罪和司法机构能力建设、税务和海关等机构建设。④ 这标志着葡萄牙和几内亚比绍的双边关系开始正常化。

2014 年 2 月西非几内亚科纳克里首次发现“埃博拉”病毒，疫情的传播、扩散让世界揪心。葡共体内非洲国家多，尤其是几内亚比绍在非洲西部，紧邻几内亚，葡共体领导人特别关注其情况。为防止几内亚的“埃博拉”疫情进一步蔓延，葡萄牙援助几内亚比绍 15 吨预防“埃博拉”病毒和其他传染病的药品⑤。中国迅速采取援助行动，两次向几内亚比绍提供“埃博拉”防护救治物资，得到世界的认可。几内亚比绍《前进报》述评，中

① 中国驻赤道几内亚大使馆经商参处：《成立中非安全行动补给基地》，2014 年 7 月 16 日。

② 葡萄牙新闻社：《葡共体财长在马普托讨论全球金融危机和资源管理》，2014 年 12 月 10 日。

③ 安哥拉快讯：《葡共体海关关长会议》，2014 年 10 月 28 日。

④ 葡萄牙卢萨社：《葡萄牙将草拟与几内亚比绍合作计划》，2014 年 11 月 4 日。

⑤ 中国驻几内亚比绍大使馆经商参处：《葡萄牙援助几内亚比绍》，2014 年 7 月 10 日。

国对几内亚比绍的援助之快，体现了兄弟般的国家情谊，中国总能了解非洲的需求。[①] 几内亚比绍总理佩雷拉宣布，向邻国几内亚捐助一批医疗物资，包括防护用品和消毒剂，以帮助几内亚度过困难时期。[②] 几内亚比绍因疫情发展态势迅猛，不得不关闭与几内亚接壤的南部和东部陆地边境一段时日。葡萄牙外长马谢特在里斯本宣布，同意投资 55 万欧元在几内亚比绍建立一间检测“埃博拉”病毒的移动实验室。[③] 葡萄牙医院向几内亚比绍派遣医生并举办卫生专业技术人员职业培训，援助医疗设备以提高几内亚比绍医疗卫生条件。2015 年初疫情终于得以缓解。

三　葡语国家共同体成员国间主要经济合作

相通的语言、相似的愿望，铸造了葡语国家的命运共同体。葡语国家共同体要想做强、做大，就要增强联盟、发挥各成员国优势。在经济合作领域，葡萄牙起着主导作用，为发挥自身在欧、非两大陆之间的桥梁作用，葡萄牙在经济、能源、金融和援助等领域加大投入力度。葡语国家共同体最大的亮点是成立对非葡语国家工作小组，定期召开对非工作研讨会，为葡萄牙企业在非发展牵线搭桥，重点开展能源和基础设施建设方面的合作。葡萄牙重视葡语国家共同体的发展，视其为三大外交支柱之一，特别重视推进葡语国家共同体内部的发展建设，提高国际地位和影响力。

（一）成员国高级别合作共商会议

2014 年 2 月 21 日，葡共体（CPLP）各成员国财政部部长在莫桑比克首都马普托举行财长会议，讨论全球金融危机和自然资源的可持续管理，加强各成员国之间的贸易关系。会议主题是“应对全球金融危机：促进葡共体

---

① 《中国对几内亚比绍的援助》，几内亚比绍《前进报》2014 年 10 月 31 日。

② 几内亚比绍国家广播电台，2014 年 9 月 9 日。

③ 葡萄牙新闻社，2014 年 12 月 19 日。

国家经济增长”及“自然资源可持续管理”。[①] 同年7月在安哥拉又组织葡语国家共同体（CPLP）商会联合会成立10周年纪念活动。其宗旨是如何在非洲形成强有力的商业阶层，促进非洲公、私营机构合作，增进非洲商业社会与欧盟、金砖国家等跨国市场之间的合作。此次商会活动还讨论了政治独立、对本土中小型企业的扶持、国际化战略、非洲企业家融资等议题。[②] 在第一届非洲葡语国家（PALOP）经济峰会上，安哥拉经济部长表示，非洲葡语国家应该加紧经济方面的立法机制建设，改善葡语国家的经商环境。葡语国家在吸引外资方面仍较为落后，要从消除官僚主义和商业障碍入手，加快货物、资本、人员流动便利，进一步改善商业环境。非洲葡语国家应该鼓励中小型企业的发展，因为其发展不仅能给社会带来活力还能创造更多就业机会。此外，农业及自然资源是非洲葡语国家的重要优势。[③]

2014年7月安哥拉首都罗安达市举办“非洲葡语国家经济论坛”，该论坛作为葡共商务会议10周年庆祝活动的一部分，旨在促进非洲葡语国家的经济活动，推动与其他国家和地区公、私经济机构的合作。政治领袖、政府官员、商会代表及成功的企业家和经理出席该次论坛。赤道几内亚的比奥克商会主席博奥被提名为葡语国家共同体企业联合会委员，这将促进赤道几内亚融入葡语国家共同体大家庭，使葡语国家在经贸、政治、文化等领域的关系发展进入快车道，能为葡语国家经贸交流拓展新的途径。[④] 同年10月29~30日，“区域研讨会”在几内亚比绍召开，探讨几内亚比绍的商机，其主题为“公私合作关系竞争力”，该会议集中讨论了营商环境、商业趋势和机遇等问题，重点涵盖基础建设、能源、旅游、交通运输、通信、农业、渔业、矿产和建材等领域。几内亚比绍总理佩雷拉、经济财政部部长马尔丁斯、总统府特别顾问戈梅斯，以及前佛得角外长布里托出席了会议。[⑤]

---

① 中国驻几内亚比绍大使馆经商参处：《葡共体财长在马普托讨论全球金融危机和资源管理》，2014年2月25日，http://finance.ifeng.com/a/20140225/11735169_0.shtml。

② 安哥拉快讯：《安哥拉经济部长出席非洲葡语国家第一届经济论坛》，2014年7月24日。

③ 商务部网站：《第一届非洲葡语国家（PALOP）经济峰会》，2014年7月25日。

④ 中国驻赤道几内亚大使馆经商参处：《非洲葡语国家经济论坛》，2014年8月16日。

⑤ 中国驻几内亚比绍大使馆经商参处：《区域会议将探讨几内亚比绍的商机》，2014年10月23日。

2014 年 8 月 26 日，第十届中国与葡语国家企业经贸合作洽谈会在莫桑比克首都马普托召开，这是莫桑比克第二次举办此会议。各国和各地区企业共进行 500 余场洽谈，有来自葡语国家的官员及企业家代表 460 余人参会，涉及金融、建筑工程、环保、食品、农业、医疗、物流等领域。洽谈会上与会者还签署了五份合作协议，涉及商会及企业间合作、投资、建筑工程及农产品加工等。[①] 葡萄牙对外投资贸易局副局长接受卢萨社采访时表示：葡萄牙企业拥有专业知识和在葡语市场开拓项目的经验，可为中国在非洲投资搭建平台，可以成为中国在这些葡语国家投资的媒介，三者相互支持、互为补充。[②] 葡语国家共同体执行秘书穆拉迪·穆拉尔哈伯大使在“2014 中国 – 葡语国家经贸合作论坛”上讲道：要加强合作，为成员国的经贸往来创造更好条件，“我们不能忘记参与论坛的所有葡语国家同时也是共同体的成员，密切相互联系很有意义，对大家都有益处”。他高度评价了该次论坛推出的三方合作建议，认为这可以更好地协调各方利益，为非洲葡语国家带来益处，与会成员国对这一战略持赞同和开放态度。论坛这一平台促进了成员国之间的有效合作，在人力资源培训方面也发挥了重要作用，将中国与葡语国家的关系推向一个新的阶段。[③] 为夯实中国与葡语国家经贸合作平台，澳门特区政府决定在 2016 年前构建三个中心——会展中心、葡语国家食品集散中心，以及葡语国家中小企业商务服务中心，这些中心将有助于巩固中国澳门地区与葡语国家之间的合作。

（二）成员国经贸往来频繁

2014 年 5 月，中国国务院总理李克强会见葡萄牙总统席尔瓦时指出：要加强中国与欧洲之间的海上货运，拓展与南美、非洲市场的海运路线。此外，非洲的葡语国家，由于缺乏资金、技术等，许多宝贵的自然资源尚有待

---

① 中国驻葡萄牙大使馆经商参处、葡萄牙卢萨社，2015 年 8 月 28 日。

② 中国驻莫桑比克大使馆经商参处：《第十届中国与葡语国家企业经贸合作洽谈会在马普托召开》，2014 年 8 月 28 日。

③ 中国驻葡萄牙大使馆经商参处：《葡萄牙对外投资贸易局消息》，2013 年 11 月 14 日。

开发，因此中国如与这些国家展开合作，可以通过资金及技术投资，共同开发可利用资源。同时，中国也可以积极与所有的葡语国家建立和发展“自由贸易区”，加大市场开发，实现贸易和投资的自由化。在未来的发展中，中国可利用中国澳门与其他葡语国家的紧密联系，尤其是在拓展与葡语国家合作空间及人员培养上应扩大中葡合作的领域。[①]

中国与葡共体成员国双边贸易稳步增长，在八个葡语国家中，2014 年 1 ~5 月巴西与中国的贸易额居首位，为 341.73 亿美元，增长 8.58%。安哥拉位居第二，与中国的货物贸易额为 164.91 亿美元，同比增长 8.46%。葡萄牙位居第三位，与中国的货物贸易额为 189.6 亿美元，同比增长 25.71%。莫桑比克居第四位，与中国的货物贸易额为 7.17 亿美元，同比增长 22.62%。佛得角、几内亚比绍、东帝汶与圣多美和普林西比四国与中国的货物贸易额为 6600 万美元。[②] 另据中国海关总署统计，2014 年 1 ~9 月中国与葡语国家进出口商品总值 1025 亿美元，同比增长 4.06%，其中中国从葡语国家进口 693 亿美元，同比增长 4.1%；对葡语国家出口 332 亿美元，同比增长 3.98%。[③] 仅 2014 年 7 月一个月，中国与葡语国家进出口额就达 127.44 亿美元，环比增长 12.43%，其中中国从葡语国家进口 85.79 亿美元，环比增长 9.05%；对葡语国家出口 41.65 亿美元，环比增长 20.11%。[④]

安哥拉是葡萄牙第四大出口目的国，2014 年迫于石油价格下降的不利因素，葡萄牙主要经济合作伙伴安哥拉面临经济调整的压力，明显压缩商品进口，这给 9000 多个对安哥拉出口的葡萄牙企业带来了一定影响。此外，建筑业也是葡、安合作的一个重要领域，葡在安的建筑项目占葡海外建筑项

---

① 《李克强会见葡萄牙总统》，中国新闻网，2014 年 5 月 16 日；外交部网站，5 月 16 日。

② 中国驻几内亚比绍大使馆经商参处：《2014 年 1 ~5 月中国与葡语国家贸易总额为 533.45 亿美元》，2014 年 7 月 9 日。

③ 中国驻几内亚比绍大使馆经商参处：《2014 年 1 ~9 月中国与葡语国家进出口总额 1025 亿美元》，2014 年 11 月 4 日。

④ 中国驻几内亚比绍大使馆经商参处：《2014 年 7 月中国与葡语国家进出口总额为 127.44 亿美元》，2014 年 9 月 1 日。

目的38%，而石油收入的减少导致安哥拉财政趋紧，在基础设施方面的部分公共投资建设项目也暂缓实施。① 安哥拉的葡资企业和42家安哥拉企业的负责人将在贸易、工业、农业和科技服务领域建立合作伙伴关系。

2014年5月，中国进出口银行副行长与安哥拉财政部部长签署了三份单项贷款协议，即《安哥拉琼贝－达拉水电站修复项目单项贷款协议》《安哥拉库茵巴综合农场项目贷款协议》《非洲葡语国家经济技术管理培训学院项目贷款协议》，贷款总额为1.7亿美元，用于急需的基础设施建设，包括保障性住房、农业、公路、铁路、学校、医院、水资源及能源生产、交通及电信系统等领域。② 安哥拉国家电台“趋势与评论”节目一致认为中国在安哥拉重建过程中发挥了至关重要的作用。安哥拉驻华大使指出，中国的支持是安哥拉竞选联合国安理会非常任理事国的重要基石，因为成功当选需要获得90票支持，而中国在亚洲地区的影响力将直接影响着安哥拉在亚洲国家中的得票情况。安哥拉外交部亚大司长潘祖认为，来自中国的融资支持是安哥拉开展国内项目和大湖区域内项目、举办国际会议的保证。安建设部国际办公室主任指出，在中国资金的帮助下，安哥拉道路翻修已经超过了1.1万公里。③

（三）成员国间的经济援助

由于几内亚比绍政局动荡，人民生活困难，考虑到几内亚比绍为葡共体兄弟国家，2014年6月葡萄牙外交及合作部计划支持几内亚比绍多个项目，包括家具、渔业及农产品加工。木材是几内亚比绍的主要自然资源，为了可持续利用木材，来自葡萄牙北部的约20家公司将在几内亚比绍建立家具厂。并且，几内亚比绍准备恢复向葡萄牙发放海洋捕捞许可证。据欧盟统计数据，2013年葡萄牙与几内亚比绍贸易总额为7019.4万欧元，其中从几内亚

① 中国驻葡萄牙大使馆经商参处：《安哥拉经济调整对葡萄牙出口和建筑企业产生较大影响》，葡萄牙《商业报》2015年1月29日。

② 中国驻安哥拉大使馆经商参处：《中国援助安哥拉》，2014年5月14日。

③ 中国驻安哥拉大使馆经商参处：《中国援助安哥拉》，2014年5月13日。

比绍进口的商品额仅为18.4万欧元，向几内亚比绍出口的商品额为7001万欧元。几内亚比绍形成贸易逆差6982.6万欧元。[①] 2014年9月东帝汶副总理拉萨马向几内亚比绍政府提供600万美元的财政援助，该款项将用于恢复国家稳定、支付公务员工资以及其他紧急项目。帮助支付公务员的工资对几内亚比绍政府能实行良好管治及维护国家和平与稳定具有重要的作用，但东帝汶要求几内亚比绍提交一份关于如何使用资金的报告。拉萨马还呼吁国际社会和葡共体其他成员国向几内亚比绍提供更多的财政支持，帮助其走出困境。[②]

葡共体成员国发扬“葡共体精神”，帮扶弱小国家。几内亚比绍、圣多美和普林西比都面临严重的政治制约和与贫困做斗争的经济挑战。为体现“葡共体精神”及成员国人民间的友谊，2014年7月东帝汶政府部长会议决定帮助几内亚比绍、圣多美和普林西比支付所欠葡共体的会费。据2013年9月世界粮食计划署统计数据，几内亚比绍只有7%的人口解决温饱问题，90%以上的人口面临食物短缺的问题，其中，中部地区和南部地区是缺少粮食最严重地区。世界粮食计划署发布：东帝汶粮食合作社2013年6月进入几内亚比绍，2014年2月向世界粮食计划署转交13.3万欧元捐款，用以帮助几内亚比绍贫困地区营养不良的儿童和妇女，为5岁以下的7200名儿童及部分孕妇和哺乳期妇女提供约158吨的营养食品，分期发放至2015年1月。[③] 安哥拉政府在2014年向圣多美和普林西比提供一笔总额1.8亿美元的信贷额度，相当于圣普GDP总额的50%。首期6000万美元贷款于年内拨付，用于支持圣普的“发展项目”。经济学人智库（EIU）认为，这笔信贷将使“安圣（普）两国关系更加密切，并在短期内使安哥拉在圣普的影响力进一步增强”。[④]

---

① 中国驻几内亚比绍大使馆经商参处：《2013年葡萄牙与几内亚比绍贸易总额为7020万欧元》，2014年4月28日。

② 中国驻几内亚比绍大使馆经商参处，2014年9月12日。

③ 中国驻几内亚比绍大使馆经商参处：《东帝汶援助13.3万欧元支持几内亚比绍营养不良的儿童和妇女》，2014年2月6日。

④ 中国驻安哥拉大使馆经商参处：《安哥拉通过提供信贷增强在圣普的影响力》，2014年1月28日。

这些捐赠都是南南合作的典型案例。

在援助上，葡萄牙向欧盟提交2014～2020年高达10亿欧元的援助预算，涉及非洲葡语国家和东帝汶的一些合作项目，葡萄牙计划2015年将国民收入的0.7%用于官方发展援助，这能让葡萄牙传统合作伙伴——非洲葡语国家和东帝汶受益。[①] 巴西2014年5月向安哥拉提供了20亿美元的贷款，用于北宽扎省劳卡水电站工程项目的供货、服务和建设。该项目已被列入巴西2013～2017年国家发展规划的公共投资计划融资名单，并预留了37.7亿美元的资金，由巴西工程公司Odebrecht承建。劳卡水电站建成后，预计产能将达2067兆瓦，75万人将从中受益。[②] 该电站将使宽扎河水资源得到合理利用。此外，政府还计划在该河上新建卡库鲁·卡巴萨、图穆鲁度卡萨多、泽恩纳Ⅰ和泽恩纳Ⅱ等多座水电站。同年6月巴西向安哥拉提供了一笔20亿美元的新贷款，用于支持能源和基础设施建设。自安哥拉内战结束后，巴西已向安哥拉提供了五笔贷款，总额达到78.3亿美元。[③] 安哥拉和巴西两国之间的联系日益密切，大量巴西企业活跃在安哥拉的能源和基础设施建设领域，其中最负盛名的是Odebrecht公司。该公司是拉美地区最大的建筑企业，也是目前在安哥拉经营的最大私企。

四　葡语国家共同体成员国的语言文化传承

葡萄牙语是连接葡语国家共同体的纽带，共同的语言使安哥拉、莫桑比克、佛得角和赤道几内亚都建立了葡语研究和培训中心。2007年第六次葡语国家共同体文化部长会议，在佛得角首都普拉亚召开，会议决定设立葡语国家共同体文化大奖，以奖励对葡语国家文化事业做出贡献的文化团体或个

① 中国驻葡萄牙大使馆经商参处：《非洲葡语国家和东帝汶将从欧盟援助基金中获益》，2014年3月11日。

② 中国驻安哥拉大使馆经商参处：《巴西向安哥拉提供20亿美元贷款支持劳卡水电站建设》，2014年5月7日。

③ 中国驻安哥拉大使馆经商参处，2014年6月18日。

人。2008 年在里斯本的贝伦文化中心举行第七次葡语国家共同体首脑会议，主题为“葡萄牙语：共同的遗产，全球的未来”。与会领导人签署的《里斯本声明》提出要提升葡萄牙语价值，促进葡语在全世界的推广。时任葡萄牙总理苏格拉底在会上表示，作为未来两年葡语国家共同体轮值主席国，葡萄牙将把推广葡语作为工作的重中之重。他承诺，葡萄牙将培训教授葡语的教师，大力发展非葡语国家的葡语教育。[①] 2009 年葡语国家共同体部长理事会会议，在佛得角普拉亚市召开，会议决定将每年的 5 月 5 日定为共同体的“葡语和文化日”。[②] “葡语和文化日”的确立旨在加强葡语和葡语国家文化在世界上的作用和影响力，通过实实在在的葡语的推广、传播，利用好语言媒介，组织企业论坛和葡语教学计划，提升国际地位。

2014 年葡萄牙合作组织援建了几内亚比绍多所学校，其中有投资 100 万欧元的几内亚比绍国家聋哑学校，工程款由葡萄牙团结、就业和社会保障部提供，能容纳 400 名 3～17 岁的学生学习，主要包括学前教育、小学 1～6 年级教育以及专业技术培训等，还能容纳 80 人寄宿，主要安排来自边远地区和家庭条件差的聋哑学生就读。[③] 葡萄牙的培训、医疗、卫生发展协会会长与五名志愿者前往几内亚比绍，协助葡萄牙庞巴尔协会完成在郊区修建一所容纳 300 名学生的学校，包括学前和小学教育，并设有图书馆。协会还提供教材并支付教师工资，并为 300 名学生的健康和食品提供支持。[④] 巴西全球学院 2014 年开始在几内亚比绍招收大学生，在一年半的时间内免费为学生提供学费、宿舍、食品和交通，剩余学期学费将由学生以勤工俭学的方式支付。[⑤]

随着赤道几内亚加入葡语国家共同体，葡萄牙语教学中心十分重视推进与赤道几内亚的葡语合作，2014 年与儿童帮扶委员会签署了幼儿葡语教学

---

① http://news.sohu.com/20080726/n258392072.shtml.

② http://news.163.com/09/0721/17/5EOVV54B000120GU.html.

③ 中国驻几内亚比绍大使馆经商参处：《葡萄牙合作组织援建几内亚比绍多所学校》，2014 年 3 月 12 日。

④ 中国驻几内亚比绍大使馆经商参处：《葡萄牙民间组织援建几内亚比绍》，2014 年 3 月 20 日。

⑤ 《巴西在几内亚比绍招生》，几内亚比绍《前进报》2014 年 2 月 26 日。

合作协议，双方在未来将有很大的合作空间。欧盟十分赞赏该项目对赤道几内亚葡语教学的标杆作用，认为葡语将在未来政治社会生活中扮演越来越重要的角色，对葡语教育的需求也会越来越旺盛。葡共体国家希望双方在未来继续深化合作，共同推动葡语在赤道几内亚的普及。①

五　葡语国家共同体发展机遇与挑战

葡语国家共同体作为一个国际组织，蕴藏着很大的发展潜力。它以葡萄牙历史、文化为纽带，在过去的 18 年间，从无到有，发展壮大。从政治、军事、经贸、人文诸多领域，我们看到葡语国家共同体为葡语国家做出了不懈努力和贡献，在推动国际合作、缓和地区冲突、增进各国社会经济发展和福利、促进国际法的发展等方面，具有积极的不可替代的作用。尤其是许多国际经济组织，在协调成员国的经济政策、促进世界经济健康发展、推进国际经济新秩序的建立，以及维护不发达国家的经济权益方面，日益显示出重要性。维持和平、防止战争，曾经是几代政治家的梦想与追求，全球性与区域性政治组织，都将维持世界及地区和平视为己任，并以整个组织的机制来服务于这一宗旨。尽管迄今为止，葡语国家共同体在维持和平行动中还不能提交令人完全满意的答卷，但是不能否认这个组织曾经有效地缓和、平息了多起地区武装冲突和内部动乱，防止了战火的蔓延与升级，为恢复和平、解决争端奠定了基础。与此同时，作为一个年轻的政府间组织机构，由于社会局势不稳、政权更迭，葡语国家共同体随时准备进入解决问题的状态，以促使争端的和平解决。从几内亚比绍的动乱，到东帝汶的内乱，葡语国家共同体以其大量实践证明了自己在和平解决争端方面功不可没。

在经济指标上，美国传统基金会 2014 年 1 月 14 日公布的《经济自由度指数报告 2014》显示，佛得角以 66.1 分（比上年增加 2.4 分），在被考察的 186 个国家中排第六十位，超过葡萄牙的第六十九位，佛得角在“就业

① 中国驻赤道几内亚大使馆经商参处：《加强葡语教育》，2014 年 8 月 29 日。

自由度”“营商自由度”“投资自由度”“政府开支管理”等方面的评分皆有较大幅度的提升。其他葡语国家的排名分别为：巴西第一百一十四位、莫桑比克第一百二十八位、几内亚比绍第一百四十三位、圣多美和普林西比第一百五十七位、安哥拉第一百六十位和东帝汶第一百七十位。[①] 由联合国前秘书长安南领导的非洲进步小组举行新闻发布会，发布《2014 年度非洲进步报告》，对非洲大陆过去一年经济、社会发展的总体情况进行分析评估，预测未来发展趋势，为非洲国家调整发展战略提供参考建议。根据该报告的统计，2000 ~2012 年，非洲大陆有 4.93 亿人生活在国内生产总值年人均增长率大于或等于 3% 的地区。其中安哥拉、佛得角和莫桑比克的人均国内生产总值增幅较大，安哥拉平均增长率为 6% 、排名第二，佛得角排名第四，莫桑比克排名第八。[②] 根据葡萄牙银行 2014 年 10 月 6 日公布的数据，2013 年非洲葡语国家（PALOP）欠葡萄牙的债务上涨 3.5% 至 35.08 亿美元，债务从 2005 年开始一直保持上升势头。安哥拉和莫桑比克所欠债务占非洲葡语国家总贷款的 70% 以上。[③] 2013 年葡萄牙投资者在上述国家投资了 2.46 亿欧元，其中，安哥拉是主要的受惠国，占全部葡萄牙投资的 53%；其次是莫桑比克，吸纳葡资的 38%。投资主要投放在金融业（52%），其次为建筑业（25%）。[④] 这些事例印证了葡语国家共同体发挥的积极作用。

世界的融和让葡语国家共同体的发展有了新机遇，但也面临新挑战，非洲葡语国家多，内乱频发，就如何避免内乱发生，如何进行政治、经济结构调整，还需要时间尝试。但非洲葡语国家只要抓住机遇，持之以恒，就一定能克服各种困难，在经济复兴的道路上取得更大的成就。2014 年 5 月，中国的李克强总理会见葡萄牙席尔瓦总统时指出：中小企业是经济发展和技术创新的重要力量，双方政府可为中小企业创造更多的合作机会，中国政府亦

---

① 中国驻佛得角大使馆经商参处：《经济自由度排名：佛得角居葡语国家榜首》，2014 年 1 月 16 日。

② 中国驻几内亚比绍大使馆经商参处：《2014 年度非洲进步报告》，2014 年 5 月 9 日。

③ 中国驻几内亚比绍大使馆经商参处：《葡萄牙银行数据》，2014 年 10 月 9 日。

④ 《葡语非洲国家欠葡萄牙 35.08 亿美元》，2014 年 10 月 8 日，http：//finance.591hx.com。

可为各葡语国家的企业特别是中小企业更多地参与中国的经济建设提供机会，同时也应支持中国企业界人士到各葡语国家进行投资兴业。[①] 葡语国家2015年应更加重视葡语非洲的整体发展，本文提出三方面政策建议：一是防范外部风险，非洲中、小型收入国家的经济普遍外向型程度较高，易受外来冲击影响，因此，葡共体应建立适当规模的外汇储备等防范机制，加强抵御风险能力；二是改革就业政策，加强葡语培训，确保劳动力素质适应工作需求，建立灵活有效的劳动力市场，扩大私人部门、中小企业的就业；三是通过深化改革和鼓励创新来提高生产率，提高教育等公共支出的能力。非洲葡语国家应加强交流，相互借鉴成功经验，共同提高经济治理水平，并建设网络平台。恐怖组织活动频繁、跨境犯罪增加、海盗猖獗、非法移民有所抬头等因素仍然威胁着该地区的安全，应建立互连互通的安全信息防务网，定期交流和协同应对各项安全问题。虽然在发展过程中，葡共体国家还有很多不尽如人意之处，比如几内亚比绍政变、贫困、贩毒等问题，但只要积极想办法应对，这些问题在未来都可以得到解决，我们对葡语国家共同体的发展繁荣充满信心。

① 《李克强会见葡萄牙总统》，中国新闻网，2014 年 5 月 16 日；外交部网站，5 月 16 日。

特别报告

Special Reports

B.7

中国－葡语国家经贸合作论坛（澳门）11年经验

叶桂平*

摘　要：中国－葡语国家经贸合作论坛（澳门）自设立以来，得到我国和各与会葡语国家的大力支持，对中国与葡语国家的经贸合作及文化交流起到了很大的促进作用，而且这种效应正在不断释放。本文重点总结该论坛成立11年来的实践经验，梳理其所取得的成果，归纳论坛的特色。此外，本文也就推进论坛进一步发展提出若干建议。

* 叶桂平，中国社会科学院研究生院经济学博士，武汉大学政治与公共管理学院博士后，中国外交学院特约研究员，中国拉美学会理事，澳门亚太拉美交流促进会常务理事，主要研究中国与葡语国家关系问题。

关键词： 中国－葡语国家经贸合作论坛（澳门） 中国澳门 前景

前言

基于历史的渊源，凭借采用与欧洲大陆相近的法律和行政架构、中葡双语为官方语言、澳门较多企业熟悉葡语国家并与其有着经贸交往、具有双语人才、会展服务以及银行和金融机构便利等优势，澳门特别行政区发挥着联系中国与葡语国家往来的桥梁和纽带作用。

结合各方的共识，在我国中央政府的发起下，由国家商务部主办、澳门特区政府承办的中国－葡语国家经贸合作论坛（澳门）（以下简称"论坛"），于2003年10月在澳门正式创立。论坛由安哥拉、巴西、佛得角、几内亚比绍、莫桑比克、葡萄牙和东帝汶七个葡语国家共同参与，是以经贸促进与发展为主题的多边经贸合作机制，旨在加强中国与葡语国家之间的经贸交流，发挥澳门联系中国与葡语国家的经贸平台作用，促进中国内地、中国澳门和葡语国家的共同发展。

论坛成立11年来，从无到有，从小到大，进展基本顺利，取得积极成果，并开创了以语言文化为载体的经贸合作新模式。[①] 前后四届部长级会议分别于2003年10月、2006年9月、2010年11月和2013年11月在中国澳门成功举办。会议期间，与会国部长签署了四个经贸合作行动纲领，确定了在政府、贸易、投资、企业、教育与人力资源、农业与渔业、基础设施建设、自然资源与环保、旅游、运输与通信、金融、文化、卫生及合作发展等诸多领域的合作内容和目标。时任温家宝总理、吴仪副总理、汪洋副总理、华建敏国务委员和多位葡语国家总统、总理和政府部长曾亲自率领政商代表团参加历届部长级会议。多年来，各与会国全面落实行动纲领，为进一步提

---

① 汪洋：《共创中国与葡语国家多赢合作的美好明天——在中葡论坛第四届部长级会议开幕式上的演讲》，商务部新闻办公室，2013年11月6日，http://bgt.mofcom.gov.cn/article/c/d/201311/20131100392760.shtml。

升与会国经贸合作水平做出了积极贡献。[①]

与此同时，为了更好地执行和落实部长级会议做出的各项决定，论坛与会国根据经贸合作行动纲领的规定，于2004年4月在澳门正式设立中国－葡语国家经贸合作论坛（澳门）常设秘书处，并下设行政办公室、辅助办公室和联络办公室三个办事机构，负责执行常设秘书处做出的各项决定和日常工作，推动与会国政府和企业间相互了解和建立多种合作伙伴关系。

2011年3月，为了支持中国澳门巩固提升竞争优势，国家"十二五"规划更明确提出，支持澳门加快建设中国与葡语国家商贸合作服务平台等以发展为重点的战略部署。[②] 国家各相关部门高度重视论坛和澳门平台作用，均表示希望继续通过长效的合作机制，充分发挥各自优势，加强信息沟通和合作，配合落实经贸合作行动纲领，促进中国内地、中国澳门与葡语国家在贸易、投资、农业与渔业、会展业、金融、食品、工程和文化等领域的多元化和深层次合作。[③]

一　论坛开启了中国与葡语国家合作关系的新篇章

11年来的实践证明，中国－葡语国家经贸合作论坛既是合作的桥梁，也是友谊的桥梁。[④] 它不但给中国内地、中国澳门与葡语国家带来实实在在的经济利益，而且拉近了中国与葡语国家的距离，加深了双方人民的友谊，密切了国家间的友好关系。论坛的建设性意义也正在逐步显现，已经成为中

---

① 《中国－葡语国家经贸合作论坛（澳门）简介》，中国－葡语国家经贸合作论坛（澳门）常设秘书处，2010年11月，第1页。

② 《中华人民共和国国民经济和社会发展第十二个五年规划纲要》，中央政府门户网站，2011年3月16日，http：//www.gov.cn/2011lh/content_1825838.htm。

③ 《中方机构继续通过长效合作机制发挥各自优势　中葡论坛常设秘书处访京》，澳门《华侨报》2014年3月7日。

④ 温家宝：《坚持多元合作　推动共同发展——在中葡论坛第三届部长级会议开幕式上的致辞》，《人民日报》2010年11月14日。

国和葡语国家参与经济全球化的重要工作平台，以及推动中国和葡语国家全面合作的“推进器”。[①]

（一）政府间合作更加密切

一直以来，中国与葡语国家政府高度重视该论坛，一致同意在论坛框架下建立各类机制作为现有双边磋商机制的补充，并同意不断加强政府间联系，通过推动政府高层互访和交流、高官磋商等方式，促进与会国在现有经贸混委会框架内的多双边经贸关系的发展。各与会国政府更成为论坛的强大推动力，葡语国家负责经贸事务的部长均出席过历届部长级会议，为论坛的成立和发展做出卓越贡献，特别是各葡语国家驻华大使，作为与会国的特命全权代表，自论坛筹备至今11年来都倾注了大量心血。与此同时，澳门特区政府亦不断给予论坛巨大的关注和支持。在论坛常设秘书处的推动下，中国与葡语国家领导人和高官互访频繁密集。这些都是论坛得以顺利发展的根本保障。

论坛机制渐趋成熟又为各国政府合作提供了有力支撑。自2006年第二届部长级会议以来，中国与葡语国家政府间的合作领域已开始不再局限于经贸领域，迅速扩大到文化、卫生、科技和广播电视等领域。政府间的合作不再局限于中央政府之间，与会国地方政府之间也建立了友好合作关系。[②] 此间，中国与葡语国家外交关系日益紧密，相互支持、相互信任、共同努力，多双边关系得到全面提升。[③] 继中国与巴西于1993年建立长期、稳定、互利的战略伙伴关系之后，中国与葡萄牙于2005年建立全面战略伙伴关系，中国与安哥拉于2010年建立战略伙伴关系，中国与东帝汶于

① 《吴仪：澳门发挥桥梁纽带作用》，澳门特区政府新闻局，2003年10月12日，http://www.gcs.gov.mo/showNews.php?DataUcn=3819&PageLang=C。

② 对外经济贸易大学区域国别研究所葡语国家研究中心：《中国－葡语国家经贸合作论坛（澳门）10年报告（2003～2013）》，中国商务出版社，2013，第6页。

③ 对外经济贸易大学区域国别研究所葡语国家研究中心：《中国－葡语国家经贸合作论坛（澳门）10年报告（2003～2013）》，中国商务出版社，2013，“序言三”，第2页。

2014 年建立全面合作伙伴关系。同时，中国与其他葡语国家也是外交上“可靠的朋友”。[①] 至今，中国与葡语国家建立了 44 对友好城市和 20 对友好省州。

（二）贸易投资快速增长

11 年来，在巩固已取得的经济合作成果的基础上，中国与葡语国家采取有力措施，充分挖掘各自经济发展潜力，发挥双边经济互补性，积极探讨合作新方式、新领域，扩大双边经贸合作。正如表 1 和表 2 所示，2003 年论坛成立时，中国和葡语国家的贸易额刚过 100 亿美元。随后，中国与葡语国家的贸易额有了较大的增长，2008 年已达 770 亿美元，提前一年实现贸易额突破 500 亿美元的目标。2009 年金融危机给国际市场带来巨大冲击，中国与葡语国家双边贸易额虽有滑坡，但 2009 年 624.68 亿美元的全年双边贸易额还是超过了 2006 年第二届部长级会议所确定的到 2009 年底实现双边贸易额达到 450 亿 ~500 亿美元的目标。[②] 金融危机之后，中国与葡语国家的双边贸易额显著上升，更在 2011 年超过 1000 亿美元，提前实现了《中国 - 葡语国家经贸合作论坛第三届部长经贸合作行动纲领（2010 ~ 2013)》所定的“力争到 2013 年贸易额达到 1000 亿美元”的目标。[③] 2012 年贸易额已达 1285 亿美元，在贸易基数逐年扩大之时，2013 年和 2014 年中国与葡语国家进出口商品总值分别为 1315 亿和 1326 亿美元，[④] 仍显持续增长态势。

---

① 黄少华：《澳门执掌中国与葡语系国家合作“金钥匙”》，中国新闻网，2014 年 12 月 21 日，http://www.chinanews.com/ga/2014/12 - 21/6896650.shtml。

② 《中国 - 葡语国家经贸合作论坛（澳门）2009 年工作回顾》，中国 - 葡语国家经贸合作论坛（澳门）网站，2010 年 3 月 10 日，http://www.forumchinaplp.org.mo/zh/notice.asp? a = 20100310_ 09。

③ 《中国 - 葡语国家经贸合作论坛第三届部长经贸合作行动纲领（2010 ~ 2013)》，中国 - 葡语国家经贸合作论坛（澳门）网站，2010 年 11 月 23 日，http://www.forumchinaplp.org.mo/zh/notice.php? a = 20101123_ 01。

④ 《2014 年中国与葡语国家贸易额达 1330 亿美元》，中国 - 葡语国家经贸合作论坛（澳门）常设秘书处网站，2015 年 2 月 3 日。

表1　1999～2014年中国内地对葡语国家出口额

单位：万美元

国家＼年份	1999	2000	2001	2002	2003	2004	2005	2006
巴西	87614	122356	135114	146638	214496	367485	482755	737995
葡萄牙	21996	26082	26059	30100	40637	58840	91201	135972
安哥拉	1638	3374	4572	6130	14579	19353	37279	89419
莫桑比克	1894	2473	2204	2593	4503	7515	9148	12797
几内亚比绍	318	467	830	450	1235	599	579	568
佛得角	315	518	221	184	260	275	519	1009
圣多美和普林西比	60	117	126	16	20	22	55	122
东帝汶	—	—	—	—	107	171	127	579
合计	113835	155387	169126	186111	275837	454260	621663	978461
内地出口总额	19493143	24921162	26615464	32556501	43337082	59336863	76199914	96907284
葡语国家比重(%)	0.58	0.62	0.63	0.57	0.63	0.77	0.82	1.01
国家＼年份	2007	2008	2009	2010	2011	2012	2013	2014
巴西	1137203	1874919	1411852	2446254	3185426	3342505	3618968	3492522
葡萄牙	182628	230392	192352	251324	280090	250216	250681	313724
安哥拉	123131	292892	238596	200410	278154	404419	396485	597627
莫桑比克	16022	28842	33913	49639	69846	94177	119716	196989
几内亚比绍	728	613	2319	943	1483	1589	1176	1712
佛得角	1470	1327	3541	3434	4952	5749	6116	5122
圣多美和普林西比	178	188	220	205	179	300	476	572
东帝汶	946	914	2326	4283	7037	6250	4730	6034
合计	1462306	2430087	1885119	2956492	3827167	4105205	4398348	4614302
内地出口总额	121801452	142855000	120166000	157793225	189859984	204893476	221004000	234275000
葡语国家比重(%)	1.12	1.70	1.57	1.87	2.02	2.00	1.90	1.97

资料来源：①海关总署：历年《海关统计》；
②国家统计局：历年《中国统计年鉴》。

表 2　1999～2014 年中国内地从葡语国家进口额

单位：万美元

国家 \ 年份	1999	2000	2001	2002	2003	2004	2005	2006
巴西	96857	162144	234734	300305	584380	868413	998974	1292002
葡萄牙	3832	4695	7146	8271	19461	28090	32385	35381
安哥拉	35565	184269	72183	108705	220593	471734	658183	1093330
莫桑比克	330	878	1119	2256	2668	4429	7353	7977
几内亚比绍	20	20	—	—	—	3	—	—
佛得角	—	—	—	—	—	—	—	—
圣多美和普林西比	—	—	—	—	3	134	—	—
东帝汶	—	—	—	—	—	—	—	1096
合计	136604	352006	315182	419537	827105	1372803	1696895	2429786
内地进口总额	16571801	22509657	24361349	29520307	41283647	56142299	66011847	79161361
葡语国家比重(%)	0.82	1.56	1.30	1.42	2.00	2.45	2.57	3.07

国家 \ 年份	2007	2008	2009	2010	2011	2012	2013	2014
巴西	1833301	2982386	2828098	3808702	5264880	5205967	5366605	5197564
葡萄牙	38453	38728	48093	75425	116226	151779	140122	166486
安哥拉	1288867	2238252	1467583	2281259	2488929	3345834	3194802	3109494
莫桑比克	12389	12591	17755	20137	25550	40276	45118	165301
几内亚比绍	17	124	162	386	412	664	1682	4995
佛得角	0	—	0	1	1	0	0	0
圣多美和普林西比	0	2	0	1	0	4	0	0
东帝汶	5	11	2	25	174	68	39	9
合计	3173032	5272094	4361693	6185936	7896172	8744592	8748368	8643849
内地进口总额	95581850	113309000	100560000	139482956	174345874	181782557	195029000	196029000
葡语国家比重(%)	3.32	4.65	4.34	4.43	4.53	4.81	4.49	4.41

资料来源：①海关总署：历年《海关统计》；
②国家统计局：历年《中国统计年鉴》。

2014 年，中国与葡语国家进出口商品总值为 1326 亿美元，同比增长 0.85%。其中，中国对葡语国家出口 461.4 亿美元，同比增长 4.91%；自葡语国家进口 864.4 亿美元，同比下降 1.19%。中国与巴西双边贸易额达 869 亿美元，同比下降 3.29%，其中中国向巴西出口商品额为 349.2 亿美元，同比下降 3.49%；从巴西进口商品额为 519.7 亿美元，同比下降 3.15%。安哥拉是中国第二大葡语国家贸易伙伴，2014 年中安两国贸易总额为 371 亿美元，同比上升 3.23%。安哥拉向中国出口商品额为 310.9 亿美元，同比下降 2.67%；从中国进口商品额为 59.8 亿美元，同比上升 50.73%。葡语国家中，中国的第三大贸易伙伴是葡萄牙，2014 年两国贸易总额为 48 亿美元，同比上升 22.88%，其中中国向葡出口商品额达 31.4 亿美元，同比上升 25.15%；从葡萄牙进口商品额达 16.6 亿美元，同比上升 18.81%。莫桑比克仍是中国第四大葡语国家贸易伙伴，2014 年两国的贸易额则录得超过一倍的增长，达 36.2 亿美元。

目前，巴西仍是中国在葡语国家中的最大贸易伙伴，中国与安哥拉、葡萄牙和莫桑比克的贸易额亦连年增加。中国已成为葡语国家第一大贸易国和第一大出口国。① 目前，葡语国家的咖啡、腰果、葡萄酒等著名产品，已经摆上了越来越多中国百姓的餐桌；中国物美价廉的日用消费品也丰富了葡语国家的市场，广受消费者的欢迎。

与此同时，中国与葡语国家的相互投资合作方兴未艾。根据 2006 年的论坛第二届部长级会议的决议，与会者一致同意采取积极措施推动中国与葡语国家之间的相互贸易及直接投资，力争于 2007～2009 年三年内促使中国和葡语国家双向投资额至少翻一番。② 虽然2009 年国际金融危机对所有国家经济均造成负面影响，特别是全球外国直接投资减少了约 30%，但是经过与会国的共同努力，中国与葡语国家的相互投资不

① 《中葡贸易额十年增三成》，《澳门商报》2014 年 12 月 18 日。

② 《澳门：中国与葡语国家的经贸合作服务平台》，澳门贸易投资促进局网站，2010 年 5 月 8 日，http://www.ipim.gov.mo/worldwide_partner_detail.php?tid=3156。

降反升。[①] 截至2013年底，中国累计对葡语国家非金融类投资额已从几千万美元增长至24.65亿美元；葡语国家实际对华投资金额为7.47亿美元，[②] 在华投资企业已由2003年的406家增加至2012年的811家。双方投资的增加，带来了各自需要的适用技术，支持了对方的经济建设，改善了当地居民的生活。

（三）合作领域不断拓宽

论坛框架下的合作领域，已从2003年的7个增加至2013年的17个。多年来，中国企业在葡语国家完成工程承包营业额已超过400亿美元，累计向葡语国家派出劳务人员近15万人次。截至2012年底，中国累计向亚非葡语国家提供了40亿元人民币的优惠贷款；免除2.3亿元人民币的到期政府债务；给予亚非葡语国家95%以上的出口商品零关税待遇；中国公民赴葡语国家旅游累计超过160万人次。中国援建的佛得角泡衣崂水坝、安哥拉农业技术示范中心、莫桑比克和佛得角国家体育场、几内亚比绍卡松果医院等，都已成为中国与葡语国家友谊的象征，产生了良好的经济效益或社会效益。

11年来，中国与葡语国家的合作逐步从经贸领域向教育、文化等多个领域延伸，特别是在人力资源开发领域的合作得到极大加强。至今，中方与葡语国家共同举办了200多期各类研修班，培训了5000多名官员和技术人员。特别是自2011年在澳门特别行政区设立中国－葡语国家经贸合作论坛（澳门）培训中心以来，有关培训主要按照“重点突出、形式多样、积极主动及打造精品”原则，重点选取葡语国家最关切和最需要的项目，结合理论教学与实地考察、内地与澳门两地培训等多种形式，着力打造出一批批精品课程。至今，培训中心在澳门已经举办超过22期研修班，培训了葡语国

① 《中国－葡语国家经贸合作论坛（澳门）2009年工作回顾》，中国－葡语国家经贸合作论坛（澳门）网站，2010年3月10日，http：//www. forumchinaplp. org. mo/zh/notice. asp? a = 20100310_09。

② 《澳门回归15周年　商务部：促对澳门服贸自由化》，香港《文汇报》2014年12月17日。

家的政府官员和从业人员576人，培训内容涉及旅游、会展、医疗卫生、中小企业建设、公共行政、环保等10多个领域，[①] 已成为中国与葡语国家有影响、有品质、高层次、受欢迎的人员培训单位。近年来“葡语热”在中国兴起，设置葡语专业的高校亦已增加到18所，汉语在葡语国家受到追捧，越来越多的葡语国家建立了孔子学院。

目前，中国与巴西双方正积极落实航天合作10年计划，继续加强近30年来的科技创新合作；中巴地球资源卫星已成为中国航天走向国际的知名品牌。[②] 此外，为加强中国内地、澳门特别行政区与葡语国家间广播电视领域的合作，尤其是利用澳门作为葡语国家间交流广播电视节目和信息的平台，加强彼此间的合作，论坛常设秘书处协助澳门广播电视股份有限公司与佛得角、几内亚比绍、莫桑比克及东帝汶电视台签署合作协议。[③] 2014年9月，论坛常设秘书处、澳门广播电视股份有限公司、葡语国家电视台及新闻社共同安排有关国家记者到澳门，就新闻制作范畴的信息技术进行培训、实习。莫桑比克新闻社、圣多美电视台、几内亚比绍新闻社、佛得角电视台和安哥拉国家电视台的共10名技术员先后参加了为期两周的实习。[④]

（四）合作机制日趋完善

11年来，与会各国政府在论坛框架下共同努力，推动并形成了部长级会议、高官会等决策机制，制定并有效落实了三个《经贸合作行动纲领》，举办了10届企业经贸合作洽谈会，于2013年6月正式设立的、总规模达10亿美元的中葡合作发展基金已投入运作。自该基金运作以来，很多企业积极提交项目申请，目前获得批准的项目有两项，即莫桑比克的综合农业园项目

---

① 《常和喜：论坛助推中葡合作拓域》，《澳门商报》2014年12月18日。

② 黄少华：《澳门执掌中国与葡语系国家合作“金钥匙”》，中国新闻网，2014年12月21日，http：//www.chinanews.com/ga/2014/12－21/6896650.shtml。

③ 《澳广视与葡语国电视台签协议　澳门安哥拉电视节目互播》，《澳门日报》2014年4月4日。

④ 《葡语国家记者在澳广视培训实习，促进讯息交流合作》，澳门政府新闻（中文版），2014年12月3日。

和安哥拉生产太阳能电线杆与PE管的项目。[①] 并且，还有10多个储备项目正在审批当中，涉及基础设施、酒店管理、农业（腰果种植加工）等。[②] 此外，论坛还在广东江门设立中国澳门及葡语国家商品展销中心，以及在澳门特别行政区设立商贸馆，并曾组织中国内地及澳门特别行政区企业到葡语国家进行多方面的投资。[③]

在论坛常设秘书处的工作机制下，作为部长级会议闭会期间的工作会议，常设秘书处每年召开一次例会，商讨制定、执行《经贸合作行动纲领》的年度计划，并总结上一年计划执行情况。而且，中方还专门成立了后续行动委员会和投资工作小组等机构来推动落实有关举措，负责筹备并协助中国与葡语国家的企业家进行商务配对、合作洽谈等工作，为各国企业家创造商机。例如，澳门特区每年在内地主要城市巡回举办的“活力澳门推广周”活动设有“葡语国家馆”，每个葡语国家均有自己的展位，并配备翻译人员协助葡语国家代表与内地企业洽谈。为让内地企业家与葡语国家代表增进了解和沟通，论坛常设秘书处安排葡语国家的投资环境宣传活动，向内地省市企业介绍澳门的葡语国家平台。[④]

此外，为了论坛常设秘书处的有效运作，澳门特区政府为论坛各项建设提供了有力保障，确保了论坛日常工作的有序进行。[⑤] 至今，论坛常设秘书处已开设必要的网站，出版季刊和《葡语国家投资指南》，举办多个相关的研讨会，并积极重视打造智库，致力于理论研究。例如，成立于2012年1月，作为中国首家研究葡语国家的民间非营利学术性和智库型研究机构，对外经贸大学区域国别研究所葡语国家研究中心与论坛始终相辅相成，侧重研

---

① 《中葡合作发展基金批两项目》，《澳门日报》2014年10月25日。

② 《澳企联同内企赴莫桑比克发展住房项目　中葡基金批出两项申请》，澳门《华侨报》2014年10月21日。

③ 《中葡论坛昨召开第四次高官会》，澳门《濠江日报》2013年11月3日。

④ 《葡语国代表八次参与活力澳门周富成果　姗桃丝：内企葡语国搭好平台》，《澳门日报》2014年4月12日。

⑤ 《高虎城出席中葡论坛第四届部长级会议（代商务部发放）》，澳门政府新闻（中文版），2013年11月5日。

究葡语国家政治、经济、文化、法律等领域，通过学术研讨会、讲座、培训和出版学术著作等形式，努力实现其建立对葡语国家的机制性研究，为中国和葡语国家间的交流建言献策的宗旨。①

二　对论坛未来发展的展望

总体而言，11 年来，论坛在经济全球化的背景下经过开创、起步和发展，一直沿着健康的轨道前进；通过中国澳门平台，上演丰富多彩的剧目；既打造了多边合作的舞台，又扩展了双边合作渠道。中国与葡语国家在经贸领域巨大的互补优势，双边贸易的高速发展，相互投资的蒸蒸日上，人员交流的如火如荼，合作领域的不断拓宽，都离不开论坛及其常设秘书处的大力推动，事实证明论坛这一多边合作机制适应了中国与葡语国家共同发展的需要。②

展望未来，论坛可以在如下几个工作方面继续加强和推进。

（一）夯实合作基础

贸易与投资是中国与葡语国家合作的基石。论坛与会方应继续发挥各自优势，在贸易、投资、物流、通信、农业与渔业、资源开发、基础设施建设等领域开展多层次合作，进一步扩大贸易规模和深化投资合作。一方面，完善贸易促进政策，扩大市场准入，削减贸易壁垒，优化贸易结构，加强海关、检疫等领域的合作，力争完成 2016 年双方贸易额突破 1600 亿美元的目标；另一方面，加快商签投资保护、避免双重征税等协定的签署，改善投资环境，完善投资促进政策，力争 2014～2016 年相互投资实现较快增长。

论坛常设秘书处可以连同国家及澳门特区政府有关经贸部门，支持举办

① 《中国首家葡语国家研究中心成立》，新华网，2012 年 1 月 16 日，http：//news. xinhuanet. com/tech/2012－01/16/c_111442824. htm。

② 对外经济贸易大学区域国别研究所葡语国家研究中心：《中国－葡语国家经贸合作论坛（澳门）10 年报告（2003～2013 年）》，中国商务出版社，2013，“序言三”，第 2～3 页。

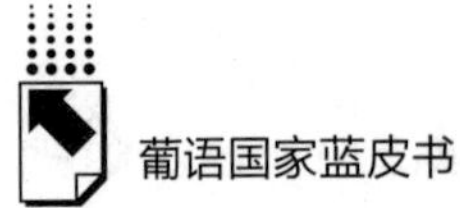

更多葡语国家商品展览及商业配对活动，积极为葡语国家企业开拓中国市场创造便利条件；鼓励有实力的企业到葡语国家投资，为其提供更多的融资便利，用好用足中葡合作发展基金；在有意愿的葡语国家建设境外经贸合作区，提升投资合作的质量和水平。

（二）拓展合作领域

在论坛现有 17 个合作领域的基础上，中国与葡语国家可以进一步扩大合作范围，丰富合作内容，重点扩大农业、节能环保、运输通信、教育培训等领域的交流与合作，打造旅游、卫生、金融合作新亮点。

事实上，大多数葡语国家在发展农业生产方面具有独特优势，中国在资金、技术、市场等方面具有显著优势，农业合作潜力很大。论坛常设秘书处可以促成我国和葡语国家的农业科研部门的交流及合作，鼓励我国企业到葡语国家开展全方位的农业开发合作，为葡语国家提供农业科研服务。

同样，我国和葡语国家都有丰富的旅游资源。2014 年 11 月，中国内地公民当年出境旅游首次突破 1 亿人次，[①] 预计今后五年出境旅游将超过 4 亿人次。论坛常设秘书处可以连同我国和葡语国家相关旅游部门，加强旅游推介和宣传，鼓励中国公民到葡语国家旅游观光，支持企业开发更多的旅游线路和旅游产品，支持业界开展旅游项目投资合作。

（三）加强发展合作

对于中方在论坛第三届部长级会议承诺采取的八项举措，论坛及其常设秘书处需要密切跟进，分阶段、有步骤予以落实。中方可运用论坛已有的多项机制，透过必要的沟通渠道，组织对接和配对活动，不断加强中国与葡语国家在教育培训、太阳能照明、广播设备等基础设施规划和项目建设上的合作，扩大我国对亚非葡语国家援助规模，让双方合作更加惠及民生，增强可

① 《2014 年 11 月中国内地公民当年出境旅游首次突破 1 亿人次》，国家旅游局信息中心，2014 年 12 月 3 日，http：//dj. cnta. gov. cn/html/2014 －12/1649. shtml。

持续发展的空间；充分利用中国政府提供的18亿元人民币优惠贷款支持亚非葡语国家生产型项目建设，提高当地加工制造水平，提供更多就业机会；除向论坛亚非葡语国家提供1800个中国政府奖学金名额，培训2000名各类人才和派遣210人次的医务人员外，共同探讨人力资源开发和教育合作的新模式、新内容和新方法，为双方发展提供充分的智力支撑和人才保障。

鉴于葡语国家代表时常表示期望能更加了解中国内地发展情况及商机，论坛常设秘书处辖下的辅助办公室可以多组织葡语国家官、产、学、研人士参加内地各省市举办的大型会展活动。除广交会、在厦门举办的中国国际贸易投资洽谈会、澳门特区政府举办的“活力澳门推广周”等既有活动外，也可以考虑组团参加一些近年发展较快、具有合作潜力的会议展览活动，或者新兴的二线城市举办的经贸活动，争取促成更多葡语国家发展所需的合作项目。

（四）强化论坛平台作用

未来，论坛与会各国应继续支持论坛平台建设，积极筹建专业分论坛，拓展与其他区域组织的交流合作。例如，我们建议考虑加强论坛与中非合作论坛、中拉论坛、中阿合作论坛、中国－太平洋岛国论坛、博鳌亚洲论坛等多边组织的合作与交流，建立信息和经验上的共享机制；建议论坛常设秘书处与中非发展基金就中葡合作发展基金的发展加强经验交流，探讨建立联系机制，相互扩大宣传和定期互换信息。

此外，抓住国家落实“一带一路”（丝绸之路经济带和21世纪海上丝绸之路）倡议的有利时机，探索利用澳门中葡平台优势，加强与“一带一路”沿线葡语国家的经贸旅游合作。论坛常设秘书处及其辖下辅助办公室，在跟进组织相关活动时，应突出“澳门因素”“葡语因素”等独特优势，结合建设中葡商贸合作服务平台，尽快制订并组织实施具有澳门特色的、配合国家“一带一路”建设的发展规划。例如，应积极协助中国企业开拓欧洲、拉美、非洲等地区的葡语国家市场，协助葡萄牙及其他葡语国家有条件的企业进军内地，争取让中国澳门担任中国与葡语国家人民币清算中心的角色，推动澳门参与国家“一带一路”发展战略。中国澳门透过“一带一路”，亦可扩阔自身在经贸和文化等领域的发展空间。此外，澳门还可以发挥平台作用，加强中国与“一带一路”沿线葡语国家的旅游交流合作，促进互联互通，增加中国公民出境旅游目的地，扩大双边和多边旅游规模。

除了澳门特区政府外，论坛各与会方应大力支持在澳门设立论坛与会国中小企业商贸服务中心、葡语国家食品集散中心和论坛与会国经贸合作会展中心，推动澳门成为中国与葡语国家企业商业纠纷仲裁地点。在工作规划方面，建议将上述三个中心的工作视为一个整体，再根据各自特点细分，提供符合企业需要的服务和信息，构建网上功能平台。并且，在 2013 年专门成立澳门理工学院“葡语教学暨研究中心”的基础上，建议部署设立中国与葡语国家双语人才、企业合作与交流互动信息共享平台，以及开通中国－葡语国家经贸合作人才信息网站。另外，适逢中国和葡语国家的经济发展正处于重要阶段，各国经济的持续发展和对外经贸交流的日益频繁已经对各国的法制完善提出更新、更高的要求，建议论坛常设秘书处支持相关葡语国家的智库研究机构，开展专项的经贸法律比较研究项目。

最后，笔者建议论坛不断总结经验，探索创新，与各方保持联系，加强合作，在完成论坛与会国的人力资源合作计划的同时，延伸构建中国与葡语国家多元合作服务大平台，容纳文化、艺术、教育、体育、医疗、法律、人才培养等多个领域，以互联互通为起点，扩散多方合作资讯，汇聚多元合作形式，努力开创新的合作亮点。例如，考虑建设面向企业合作与交流互动的项目，提供专业服务、法规、市场概况等咨询服务和信息数据，增强内地企业对葡语国家潜在合作伙伴最新状况的及时了解，以及连同澳门特区政府共同推出更多激励政策，鼓励新一代土生葡人参与推动中国与葡语国家的交流。

B.8

发挥澳门独特优势、建设中国与葡语国家经贸合作平台

刘雪琴*

摘　要：中国澳门凭借其独特的区位优势、语言文化优势，积极参与及深化与中国内地的区域经济合作（CEPA），通过CEPA构建中国与葡语国家经贸合作桥梁；积极和内地开展次区域经济合作，利用“泛珠三角地区”合作，拓展中葡经贸商机；借助粤澳合作，提升中葡经贸交流水平；借助珠澳合作，拓展中葡经贸合作领域；发挥论坛平台优势，促进中葡文化交流；利用资金、语言等优势促进中葡企业和产业的合作及中葡贸易发展；推动葡语国家参与“一带一路”建设。

关键词：中国澳门　CEPA　粤澳合作　合作平台

中国澳门是中西文化荟萃的国际名城，也是拓展中国内地与世界各地经济交往的重要桥梁。多年来，澳门更是凭借其独特的中葡语言文化环境、优越的地理位置、完善的基础设施和自由开放的商业环境，为中国内地与葡语国家的经贸合作，提供了信息、人力资源、物流、金融及会展等中介服务，对推进中国与葡语国家经贸交流发挥了无可替代的作用。中国政府在“十二五”规划中特别提出，支持澳门“加快建设中国与葡语国家商贸合作服

* 刘雪琴，商务部研究员。

务平台”，随着中葡经贸合作领域不断扩大、中国－葡语国家经贸合作论坛（澳门）（简称“中葡论坛”）深入发展，中国澳门对中国与葡语国家经贸合作的平台作用将持续强化与提升。

一　CEPA 持续深化和提升澳门的平台作用

由于历史文化渊源，中国澳门与葡语国家共同体[①]成员有着相同、相近的语言文化环境，并保持着较为密切的经济文化联系。澳门也因此具备了作为中国与葡语国家经贸合作服务平台的独特优势。澳门于 1999 年回归祖国后，与内地经贸交流日趋密切，在中外交流中的桥梁作用也日益突出。为支持澳门经济长期繁荣稳定，实现经济适度多元化发展，2003 年，中国内地与澳门特区政府签署了《内地与澳门关于建立更紧密经贸关系的安排》（以下简称“CEPA”）。此后，从 2004 年到 2014 年，两地又分别签署了 10 个《补充协议》。CEPA 协议及相关机制性安排，开辟了内地与澳门制度性合作的新路径，推动内地与澳门的经贸合作日益自由化、便利化，对澳门提升国际都市形象、促进现代服务业发展发挥了重要作用，也为其发挥在中葡经贸合作中的优势地位，创造了更为优越的条件。

受惠于 CEPA 创造的良好政策环境，在货物贸易方面，澳门对内地的出口商品已全面享受零关税。据中国海关统计，截至 2014 年底，内地累计进口澳门 CEPA 项下受惠货物 8279.9 万美元，关税优惠额 4418.7 万元人民币。在服务贸易方面，内地对澳门采取 65 项具体措施，在法律、建筑、计算机及其相关服务、房地产、市场调研、技术检验和分析、人员提供与安排、建筑物清洁、摄影、印刷、会展、笔译和口译、电信、视听、分销、环境、银行、证券、医院服务、社会服务、旅游、文娱、体育、海运、航空运

① 葡语国家共同体于 1996 年在葡萄牙首都里斯本成立，共由八个葡语国家组成，包括葡萄牙、巴西、佛得角、圣美多和普林西比、几内亚比绍、安哥拉、莫桑比克和东帝汶。中国于 1997 年 7 月 11 日决定中止与圣多美和普林西比的外交关系。因此，中葡论坛只包括了七个葡语国家。

输、公路运输、货代、商标代理28个领域进一步放宽市场准入条件、取消股权限制、放宽经营范围和经营地域的限制等。截至目前，内地对澳门在服务贸易领域的开放措施已达383项。在金融合作、贸易投资便利化等领域，双方也不断拓展新的合作内容。在金融合作方面，双方同意为符合资格的澳门保险业者参与经营内地交通事故责任强制保险业务提供支持和便利。在贸易投资便利化方面，为支持澳门企业开拓内销市场，双方将加强商品检验检疫、质量标准领域的认证认可及标准化管理和知识产权保护领域的合作。据澳门特别行政区统计，截至2014年底，澳门特别行政区政府经济局核发444张“澳门服务提供者证明书”，主要涉及货代、物流、运输、仓储、会议及展览等领域。①

两地市场开放度日趋提高，促进两地旅游合作发展势头良好。

2014年，澳门旅游虽然受到周边经济不景气的影响，但入境旅客持续增加，全年赴澳门游客达3153万人次，增长7.5%，其中，来自中国内地的旅客2125万人次，增长14.1%，占赴澳门游客总数的67.4%。中国内地旅客的总消费达500.3亿元澳门币，其中“个人游”旅客总消费262.6亿元澳门币，增幅高达15.6%。截至2014年底，内地赴澳“个人游”旅客累计7257万人次。②

随着CEPA实施效果的不断显现，两地货物、资金、人员、信息等经济要素流动更加自由和顺畅，两地经济的融合日益加深。总之，CEPA及其10个《补充协议》通过取消关税和非关税壁垒、放宽服务行业市场准入条件、提高通关效率，减少和消除了内地与澳门特别行政区在贸易投资方面的制度性障碍，促进了两地经贸交流和经济融合，推动了澳门经济的飞跃发展，为澳门经济结构调整及产业优化升级创造了条件。

CEPA的深化实施也对葡语国家发挥着积极影响。一方面，葡语国家充分利用CEPA的高水平开放，通过澳门特别行政区扩大与中国内地的贸易、投资及经济合作，使澳门特别行政区在中国与葡语国家的经贸联系中扮演更

① 商务部台港澳司统计。

② 澳门贸易投资促进局统计。

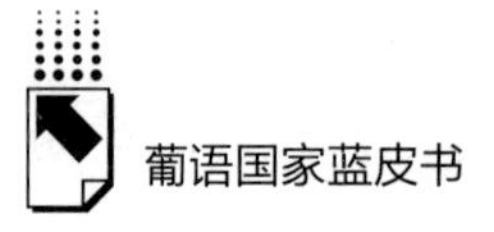

加重要的角色。澳门特别行政区的企业活跃在葡语国家，澳门特别行政区及内地的商品经由葡语国家进入欧盟、南美、非洲市场。另一方面，CEPA 的实施也吸引葡语国家的企业采取并购等形式赴澳门投资，以澳门特别行政区公司的名义与澳门特别行政区商人一起共同进入中国内地市场，并获得了成功发展。

根据国家“十二五”规划提出要将澳门建设成“中国与葡语国家经贸合作服务平台”的要求，澳门特别行政区也借助 CEPA 所给予的各项便利，为中国与葡语国家的经贸交流搭建各类服务平台。目前，中国澳门已在加速打造中国与葡语国家的进出口集散平台、技术转让平台、融资平台、人民币结算平台、专业服务平台、会展平台、中小企业交流平台等，以推动中葡经贸合作持续发展。

二　积极参与区域经济合作，构建中葡经贸合作桥梁

中国澳门土地狭窄，人口密集，要实现经济适度多元发展，需与周边地区加强合作，搭乘内地改革发展的快车，拓展发展空间。近年来澳门特别行政区政府与泛珠三角地区的合作持续深入，广东省自由贸易区的建立推动粤澳合作快速发展，与上述地区的区域经济合作为澳门特别行政区经济适度多元化插上了腾飞的翅膀。在与内地的区域经济合作进程中，中国澳门在中葡合作中的平台作用也得到进一步提升。

1. 利用泛珠合作，拓展中葡经贸商机

2004 年 6 月，福建、江西、湖南、广东、广西、海南、四川、贵州、云南九个省区和香港、澳门两个特别行政区（即“9 + 2”）签署了《泛珠江三角洲经贸合作协议》，建立了较为密切的区域经济合作。澳门特别行政区与泛珠三角区域合作具有天然的地缘及人缘优势，10 年来，澳门先后与多个泛珠成员省区建立了经济合作机制，并保持紧密的经贸交流关系。随着泛珠三角区域合作的深化、CEPA 及其《补充协议》的持续开放，澳门特别行政区与泛珠地区的经贸交流日趋密切，合作领域不断扩大。

葡语国家遍布全球四大洲，人口超过2亿，拥有丰富的自然资源，市场潜力巨大，与泛珠三角区具有广阔的合作空间。澳门充分利用这一契机，一方面加强与珠三角的区域经济合作，另一方面也积极促进珠三角地区企业与葡语国家开展贸易及投资合作。其一，建设机制性合作安排，推动泛珠与葡语国家经贸合作。澳门特区行政长官及经贸机构每年都出席泛珠大会，设置澳门馆，参展参会，举办商业洽谈会及促进泛珠与葡语国家经贸合作的推介活动，加强彼此在商务、贸易、投资、会展、旅游和文化等领域的交流合作。如2014年5月，在澳门举办了属于第十届泛珠大会前期活动的“葡语国家经贸环境专题磋商会”，会上泛珠省区探讨了与葡语国家的经贸合作前景，为加强相互间的优势和资源互补，各方还联合签署了《关于深化全面战略合作，促进泛珠三角区与葡语国家经贸合作框架备忘录》，以促进中葡经贸合作稳步发展。其二，建设多个平台，推动贸易投资发展。自泛珠大会成立以来，澳门特别行政区政府经贸部门多次与广东、福建等泛珠省区通过联合海外招商和举办经贸推介活动等合作方式，协助泛珠三角区企业经由澳门平台，与葡语国家企业展开交流和联系，同时，还偕同广东、四川等省区企业家前往不同葡语国家参加一年一度的“中国与葡语国家企业经贸合作洽谈会”，促成双方投资合作。其三，以会展等多种形式拓展泛珠省区与葡语国家经贸合作，实施品牌战略，推动“引进来”及“走出去”。2008年以来，由澳门特区政府主办、泛珠省区联办的“澳门国际环保合作发展论坛及展览”，已成为颇有影响的环保产品品牌展会，展会促进了澳门特别行政区、泛珠省区与欧盟、葡语国家等海外环保产业的发展。同时澳门特别行政区举办的“澳门国际贸易投资展览会”，已搭建起泛珠省区企业与葡语国家企业贸易与投资的平台，协助泛珠企业将产品推广至葡语国家及其他海外地区。

2. 借助粤澳合作，提升中葡经贸交流水平

近年来，为支持澳门特别行政区经济适度多元化，保持澳门长期繁荣稳定，粤澳合作已上升为国家发展战略。2011年两地签署实施的《粤澳合作框架协议》，为进一步深化粤澳紧密合作创造了良好的契机。近期广东省自贸区获批，更是为粤澳双方合作内容不断丰富、层次不断提升提供了前所未

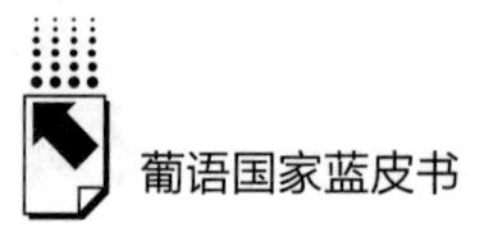

有的历史机遇及发展空间。粤澳区域经济合作顺畅，稳步发展，也将进一步拓展澳门在中葡合作中的中介及桥梁作用。

第一，基本实现粤澳服务贸易自由化。《〈内地与澳门关于建立更紧密经贸关系的安排〉关于内地在广东与澳门基本实现服务贸易自由化的协议》（以下简称《协议》）于2014年12月18日在澳门签署，并自2015年3月1日起实施。根据《协议》，广东对澳门特别行政区服务贸易的开放部门多达153个，为世界贸易组织服务贸易分类标准160个部门的95.6%，按照世界贸易组织服务贸易分类标准，广东与澳门特别行政区已基本实现服务贸易自由化。《协议》采用以负面清单为主、正面清单为辅的创新管理模式。同时，采用正面清单开放的领域新增了24项开放措施，包括新增个体工商户开放行业84个。《协议》中实行国民待遇的服务领域共58个。按照《协议》，澳门特别行政区服务提供者可以在广东省通过商业存在的服务模式进入内地市场，并在省内享受与内地企业同样的市场准入条件，这特别有助于澳门会展业、旅游业及物流业的发展，有利于澳门经济适度多元发展。《协议》在广东先行先试，并在2015年底前达成内地对澳门特别行政区基本实现服务贸易自由化的目标，具有积极意义。

第二，加强粤澳深度融合，共促产业繁荣。粤澳合作以促进澳门特别行政区产业多元化及粤澳地区的繁荣发展为目标，在横琴打造5平方公里的“粤澳合作产业园区”，努力搭建澳门产业多元化的新平台。目前，粤澳合作产业园区各项工作顺利进行，涵盖文化创意、休闲旅游、健康医疗、商贸服务及高新科技类的33个获推荐项目，正分批推进落户横琴，澳门正加快粤澳合作中医药科技产业园的筹建进度，目前，横琴已吸引200多家澳门企业入驻。

第三，利用广东省自贸区的优势，加快粤澳贸易投资自由化、便利化。目前，广东省自贸区实施细则即将出台，澳门特别行政区与珠海等地区的贸易投资自由化正在加速进行。为加快珠澳合作，珠海将全面推进便利澳门特别行政区的政策创新，营造法治化、国际化营商环境。除了全面落实横琴“比经济特区更加特殊”的优惠政策之外，珠海还将利用建设广东自贸区的契机，在外商投资负面清单管理等诸多方面进行探索和创新；全面落实“澳门优先”原则，拓展澳门经济适度多元化的发展空间，争取到2019年澳门回归祖国20周年之际，将横琴50%以上的建设用地出让给澳门企业。继续推动珠澳跨境工业区向以发展商贸服务业为主转型，争取设立离岸免税区，尽快实行“一线放开、二线管住”和港澳居民个人所得税优惠等创新政策。

粤澳地区经济合作步伐加快，粤澳之间贸易及投资自由化、便利化发展，拓展了澳门特别行政区发展空间，为其经济适度多元化创造条件，也吸引葡语国家企业积极赴澳门特别行政区投资，利用其优势进入广东经营发展。另外，中国内地企业也充分利用广东省自贸区优势、粤澳合作优势及澳门与葡语国家的密切联系，拓展对葡语国家的贸易及投资。澳门由此将搭建起中葡高水平合作平台。

3. 借助珠澳合作，拓展中葡经贸合作领域

随着粤澳合作的持续推进，珠海与澳门特别行政区合作日趋紧密。2008年成立的珠澳合作机制“珠澳专责小组”，2013年更名为“珠澳合作会议”。该会议致力于促进珠澳两地建立更紧密的合作关系，同时，持续深化与拓展珠澳两地合作领域。2015年4月底，珠澳合作会议在澳门举行，两地就珠澳旅游产业合作签署了《旅游合作框架协议》及《文化合作框架协议》。根据这两份协议，珠澳两地将进一步加强在旅游及文化方面的合作，包括加强在旅游市场宣传推广，共同营造优良的旅游目的地形象和经营环境，以及共同打造珠澳文化产业发展策略的联动互补。目前，两地将借助澳门中西文化交融、世界旅游休闲中心以及与葡语国家联系密切的优势资源，结合珠海横琴长隆国际海洋度假区项目，以海岛休闲和主题公园为重点，共同开拓葡语国家旅游市场，吸引游客，互享国际客源。未来，澳门将和珠海协商合作，制订发展规划，借助游艇旅游有序推动海岛开发，通过拓展游轮旅游的方式把旅游市场扩展至包括葡语国家在内的海外市场。澳门与葡语国家的旅游合作将充实内涵、提升层次。粤澳也可联手面向葡语国家，积极推广“澳门历史城区－长隆海洋世界－开平碉楼－韶关丹霞山”一程多站的旅游线路，发展具有历史、文化和娱乐等多种内涵的综合旅游，将澳门建设成为世界旅游休闲中心。

三　发挥区位优势，增强服务功能，构建多种服务中心

中国与葡语国家经济互补性强，拥有全球15%的经济总量和23%的人口，具有便利的合作条件和巨大的合作潜力。2003年中国－葡语国家经贸合作论坛（澳门）成立，迄今已经成功举办了四届部长级会议。中葡论坛是一个以葡萄牙语为纽带的跨区域经贸合作重要机制。论坛由中国中央政府发起并主导，澳门特别行政区政府承办，七个葡语国家（葡萄牙、巴西、安哥拉、莫桑比克、东帝汶、几内亚比绍及佛得角）共同参与。论坛建立10余年来，澳门作为承办方及论坛秘书处所在地，积极发挥语言、文化、区位等优势，在促进中国与葡语国家经贸交流方面发挥了不可替代的独特作用。目前澳门正致力于建设三个中心，即“中葡中小企业商贸服务中心”“葡语国家商品集散中心”“中葡经贸合作会展中心”，上述中心建设更加有利于澳门发挥中葡商贸服务平台作用和区域商贸服务平台作用。澳门也将通过推动中葡贸易及投资合作，加快经济适度多元化进程，提升国际地位及影响。

1. 发挥论坛平台优势，促进中葡文化交流及合作

中葡论坛是以葡语这一语言及其文化为载体的，这也是有别于其他区域合作组织最显著的独特性。论坛作为中国全方位对外开放格局的组成部分，是中国自由贸易区战略的发展与创新。中央政府将论坛放在澳门举办，就是为了充分发挥澳门独特的语言文化优势及地缘优势，支持澳门经济适度多元化发展，提升澳门的国际地位及国际影响力。

历史条件造就了澳门独特的文化特点，即东西方文化的交流和融合。作为中西文化交会点，澳门与葡语国家有着较为紧密的历史文化联系，人员往来密切，相互容易理解和沟通。澳门作为世界上唯一同时将中文和葡文作为官方语言的地区，拥有大量中葡双语专业人才，对促进中葡经贸合作持续发展提供了不可或缺的人才支持，也在中国与葡语国家的文化交流和文化贸易中承担了重要的服务功能。论坛成立10余年来，中国已为葡语国家培训了

5000多名各类人才，中国与葡语国家建立了44对友好城市和20对友好省州。中国公民赴葡语国家旅游累计超过160万人次。中国兴起“葡语热”，设置葡语专业的高校增加到18所，汉语在葡语国家也受到追捧，越来越多的葡语国家建立了孔子学院。中国与葡语国家日趋蓬勃的文化交流，与澳门特别行政区的中介平台作用密切相关。

目前，澳门特别行政区许多高校均已开设了葡语课，为中国与葡语国家扩大交流提供了人才储备。作为论坛承办地，首先，澳门特别行政区将继续发挥在中国与葡语国家语言培训方面的作用，探讨与内地大学的合作，以及与葡萄牙、巴西等国家相关机构的合作，在澳门特别行政区设立葡语培训中心及研究中心、中文学习和培训中心，将澳门特别行政区打造成为中国与葡语国家文化交流中心、中文和葡语双语培训中心。其次，澳门特别行政区将通过促进中国与葡语国家文化交流，带动文化创意产业发展。这有利于推动中国文化创意产业走出去，将葡语国家优秀文化产业引进来，也有利于带动三方在旅游、文化、广播影视与体育等方面的合作，促进中国内地、澳门地区及葡语国家的文化贸易发展。最后，2010年第三届中葡论坛以来，中方全面落实各项承诺，向葡语国家提供了1150个奖学金名额，向亚非葡语国家提供了12亿元人民币无偿援助、26亿元人民币优惠贷款、5000万元人民币医疗设备、2238名官员和技术人员培训名额，为深化双方文化交流与经贸合作做出了不懈努力；2013年第四届中葡论坛部长级会议上，中方提出向论坛亚非葡语国家各援助一个教育培训设施、一个太阳能照明应用项目和一批广播、电视、新闻设备，派遣210人次的医务人员，向论坛葡语国家提供2000个专业技术培训名额和1800个政府奖学金名额，推动中国与葡语国家探讨在教育培训等领域的三方合作，在澳门特别行政区建立中葡双语人才与企业合作信息共享平台等。这些举措的实施，将为澳门特别行政区进一步增强平台作用注入新的活力。

2. 拓展论坛服务功能，促进中葡企业与产业合作

随着国内外经济格局加剧调整，中小企业已成为加快技术创新、推动经济发展最活跃的力量。近年来中国政府加大对中小企业技术创新的支持力

度，企业加快转型升级及赴海外投资的步伐，并带动中国经济及产业结构调整升级。在“走出去”战略的推动下，中葡投资合作快速增长，葡语国家在华投资企业已由 2003 年的 406 家增加至 2012 年 811 家，中国对葡语国家各类投资累计已近 300 亿美元。中葡经济合作领域不断拓宽，从 2003 年的 7 个增加至 2010 年的 17 个。① 农业、渔业、自然资源、基础设施建设、教育与人力资源、运输与通信等领域的合作深入发展。目前葡语国家已成为中国企业海外投资的重要目标市场，在中葡投资发展中，澳门通过上文所述及的多种服务功能，发挥了极其重要的纽带作用。

在中葡论坛第四届部长级会议上，中国政府提出了支持葡语国家发展的新举措，其中包括向论坛亚非国家提供 18 亿元人民币优惠贷款，重点用于支持基础设施和生产型项目建设；与葡语国家分享建设经济特区和开发区的成功经验，在有意愿的国家建设境外经贸合作区等。这些举措的实施，为澳门特别行政区发挥自身优势、积极参与中葡上述经济合作提供了大好商机。澳门是国际自由港，具有完善的基础设施，良好的信息、法律、审计及资讯服务，方便快捷的融资渠道等。在为中小企业服务方面，澳门特区政府已经做了大量的工作，包括向投资者提供“一站式”服务，推出中小企业信用保证计划等相关金融服务，澳门贸易投资促进局设立了商务促进中心等。今后，中国澳门可在上述中介服务基础上，加快建设“中葡中小企业商贸服务中心”，一方面，为双方相互投资提供信息及人才服务，通过设立中国与葡语国家投资信息咨询服务中心、贸易投资人才培训中心等，向企业提供东道国经营环境、政策法规、项目合作机会、合作伙伴资质等信息咨询及经贸人才服务，帮助双方企业最大限度地减少投资风险；另一方面，利用中葡合作发展基金，积极推动中国与葡语国家加强产业合作，大力引导中国企业，特别是有实力的中小企业赴葡语国家投资经营。这样可促进中国与葡萄牙、巴西在资金、技术密集型产业及高新技术产业等领域的合作；促进中国与东

---

① 商务部副部长高燕 2013 年 11 月 6 日在澳门的“中国与葡语国家企业家大会暨中葡合作发展基金项目对接会”上的讲话。

帝汶、安哥拉、莫桑比克等亚非葡语国家分别开展轻工、家电、建材等日用消费品，通信、生产资料等生产制造业合作，以及双方在农林渔等产业的合作；同时，还可积极推动葡语国家企业到中国发展。

此外，澳门特别行政区还可积极推动中国与葡语国家合作项目做大做强，利用已经设立的中葡合作发展基金，积极推动及参与中国与葡语国家在基础设施建设、交通、电信、能源、农业和自然资源等领域的合作；探讨举办中葡合作发展基金项目对接会的可行性；以优质服务协助各方推选的好项目能够成功对接及运作，逐步做大做强，为进一步深化合作夯实基础。

3. 借助区位优势，推动中国与葡语国家贸易发展

中国与葡语国家资源互补性强，双方贸易发展势头良好。据中国海关统计，2003 年中国与葡语国家经贸合作论坛（澳门）成立时双方贸易额仅 110 亿美元，中国从葡语国家进口额 82 亿美元。2014 年，中国与葡语国家贸易额已达 1325. 8 亿美元，中国从葡语国家进口 864. 4 亿美元，分别较 2003 年增长 11 倍和 9. 5 倍，年均增速分别为 25. 4% 及 23. 9%，远超同期中国对外贸易的平均增速。2014 年，巴西是中国在葡语国家中的第一大贸易伙伴，中巴贸易为 869 亿美元；同期，中国与安哥拉、葡萄牙及莫桑比克贸易额分别为 370 亿美元、48 亿美元及 36 亿美元，分别位居中国与葡语国家贸易的第二、三、四位。[①] 随着中国经济持续稳健发展，13. 6 亿的人口规模将为中国与葡语国家贸易发展提供巨大的市场容量，尤其是未来五年中国进口额将超过 10 万亿美元，其中，葡语国家丰富的自然资源、高新技术产品、高档消费品等将成为中国进口的重要产品。

2013 年中葡论坛第四届部长会议签署的《2014 ~ 2016 年经贸合作行动纲领》（以下简称《纲领》）提出，2016 年中国与葡语国家双边贸易额力争达到 1600 亿美元，并在未来三年实现相互投资较快增长。为达成上述目标，在中葡论坛第四届部长级会议期间，中国政府提出在澳门打造“一个平台、三个中心”，即“中葡中小企业商贸服务中心”“葡语国家食品集散中心”

---

① 中国海关统计。

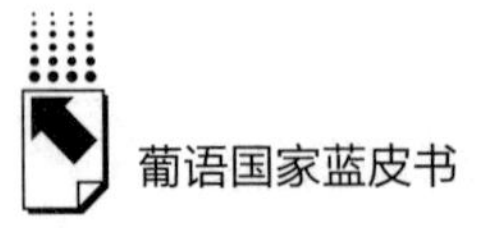

“中葡经贸合作会展中心”，以及建立中国与葡语国家双语人才、企业合作与交流互动的信息共享平台。

多年来，澳门特别行政区已充分发挥了中国与葡语国家的经贸服务中介及国际经贸服务平台的作用。

一是促进构建中葡合作机制。2006 年以来，澳门贸易投资促进局先后在内地多个城市设立了联络处，为内地与葡语国家双边贸易投资发展搭桥牵线，为中葡中小企业提供商贸服务；与多个葡语国家签署协议，建立起经贸促进和信息交流的合作机制。

二是通过举办多种形式的专业会展，推介双方产品，促进贸易发展。如举办食品展、酒类展、汽车展等专项展会，促进中葡贸易发展。尤其是 2009 年以来，澳门贸易投资促进局与广东联手举办“粤澳名优产品展销会”，全方位宣传粤澳协议，推介各类名优商品，为中葡贸易带来新商机，努力打造“葡语国家食品集散中心”和“中葡经贸合作会展中心”。今后，澳门特别行政区将继续与内地联合主办或承办面向葡语国家市场的专业化展会，如轻工及机电产品展销，以及自然资源投资与合作、农业综合开发、贸易促进、旅游资源开发与合作等主题会展。澳门会展业可利用广交会、深圳高交会等邻近地区的大型会展提供的机遇，探索与上述会议在会议主题、会议时间方面的互补性，充分利用及分享这两场大型会展的各项资源。

三是拓展服务平台，为中国与世界经贸交流服务。随着澳门特别行政区国际地位的提升，多个国际品牌代理在澳门呈现良好的发展趋势，为企业扩大经营规模及个人投资创业提供了有效途径。“2014 MFE” 即 “澳门国际品牌连锁加盟展 2014”，吸引了 167 个来自中国内地、台湾、香港及澳门，以及日本、韩国、英国、葡萄牙、意大利、法国、马来西亚、墨西哥、泰国、印尼、菲律宾、越南的特许加盟、连锁经营及品牌代理企业参展，行业涉及餐饮、零售、市场策划、教育等，展位数目达到 215 个，接近 14000 人次入场。而“澳门国际品牌连锁加盟展 2015”（2015 MFE）则汇聚了世界各地过百个特许加盟、连锁经营及品牌代理企业参展，成为集展览、洽谈、论坛及推介会为一体的澳门商贸盛事。澳门特别行政区还具备召开各类国际会议的完善配套设施，正加快建设国际会议中心。目前，已有一些大型跨国公司将年会放在澳门举办，取得了良好的效果。澳门将进一步加大宣传力度，吸引更多高规格的国际会议在澳门举办，如建立以葡萄牙酒为主的国际优质葡萄酒展销及贸易中心，丰富其商务平台功能，持续促进中葡贸易发展。

四是建立中国与葡语国家双语人才、企业合作与交流互动的信息共享平台。2015 年 4 月 1 日，中国葡语国家经贸合作及人才信息网第一阶段网站已正式开通，目前以信息发布及信息查找功能为主，内容包括葡语国家食品数据库、中葡双语人才及专业服务数据库、中国及葡语国家会展信息、葡语国家经贸信息及营商法规信息等，努力为拓展中葡经贸全面合作提供信息服务。随着中国与葡语国家经济、贸易往来的持续发展，商贸领域的纠纷也不断增加，亟须通过仲裁方式加以解决。根据《纲领》要求，澳门可充分发挥人才优势及在中葡合作中的特殊地位优势，加快建立仲裁中心，以支持中葡经贸合作持续健康发展。

4. 利用区位优势，推动葡语国家参与“一带一路”战略

“一带一路”是中国政府根据错综复杂的国内外形势及中国面临的新形势、新任务，致力于维护全球自由贸易体系和开放型经济体系，促进沿线各经济体加强经济合作、共谋发展而提出的战略构想。“一带一路”包括“丝绸之路经济带”和“21 世纪海上丝绸之路”，以政策沟通、设施联通、贸易畅通、资金融通、民心相通“五通”为主要合作内容，旨在促进经济要素自由流动、资源高效配置和市场深度融合，推动沿线各国（地区）共同打造开放、包容、均衡、普惠的区域经济合作架构。

横琴澳门十字门海域曾经是古代海上丝绸之路的重要枢纽和关键节点。新形势下，澳门特别行政区可通过建设和完善中葡经贸合作服务平台，更好地发挥澳门的节点优势，丰富 21 世纪海上丝绸之路的内涵，拓宽其辐射范围，也为中葡经贸交流与合作增添更大的生机与活力。首先，澳门特别行政区可发挥其资金、人才等方面的优势，积极促进澳门企业、内地企业参与“一带一路”建设。澳门银行体系现金流通量庞大，在外币处理方面有着丰富的经验。要想与香港、深圳、广州错位发展，澳门特别行政区可以建立一

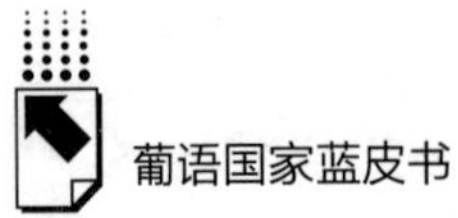

个在中国内地和葡语国家都有银行网络的金融服务体系，支撑中葡商贸服务平台，满足中葡国家在基础设施建设中的资金需求，促进中国与葡语国家实现基础设施的互联互通。其次，澳门特别行政区可发挥其语言文化优势，为中葡逐步实现海关通关便利化、检验检疫相互认证系统的完善提供中介服务，促进中葡实现贸易便利化。澳门还可以发挥其信息平台优势、自由港优势，联合珠海横琴及深圳等地，积极发展与葡语国家的跨境电子商务，完善跨境电商支持政策，引导内地企业在澳门和横琴设立面向葡语国家投资的资金运营中心和结算中心。再次，澳门特别行政区可积极发展商贸服务业，积极探索开展粤澳及葡语系国家代理、联合投保、咨询、客户信息沟通等方面的保险业务合作，支持律师、会计师、企业顾问、咨询服务、翻译、信息提供等商贸服务行业合作发展。最后，澳门特别行政区作为自由港和独立关税区，可提供简化的报关制度和 24 小时的货验服务，货物清关成本低，还拥有向国内机场发送航班的自由航权。澳门可依托这些有利条件，逐步建立起区域性物流配送网络，吸引部分内地、香港、葡语国家及其他国际知名物流企业来澳门设立物流总部，发展第三方物流，为中国与葡语国家实现贸易互通、加快贸易投资便利化发挥更加重要的作用。

B.9

澳门特别行政区在中国内地与拉丁美洲经贸合作中的平台作用

王成安*

摘　要：中国澳门自1999年建立特别行政区以来，坚持实施“一国两制”，经济社会发展稳定，居民生活获得极大改善，开创历史功不可没。与此同时，中国澳门充分利用自身优势，打造中国内地与葡语国家商贸合作平台，近几年来还向拉美、加勒比国家拓展其平台作用，并在发展过程中逐步提升其国际地位。从理论上总结中国澳门的平台作用，有利于“一国两制”的巩固与发展，有利于进一步加强中国与葡语国家的经贸合作。

关键词：中国澳门　平台　葡语国家　巴西　拉美及加勒比地区

在中国历史上一个庄严而神圣的时刻——公元1999年12月20日零时，澳门结束了自1583年葡萄牙人占领以来长达416年的历史，宣布成立了澳门特别行政区（Região Administrativa Especial de Macau）。

《澳门基本法》里有这样一段表述：“国家决定，在对澳门恢复行使主权时，根据中华人民共和国宪法第三十一条的规定，设立澳门特别行政区，并按照‘一个国家，两种制度’的方针，不在澳门实行社会主义的制度和

* 王成安，中国－葡语国家经贸合作论坛（澳门）前秘书长，对外经济贸易大学客座教授。

政策。”[①] “一国两制”（Um País，Dois Sistemas）是中国改革开放的总设计师邓小平在当代社会制度上的一个创新，使澳门特别行政区与香港特别行政区共同开辟了前所未有的社会制度体系。中央政府允许澳门特别行政区政府按照“一个国家”的原则，继续实行资本主义制度，两制长期共存。

澳门一直被中国学者公认为是中国领土上最早、最具特色的“中西合璧”之地。几百年中国传统的老街、老店、老庙与欧洲典型的“大三巴”（Ruínas da Antiga Catedral de São Paulo）、咖啡店、欧式教堂交相辉映，错落杂陈，凸显中西文化在这里深厚的底蕴。这一特征成为新生的澳门特区政府施政的重要基础之一。

澳门特别行政区成立 15 年来，经济社会稳定发展，经济总量从 502.7 亿澳门元增长到4134.7 亿澳门元，增长了7.2 倍，年平均增长率达到14%。1999～2013 年 13 年中，澳门本地生产总值平均增长 16.2%，成为世界经济增长最快的地区之一。居民失业率由回归初期的 6.3% 下降到 1.7%。澳门人均本地生产总值从 1.5 万美元增加到 8.7 万美元。

澳门经济增长的主要动力首先来自国家实施的“一国两制”，该方针使得只有 50 多万人口的弹丸之地焕发出强大的生命力。其次，特区政府持续推动旅游、会展、文化等产业发展。最后，特区政府不断打造中国与葡语国家商贸平台，促进了自身发展。澳门的区位优势在于语言的天然联系、人脉的历史关系、商贸的市场功能。

澳门的葡语人才最集中，大约有 1 万多人讲葡萄牙语，澳门大学、澳门理工学院等多年来致力于培养葡语人才。澳门的历史记载了东西方文化最早的交融，18 世纪赴巴西的茶农是从澳门出发的，几百年后的今天澳门人仍然与巴西有着密切的联系。[②] 澳门的商家最了解巴西乃至所有葡语国家的市场，为葡语国家产品包括巴西产品进入泛珠江三角洲市场架设桥梁，内地与澳门建立更紧密经贸关系的安排扩大了内地与巴西等葡语国家的贸易。

---

① 《中华人民共和国澳门特别行政区基本法》，全国人民代表大会，1993 年 3 月 31 日。

② 《巴西眼中的中国》，《人民日报》2015 年 5 月 3 日。

中国内地经济社会发展为中国与世界其他经济体的经贸合作提供了可能。经过改革开放30多年的发展变化，2011年，中国超越日本，成为全球第二大经济体，国内生产总值实现9.1%的增长。2014年中国内地国内生产总值达到636463亿元人民币，同比增长7.4%。中国内地进出口总值264335亿元人民币，比2013年增长2.3%。2014年，中国内地外汇储备3.84万亿美元。在经济高速发展的同时，人民生活得到很大的改善和提高。成立不久的澳门特区政府看到祖国日新月异的变化，审时度势根据自身的优势提出远见卓识的施政理念。

澳门特别行政区首任和第二任行政长官何厚铧于2003年指出，澳门特区政府全力打造“中国内地和葡语国家经贸合作服务平台”“粤西地区商贸服务平台”“世界华商联系与合作平台”，让澳门本身的有限市场得到充分外延。[①] 他还提出，除了开展相互投资贸易外，澳门还将推动、协助本地与内地或葡语国家的中小企业家结成紧密的合作伙伴，共同开发一些尚在发展中的市场。这一施政理念既符合澳门作为微小经济体的实际，又看到了澳门在国际社会中的特殊作用。

澳门作为中国内地与葡语国家包括中国与巴西经贸合作服务平台的作用有目共睹。拥有2.38亿人口和10700万平方公里面积的葡语国家包括安哥拉、巴西、佛得角、几内亚比绍、莫桑比克、葡萄牙、东帝汶等八国。2003年10月，澳门特区政府成功承办首届中国－葡语国家经贸合作论坛（澳门）（以下简称“中葡论坛”）部长级会议。在其后的九年中，澳门特区政府又举办了三届部长级会议，均获得圆满成功。中葡论坛创立后，中国与葡语国家经贸关系得以巩固和加强，尤其是双方贸易获得快速发展。2003年中葡论坛成立当年，中国与葡语国家的贸易额才123.1亿美元，到了2014年底，双方贸易额达到1325.8亿美元，11年时间里增长了10倍左右。[②]

① 何厚铧：《内地与澳门建立更紧密经贸关系的安排将于明年1月1日落实》，2003年9月8日，http://www.people.com.cn/GB/shizheng/1025/2077979.html。

② 《2014年中国与葡语国家间贸易总额达1325.8亿美元》，商务部，2015年3月3日，http://www.mofcom.gov.cn/article/i/jyjl/k/201503/20150300907113.shtml。

2003～2011年，除2009年受金融危机影响双方贸易额有所下降外（-18.9%），其他年份以45.1%的年均增幅高速发展，即使包括2009年双方的贸易额，年均增幅也达到37.1%。2012～2014年，中国与葡语国家贸易增幅收窄，平均只有4.2%的增长。在全球经济复苏缓慢的大背景下，这样的增长确实来之不易。截至2013年底，中国对葡语国家非金融类直接投资存量已经达到24.65亿美元，葡语国家对中国投资增长到7.47亿美元，这反映出双方经贸合作的巨大活力。

巴西是中葡论坛的重要成员，其人口占葡语国家总人口的78%，面积占葡语国家总面积的79%，中巴贸易额2014年占中国与葡语国家贸易总额的65.5%。巴西在中国与葡语国家经贸合作中占有举足轻重的地位。巴西在较长一段时期内经济增长迅速，经济结构接近发达国家，经济政策成熟稳健，被国际社会誉为金砖之国。但是，近年来巴西受世界经济复苏缓慢的影响，经济增长不断放缓。中国与巴西自1993年建立长期、稳定、互利的战略伙伴关系以来，经过近20年，双边合作发展迅速。中国与巴西贸易额2014年达到865.8亿美元，同比下降4.0%，即使如此，2014年巴西仍是中国全球第十大贸易伙伴。① 从2009年开始，中国超过美国成为巴西第一大贸易伙伴、第一大出口目的地和第二大进口来源国。中国主要出口计算机、通信技术、电视、收音机和无线电信设备零部件、焦炭等，中国自巴西主要进口铁矿砂及其精矿、大豆、原油、牛皮革及马皮革、纸浆等。据中国商务部统计，截至2014年底，中国对巴西各类投资存量189.4亿美元，投资的方式多样化，包括并购、收购、独资、合资等，投资的领域也呈多样化趋势，主要分布在矿产、能源、制造业、农业和服务业等。目前，在巴西的中国企业超过100家。巴西航空业在国际市场上具有优势，其在华投资由生产支线飞机发展至生产公务机。巴西企业还在华投资汽车和电力发动机等制造业。巴西企业在华实际投资接近6亿美元。中国企业在巴西承建了火电厂、

① 《中国同巴西的关系》，外交部，2015年3月，http：//wcm.fmprc.gov.cn/pub/chn/pds/gjhdq/gj/nmz/1206_ 1/sbgx/t7915.htm。

高炉等项目。中国与巴西合作领域广阔，合作方式多样，合作规模空前。双方在能源、通信、航空、农业、文化、教育等领域均有合作。

澳门早于16世纪中叶就与巴西有了交往。当时的葡萄牙人在澳门设立货栈，其货船往返澳门与葡萄牙之间，经常停靠巴西港口。1812～1819年，一批中国茶农从澳门出发，远涉巴西里约热内卢，传授中国茶叶种植技术。[1] 澳门与里约热内卢在语言、建筑、宗教、饮食和习俗等方面都有历史渊源。

12年来，澳门在中国与包括巴西的葡语国家经贸合作中已经和正在发挥着重要作用。概括起来，有如下几个方面。

一曰语言交流作用。由于历史原因，澳门特别行政区成为中国境内说葡萄牙语人数最多的地方，据说有1.7万人。他们中有历年在澳门特别行政区的大学培养出来的双语（汉语和葡语）人才，还有葡萄牙人、土生葡人和其他葡语国家的人才。他们在政府部门、企业和研究领域工作、学习，无时无刻不与世界上讲葡语的朋友发生各种联系。除汉语外，葡萄牙语也是澳门特别行政区的官方语言，这一得天独厚的优势是澳门特别行政区能够成功打造中国内地与葡语国家经贸合作平台的关键所在。中葡论坛是目前世界上唯一以一种语言为联系纽带的多边合作机制。葡萄牙语承载着中国内地和澳门人民与葡语国家人民的历史文化联系，沟通着商贸人士的经济合作交流，延续着子孙万代的友好和谐交往。葡萄牙语联系着巴西1.8亿人口、葡萄牙1050万人口和4000多万亚非葡语国家人口。

二曰政府支持作用。中央政府在澳门连续成功举办四届部长级会议，时任国务院副总理吴仪、国务委员华建敏、温家宝总理和汪洋副总理分别出席第一、第二、第三和第四届部长级会议并代表中国政府发表重要讲话，葡语国家负责经贸事务的部长和政府首脑均到澳门出席过上述会议。澳门特区政府高度重视四届部长级会议，精心选择会议地址，提供精细周到服务，这凸

① 《中国茶农把中国茶文化传进了巴西》，2014年8月3日，http：//www.zgchawang.com/news/show－53536.html。

显了澳门特区政府良好的组织能力。中国中央政府和葡语国家一致同意将中葡论坛常设秘书处设在澳门，澳门特区政府通过辅助办公室给予这个常设机构日常运转大力支持，澳门成为中葡论坛永久地址。这是中央政府和葡语国家政府对澳门所给予中葡论坛支持作用的充分肯定。葡语国家设在澳门的外交代表机构，如安哥拉、葡萄牙驻澳门总领事馆，几内亚比绍驻澳门名誉领事馆等在澳门开展各种友好活动。巴西驻香港总领事馆兼管澳门外交事务。2005 年 6 月，澳门特区行政长官何厚铧访问巴西，巴西总统卢拉表示，巴西政府，特别是发展、工业和外贸部，将加强与特区政府的联系。双方讨论如何利用好澳门的优势，帮助巴西商品进入中国内地市场。多年来，巴西政府研究如何通过澳门，进一步为巴西企业家寻找进入中国内地市场的机会，包括增强文化认同，利用澳门相当比例人群使用葡萄牙语的条件，为企业家寻找市场机会。由此可见，巴西政府充分认识到澳门作为进入中国内地市场的平台的重要作用。

三曰商贸促进作用。澳门在促进中国内地企业、本地企业与葡语国家企业合作方面所发挥的作用可圈可点。2003 年中葡论坛第一届部长会议期间，澳门就举办了中国与葡语国家企业洽谈会。澳门贸易投资促进局、中国国际贸易促进委员会和葡语国家贸促机构建立合作机制，每年轮流在各个与会国家举办“中国与葡语国家企业经贸合作洽谈会”，12 年来已在中国澳门、安哥拉、莫桑比克、葡萄牙、佛得角、巴西、东帝汶等国或地区轮流成功举办企业间洽谈活动。澳门特别行政区贸促局每届都组织企业团参会，澳门企业游刃于中国内地企业与葡语国家企业之间，为双方企业建立联系和洽谈商贸发挥桥梁作用。每年一届的澳门国际贸易投资展览会（MIF）还辟有葡语国家专场。与此同时，澳门特别行政区商人已经开始与葡语国家开展进出口贸易，他们进口巴西、东帝汶的咖啡，在澳门烘焙后再在本地和内地销售，还有的企业经营葡萄牙红酒业务，开拓中国内地市场。澳门与葡萄牙合资企业尝试在葡语国家直接投资，收购葡语国家企业的股份等。2007 年，巴西食品集团访问澳门，促进巴西食品对华出口。2008 年，巴西圣保罗商会（ACSP）在澳门设立办事处，为促进中国与巴西贸易、投资发挥作用。

四曰机构交流作用。澳门特区政府各部门积极开展与葡语国家的活动，各界人士异常活跃。澳门经济局、澳门旅游局、澳门金融管理局、澳门民航局、澳门文化局等分别举办专业性会议或活动，促进各领域人员交流与往来，如“活力澳门推广周”在上海、重庆、北京、郑州、长春、福州的系列活动。中国与葡语国家已举办四届机场会议，加强行业之间交流，促进城市之间的直航和物流。另一个不能忽略的现象是，澳门被称为“社团社会”。澳门各行各业都有自己的社团，有四五千个之多。其中，不乏与葡语国家经贸、文化有关的各种社团，如国际葡语市场企业家商会、葡中工商会等商贸社团。澳门亚太拉美交流促进会和2011年12月成立的中国（澳门）综合发展研究中心等智库型社团十分重视中国与巴西及其他葡语国家的关系，从理论、学术角度研究中国澳门在中国与巴西等国的合作中发挥的平台作用。

五曰历史人脉作用。澳门土生葡人和葡语国家在澳门居留的商人以及在澳门学习的学生构成沟通中国内地与葡语国家的一个特殊的群体。他们多年来亦十分活跃，他们本人及所在政府机构和社团都在积极促进各种交流，有的专门促进中国内地与某一个葡语国家的双边交流与合作，有的就某一领域促进贸易和投资等。特别是土生葡人，他们语言和人脉的优势在中国与葡语国家交流中发挥着特殊的作用。设在巴西里约热内卢和圣保罗的“澳门之家”和设在澳门的“葡萄牙人之家”经常举办各种活动，维系和发展巴西、葡萄牙与澳门地区的血脉联系。难能可贵的是，中葡论坛自成立以来，吸引了大量的葡语国家领导人到澳门访问或出席各种活动。仅来到中国内地和澳门参加研修、培训的葡语国家官员和技术人员就已累计超过2800人。目前，中葡论坛除在内地的十几个培训基地外，还于2010年11月在澳门成立了“中国－葡语国家经贸合作论坛（澳门）培训中心”，更将带动中国与葡语国家之间的人员交流。十几年来，中国公民赴葡语国家旅游的人数逐年增多，累计超过160万人次。2014年，澳门入境游客首次突破3000万人次，达到3152万人次，同比增长7.5%。

六曰金融服务作用。时任中国总理温家宝代表中国政府于2011年11月在中葡论坛第三届部长会议期间宣布设立中国与葡语国家合作发展基金（简称“中葡基金”）。基金由中国国家开发银行和澳门工商业发展基金共同发起，旨在支持中国内地和澳门特别行政区的企业对葡语国家投资和葡语国家企业对中国投资，鼓励企业投资于中国和葡语国家共同关注的基础设施、交通、电信、能源、农业和自然资源等领域，以扩大双向投资，促进共同发展。中葡基金总规模10亿美元，首期规模2亿美元，出资人包括国开金融有限责任公司、澳门工商业发展基金，并将在开曼群岛注册。澳门特区政府确定先注资5000万美元。中葡基金由设在澳门的常设秘书处参与协调，必将为葡语国家、澳门企业和中国内地企业相互投资提供资金支持。2008年，澳门金融管理局访问巴西和佛得角。其间，巴西金融界了解到澳门在中国与葡语国家之间的特殊角色，意在促进双方金融合作。中葡论坛第三届部长级会议通过的《经贸合作行动纲领（2010~2013年）》提出，利用澳门熟悉中国和葡语国家法律体系的比较优势，推动澳门成为中国与葡语国家企业解决双方商业纠纷的仲裁地点之一。澳门的法律功能也体现了澳门重要的服务作用。2015年3月，中国工商银行（澳门）股份有限公司宣布工银澳门连续六年蝉联世界三大金融杂志的褒奖，美国《环球金融》（*Global Finance*）、英国《银行家》（*The Banker*）和《世界金融》（*World Finance*）授予该行年度“澳门地区最佳银行”称号。国际评级公司惠誉连续四年将工银澳门IDR长期债务评级为“A”。①

七曰CEPA安排作用。2003年10月，中国商务部与澳门特区政府签署了《内地与澳门关于建立更紧密经贸关系的安排》（*Closer Economic Partnership Arrangement*，CEPA）。CEPA以货物贸易自由化、服务贸易自由化、贸易投资便利化为原则，在WTO多边规则和“一国两制”方针下消除了澳门与内地经贸中的制度障碍。CEPA的实施为澳门提供了零关税的巨大市场。从2006年1月1日起，所有原产于澳门的货物均可享受内地零关税政策，18个行业的服务贸易在CEPA的安排下进行。巴西作为中国在葡语国家中最大的贸

---

① 《中国工商银行股份有限公司关于向控股子公司工银澳门增资的公告》，2015年3月27日，http：//news.163.com/15/0327/13/ALNGKT3T00014AEF.html。

易伙伴也必将从中受益，它的产品既可以通过 CEPA 进入中国内地珠三角地区以至于更大范围，同时中国内地的产品也可以通过 CEPA 进入巴西市场。CEPA 实施 11 年来，澳门企业家背靠祖国，以更自由的姿态进入内地，受益良多。横琴为澳门企业进入内地留有足够的空间，截至 2014 年 10 月，在横琴注册和登记的澳门企业已经有 200 多家，计划投资 1700 多亿元人民币。[①]

八曰会展产业作用。澳门经济适度多元化尤以会展业的发展成绩显著。2001 年澳门会展活动只有 252 项，2011 年达到 1045 项，与会和入场 127.8 万人次。如今，澳门展览面积超过 14 万平方米，是亚洲展览产业成长最快的商务地区之一。澳门威尼斯人金光大道、澳门旅游塔会展娱乐中心、澳门东亚体育馆等是澳门著名的会展场所。与此同时，澳门通过优良的旅店业、饮食业和公共关系服务，形成“澳门国际贸易投资展览会”“澳门国际环保合作发展论坛与展览”“中国与葡语国家经贸博览会”“中西文化交流年会”“国际博彩设备展”“国际酒店设备与用品展”等品牌会展项目。澳门会展业这一喜人形势已经且必将继续为中国与葡语国家、为中国与巴西举行会议和活动提供优质服务和一流场馆。截至 2014 年，横琴新区为澳门企业提供土地 68 万平方米，并预留 627 万平方米土地作为澳粤产业合作的载体，这为澳门推进经济适度多元化提供了更为广阔的空间。

澳门特别行政区第三任行政长官崔世安于 2011 年提出，澳门是促进中国与拉丁语系地区交流合作的理想平台。他指出：“澳门作为中国与葡语国家经贸合作服务平台，而葡语是拉丁语系的一个语种，与包括西班牙语在内的其他拉丁语种有着不少共通之处，这使得澳门特别行政区能够成为促进与拉丁语系地区交流合作的理想平台。”

拉丁美洲以其幅员广阔、风景秀丽、文化悠久为世界所著称。拉美 34 国，总面积 2070 万平方公里，人口 6.03 亿。拉美的能源、矿产、水力、农业资源丰富。拉美的石油储量占世界总量的 11.2%，水资源占世界总量的

---

① 《横琴：已注册和登记的澳门投资企业有 204 家》，2014 年 12 月 1 日，http://zh.southcn.com/content/2014－12/01/content_113342598.htm。

17%，可耕地面积 5.7 亿公顷，占世界总量的 1/3。2013 年，拉美 GDP 总量 5.89 万亿美元，人均 GDP 接近 1 万美元，达到 9846 美元。2014 年，拉美经济增长出现低迷态势，仅为 1.3%，但是仍然不失为全球最具发展潜力的地区之一。2014 年，拉美对世界经济增长的贡献率为 7.92%。[①] 这一数字超过了日本和欧盟，而中国的贡献率则达到近 30%。[②] 拉美与中国的关系经过 55 年的风云变幻，其合作领域、深度和广度得到很大提升，其影响力堪比双边关系。中拉贸易 2000 年首次突破 100 亿美元，2007 年突破 1000 亿美元，2014 年，中拉贸易额 2634.62 亿美元，同比增长 0.7%，是 14 年前的 26 倍多。中拉贸易占中国对外贸易总量的比重由 21 世纪初的 3% 上升到目前的 6.2%（见表 1）。

表 1　中国与拉丁美洲贸易额变化

单位：亿美元

年份	贸易总额	中国出口额	中国进口额	比上年增长%		
				进出口	出口	进口
2002	178.26	94.90	83.36	19.3	15.2	24.4
2003	268.06	118.79	149.27	50.4	25.2	79.1
2004	400.27	182.42	217.85	49.3	53.6	45.9
2005	504.57	236.83	267.75	26.1	29.9	23.0
2006	702.18	360.29	341.89	39.1	52.1	27.6
2007	1026.50	515.39	511.11	46.1	43.0	49.5
2008	1434.06	717.62	716.44	39.7	39.2	40.1
2009	1218.63	570.94	647.69	-15.0	-20.0	-9.6
2010	1836.4	917.98	918.42	51.6	60.8	43.5
2011	2413.88	1217.19	1196.69	31.4	32.5	30.3
2012	2612.40	1352.15	1260.25	8.2	11.1	5.3
2013	2617.5	1342.71	1273.00	0.2	-0.7	1.0
2014	2634.62	1362.35	1272.27	0.7	1.4	-0.1

资料来源：中国海关统计。

① 《拉美地区对全球经济增长的贡献率可能降至十年来最低》，商务部，2014 年 1 月 27 日，http：//www.mofcom.gov.cn/article/i/jyjl/l/201401/20140100475616.shtml。

② 李克强：《中国对世界经济增长的贡献率达到近 30%》，2014 年 9 月 9 日，http：//news.xinhuanet.com/fortune/2014-09/09/c_126967769.htm。

2014年，中国对拉美的直接投资为128.5亿美元，占中国对外直接投资的12.5%，中国在拉美设立的企业有近800家。截至2014年底，中国对拉美的直接投资存量为989亿美元。拉美成为中国对外直接投资的重要地区。在中国金融机构融资的支持下，中国企业在拉美的投资并购项目逐年增多。2014年，五矿资源、国新国际和中信金属联营体并购秘鲁的拉斯邦巴斯铜矿，实际交易金额达到58.5亿美元；中石油并购巴西国家石油公司秘鲁公司，实际交易金额达到26.4亿美元。中国对拉美投资领域，主要在租赁和商业服务业、能源资源等行业。中国企业虽然在拉美投资的增幅较大，但对拉美市场的投资环境、法律还不够了解，企业人才不足也是个很大的问题。中国企业在拉美石油、矿业等领域的资源性投资面临复杂的投资环境，因而必须增强风险意识。中国企业在哥伦比亚、阿根廷、厄瓜多尔、秘鲁、委内瑞拉等国都遇到不同程度的投资、经营风险问题，特别是政治风险日益突出，需要企业积极应对。

澳门特别行政区要成为中国与拉丁语系地区交流合作的理想平台可能有三个路径。其一，行政长官崔世安所提到的语言优势。拉丁美洲除巴西使用葡萄牙语外，其余均为西班牙语（只有海地为法语）。两种语言都属拉丁语系，人们相互学习较为容易，完成沟通较为方便，文化背景较为接近。其二，上面阐述的澳门在中国与葡语国家包括中国与巴西之间的八个方面平台作用原则上也适用于中国与拉美的经贸合作。其三，葡语国家巴西是澳门为中拉合作发挥平台作用的切入点。一方面澳门已经成为中国与包括巴西在内的葡语国家的商贸平台，并且这一作用还在不断完善和扩大；另一方面巴西是进入其他拉美国家的重要门户之一。巴西在地理位置上与乌拉圭、阿根廷、巴拉圭、玻利维亚、秘鲁、哥伦比亚、委内瑞拉、圭亚那、苏里南接壤。巴西是南共市（MERCOSUL）成员。巴西市场辐射范围主要是南共市国家。南共市属区域性经济合作组织，有巴西、阿根廷、乌拉圭和巴拉圭四个成员国，以及智利和玻利维亚两个联系国，共2.2亿人口，年产值超过1万亿美元，贸易额达到2000亿美元，是世界第四大经济集团。阿根廷为巴西在拉美的第一大贸易伙伴，2011年双边贸易达到400亿美元，虽然以后逐年有所下降，但是阿根廷在拉美仍然不失为巴西第一大贸易伙伴。[①] 此外，巴西同其他拉美国家包括委内瑞拉均有合作协议。当然，拉美与中国内地和澳门十分遥远，其语言文化毕竟存在差异，特别是澳门与巴西以外的拉美国家的联系不如与其他国家那么紧密。因此，我们还需要针对拉美国家的特点，在充分了解中国与拉美国家关系与合作的基础上，逐步形成澳门力所能及的商贸服务模式。

首先，澳门的专家、学者应进一步加强对拉丁美洲政治、经济、社会和文化的研究，进一步加强对中国内地与中拉合作情况的了解，并将研究成果向澳门社团和企业介绍。其次，澳门社团、企业应进一步加强与拉丁美洲的交流，采取“请进来，走出去”的方式加强相互了解。澳门基金会与中国拉丁美洲经济技术合作委员会在澳门合办的“2011 年中国拉美加勒比经济技术合作论坛”，认同澳门的拉美平台角色。澳门社团、企业多前往拉美国家访问、考察，以期进一步增进澳门与拉美国家之间的了解，发现商机，促进中国与拉美的经贸合作。2015 年 6 月，澳门首届“中国 - 拉美加勒比国家基础设施合作论坛”在澳门举办，哥斯达黎加副总统法亚斯、巴哈马副总理戴维斯，以及拉美和加勒比国家政府官员、企业界和金融界 700 人出席了论坛。这表明澳门相关机构正在努力打造中国与拉美、加勒比商贸平台。

研究中巴、中拉关系不能不联系到拉美和加勒比国家共同体。这一西半球最大的区域性政治组织于 2011 年 12 月 2 日在委内瑞拉举行的第三次拉美及加勒比国家首脑会议上宣告成立。这一组织拥有 2140 万平方公里国土面积和 5.5 亿人口，国内生产总值达 6.3 万亿美元，是世界第三大经济体。这一组织还拥有 3380 亿桶的石油储量、全球第三的电力生产能力和全球第一的粮食生产能力以及丰富的矿产资源。受国际经济增长缓慢的影响，2013 年，拉美及加勒比地区平均经济增长 2.6%，2014 年平均经济增长率仅为 1.1%，2015 年可能还会更低。[②] 但是，该组织旨在通过独立和可持续发展，

① 《巴西 2014 年贸易逆差 39.3 亿美元》，2015 年 1 月 6 日，http：//news.xinhuanet.com/world/2015 - 01/06/c_1113885720.htm。

② 《拉美和加勒比地区 2014 年经济概述及 2015 年展望》，2015 年 2 月 2 日，http：//www.mofcom.gov.cn/article/i/dxfw/nbgz/201502/20150200886225.shtml。

改善各国人民的生活质量，维护独立，主掌内部事务，深化一体化。

中国2003年开始与加勒比国家建立中加经贸合作关系。2003年1月，吴仪副总理率中国政府代表团访问加勒比八国，开辟了中加友好合作的新纪元。2005年2月，中国与加勒比国家在牙买加首都金斯顿成立“中国-加勒比经贸合作论坛”，曾庆红副主席出席，中加签署《中国-加勒比经贸合作论坛2005年部长级会议经贸合作行动纲领》，论坛成为中国和加勒比国家间级别最高的经贸对话机制。2007年9月第二届论坛在厦门举办，2011年9月第三届论坛在特立尼达和多巴哥共和国首都西班牙港举行。论坛发展六年多来，中加合作进入“快车道”，2004年中加贸易额才20亿美元，2014年达到87.7亿美元，10年增长到接近4.4倍。中方对加投资存量878亿美元，加勒比地区在华投资存量1770亿美元。中国-加勒比经贸合作论坛最大限度地推进中国与加勒比地区在经贸领域的交流与合作。加勒比地区共有25个国家和12个未独立地区，总面积达500多万平方公里，人口超过2亿，年国民生产总值达5000亿美元，对外贸易额1800亿美元。

在这里，我们还要谈及“非加太国家集团”（Group of African, Caribbean and Pacific Region Countries），即非洲、加勒比和太平洋地区发展中国家的国际经济组织，简称“非加太集团”。该组织于1975年6月成立，至1989年有68个成员。欧洲经济共同体9国早于1975年就与非加太集团初期46个成员国签署了《洛美协议》，该协议成为欧盟与非加太集团间进行对话与合作的重要机制，也是迄今最重要的南北合作协定。2003年4月，欧盟15国和非加太集团76国政府正式批准《科特努协定》。这一协定涵盖103个国家，包括欧盟25国、非洲48国、加勒比15国和太平洋15国。《科托努协定》是一项全球性协议，以各国中央政府为主要合作伙伴，其雄心勃勃的目标是将占世界一半以上的国家融入世界经济发展之中。欧盟与非加太集团之间通过《洛美协定》和《科托努协定》持续合作40年，将贸易纳入发展战略并与WTO规则接轨，强调区域经济合作的特色，突出多元化的经济合作。欧盟与非加太集团之间的长期合作值得我们认真研究。2014年3月，第二十七次欧盟与非加太国家集团议会大会在法国斯特拉斯堡举行，会议着重讨论了中非问题、反恐与互联网、海关建设、涉海矿产资源开发和消灭艾滋病等问题。①

最后，回顾前文，我们从中国澳门，说到葡语国家和中国与葡语国家的经贸合作，谈及金砖国家巴西和中国的经贸合作，同时扩展至拉丁美洲和中拉合作，又及加勒比国家和中加合作，直至非加太集团。这由小及大、由近及远、由微小及宏大的观察世界的方法实为澳门人民观察世界和改造世界的远大目光，立足澳门、心系祖国、放眼世界实为澳门人民的伟大胸怀！

---

① 《欧盟与非加太集团议会大会呼吁联合国加强中非维和》，2014 年 3 月 20 日，http：//news. xinhuanet. com/world/2014 - 03/20/c_ 119850915. htm。

国别报告

Reports on Certain Countries

B.10 安哥拉共和国

贾 丁*

摘 要： 本文回顾了2014年安哥拉发生的重大事件，并将其分为政治、经济、社会、外交和中安关系五个部分进行归纳和分析。安哥拉在2014年遇到的问题是“冰冻三尺，非一日之寒”，是其遭受数百年殖民统治和27年残酷内战后被迫咽下的苦果；而安哥拉在2014年取得的成就也不是一蹴而就的，是其内战结束后，十几年苦心经营的结果。诚然，安哥拉拥有出众的自然禀赋，但适时而变的国内外政策才是其走向富强之路的关键。

关键词： 安哥拉 经济 外交 中安关系

* 贾丁，北京大学国际关系学院硕士研究生。

对2014年的安哥拉来说，经济和外交是重头戏；执政党安哥拉人民解放运动（MPLA，以下简称“安人运”）的执政地位仍然没有受到实质性的挑战；自1979年以来一直担任总统的若泽·爱德华多·多斯桑托斯老而弥坚，在地区和国际舞台愈发活跃；社会领域的问题是一时间难以解决的，但情况确实有所好转；中安关系步入一个新的阶段，安哥拉的身边不知何时冒出了一堆“好朋友”和“好伙伴”，但患难时建立起的友谊才是最珍贵的。

一 为2016年大选“预热”

2014年不是安哥拉的大选年，安哥拉的下一次大选预计在2016年举行。安哥拉2010年修改宪法，取消总统直选制度，规定总统由议会选举中获胜党派的领导人担任。自2012年宪法改革后的第一次选举以来，无论是执政党安人运，还是各在野党都表现得相对“低调”，经济发展和社会民生成为主要议题，各党都在聚集民心、扩大选民基础，为2016年的大选做准备。作为主要反对党的争取安哥拉彻底独立全国联盟（UNITA，以下简称“安盟”），2014年的工作重心是动员和组织妇女参加国家政治事务，并为此成立了安哥拉妇女联盟（LIMA）作为其妇女工作的分支机构。根据2014年公布的《人口与住房普查》结果，女性占安哥拉总人口的52%，因此占选民的多数。安盟希望通过安哥拉妇女联盟帮助妇女在社会中扮演更重要的角色，并以此来吸引她们在大选中对本党派的支持。①

在2014年的议会新年招待会上，安哥拉人民解放阵线（FNLA）领导人卢卡斯·恩贡达（Lucas Ngonda）对多斯桑托斯总统关于“反对党遵守宪法、政治不容忍中立化”的呼吁表示了认同和欢迎，之后，社会革新党的领导人和广泛救助同盟的副主席也先后表达了对于这一呼吁的支持，认为所有的安哥拉人都应该尊重宪法，任何政治力量都不能违反宪法原则，并应该

① 安哥拉通讯社（ANGOP）网站，http://www.portalangop.co.ao/angola/en_us/noticias/politica/2014/11/1/Retrospect-2014-Political-parties-outline-strategies，4094b99c-a623-408d-ba4f-f9f2de197698.html。

在公民中间开展公开和建设性的对话。[1] 作为最大反对党的安盟并没有发声，但也不可能像之前一样，通过武装斗争的方式反对安人运政府，只能在宪法框架内采取反对措施。这表现在从 2014 年开始，安哥拉议会的辩论强度达到了前所未有的高度，2015 年政府预算草案在第三次立法期的第三届立法会议的第三次会议期间方才获得通过。[2]

2014 年 12 月，执政党安人运顺利举行了该党的第五次特别会议，此次会议是为下一届的正式会议和即将到来的议会选举做准备的，同时，向外界展示了安人运全党上下的团结一致。经济实力提升奠定的较高民意基础和反对党派力量的薄弱，使安哥拉人民解放运动的执政地位稳固。

二 遭受国际石油价格下跌冲击

2014 年对安哥拉经济造成最大影响的事件莫过于下半年的国际油价大跌，由 2014 年 6 月的每桶 110.64 美元“急挫”至 12 月的 57.91 美元。与此同时，根据联合国工业发展组织 2014 年发布的《世界矿业和公用事业统计》（*World Statistics on Mining and Utilities*）报告，安哥拉的采矿及采石业仍然占据其经济比重的 50% 以上，其中石油行业对于安哥拉国内生产总值的贡献率占到 40% 以上，石油收入也占到安哥拉政府财政收入的 60% 以上，国际油价的大跌及短期内的持续低迷，造成石油收入的大幅度减少，并进一步放缓 2015 年安哥拉的经济增长。

安哥拉国营石油公司（SONANGAL，以下简称“安国油”）是安哥拉最大的国有企业，根据安国油发布的年度报告，其 2014 年日产石油 167.1 万桶，同比下降 2.6%，利润由 2013 年的 30.89 亿美元，下降至 2014 年的

---

① 安哥拉通讯社（ANGOP）网站，http://www.portalangop.co.ao/angola/en_us/noticias/politica/2014/11/1/Angola-Opposition-leaders-happy-with-Head-State-appeal，05740d46-8720-4dea-bf00-bcfc662ea228.html。

② 安哥拉通讯社（ANGOP）网站，http://www.portalangop.co.ao/angola/en_us/noticias/politica/2014/11/52/Parlamentary-debate-reinforced，1312b097-1f98-41e4-8e04-b0361a07614f.html。

7.103 亿美元，跌幅达 77%。英国石油公司（BP）发布的《2015 年 BP 世界能源统计年鉴》显示，安哥拉 2014 年日产石油 171.2 万桶，同比下降 4.9%。安哥拉财政部的数据也显示，2014 年安哥拉石油出口提供约 275 亿美元的收入，与 2013 年相比下跌了 50 亿美元。

石油价格下跌带来的冲击也影响到了安哥拉的重建和基础设施工程。2014 年，安哥拉建设部原本计划建造和重修道路 3500 公里，但受到财政限制，实际完成额刚达到 1100 公里。[①]

2014 年，安哥拉的国内生产总值年增长率为 3.9%，基本与前一年持平（见表 1），按居民消费价格指数计通胀年增率为 7.28%，是 10 年间的最低值（见表 2），国民总收入达到 1188.6 亿美元，同比增长 8.8%，并没有出现像 2009 年那样的负增长（见表 3）。

表 1　2005～2014 年安哥拉国内生产总值（GDP）年增长率

单位：%

年份	2005	2006	2007	2008	2009	2010	2011	2012	2013	2014
GDP 年增长率	18.26	20.74	22.59	13.82	2.41	3.41	3.4	6.83	4.06	3.9

资料来源：世界银行网站，http：//data.worldbank.org/。

表 2　2005～2014 年安哥拉按居民消费价格指数（CPI）计通胀年增率

单位：%

年份	2005	2006	2007	2008	2009	2010	2011	2012	2013	2014
按 CPI 计通胀年增率	22.96	13.3	12.25	12.47	13.73	14.47	13.47	10.29	8.78	7.28

资料来源：世界银行网站，http：//data.worldbank.org/。

① Macau hub 网站，http：//www.macauhub.com.mo/cn/2014/11/28/2014 年安哥拉重修 1000 公里道路/。

社长致辞

我们是图书出版者，更是人文社会科学内容资源供应商；

我们背靠中国社会科学院，面向中国与世界人文社会科学界，坚持为人文社会科学的繁荣与发展服务；

我们精心打造权威信息资源整合平台，坚持为中国经济与社会的繁荣与发展提供决策咨询服务；

我们以读者定位自身，立志让爱书人读到好书，让求知者获得知识；

我们精心编辑、设计每一本好书以形成品牌张力，以优秀的品牌形象服务读者，开拓市场；

我们始终坚持“创社科经典，出传世文献”的经营理念，坚持“权威、前沿、原创”的产品特色；

我们“以人为本”，提倡阳光下创业，员工与企业共享发展之成果；

我们立足于现实，认真对待我们的优势、劣势，我们更着眼于未来，以不断的学习与创新适应不断变化的世界，以不断的努力提升自己的实力；

我们愿与社会各界友好合作，共享人文社会科学发展之成果，共同推动中国学术出版乃至内容产业的繁荣与发展。

社会科学文献出版社社长

中国社会学会秘书长

谢寿光

2016年1月

社会科学文献出版社成立于1985年，是直属于中国社会科学院的人文社会科学专业学术出版机构。

成立以来，特别是1998年实施第二次创业以来，依托于中国社会科学院丰厚的学术出版和专家学者两大资源，坚持“创社科经典，出传世文献”的出版理念和“权威、前沿、原创”的产品定位，社科文献立足内涵式发展道路，从战略层面推动学术出版五大能力建设，逐步走上了智库产品与专业学术成果系列化、规模化、数字化、国际化、市场化发展的经营道路。

先后策划出版了著名的图书品牌和学术品牌“皮书”系列、“列国志”、“社科文献精品译库”、“全球化译丛”、“全面深化改革研究书系”、“近世中国”、“甲骨文”、“中国史话”等一大批既有学术影响又有市场价值的系列图书，形成了较强的学术出版能力和资源整合能力。2015年社科文献出版社发稿5.5亿字，出版图书约2000种，承印发行中国社科院院属期刊74种，在多项指标上都实现了较大幅度的增长。

凭借着雄厚的出版资源整合能力，社科文献出版社长期以来一直致力于从内容资源和数字平台两个方面实现传统出版的再造，并先后推出了皮书数据库、列国志数据库、“一带一路”数据库、中国田野调查数据库、台湾大陆同乡会数据库等一系列数字产品。数字出版已经初步形成了产品设计、内容开发、编辑标引、产品运营、技术支持、营销推广等全流程体系。

在国内原创著作、国外名家经典著作大量出版，数字出版突飞猛进的同时，社科文献出版社从构建国际话语体系的角度推动学术出版国际化。先后与斯普林格、博睿、牛津、剑桥等十余家国际出版机构合作面向海外推出了“皮书系列”“改革开放30年研究书系”“中国梦与中国发展道路研究丛书”“全面深化改革研究书系”等一系列在世界范围内引起强烈反响的作品；并持续致力于中国学术出版走出去，组织学者和编辑参加国际书展，筹办国际性学术研讨会，向世界展示中国学者的学术水平和研究成果。

此外，社科文献出版社充分利用网络媒体平台，积极与中央和地方各类媒体合作，并联合大型书店、学术书店、机场书店、网络书店、图书馆，逐步构建起了强大的学术图书内容传播平台。学术图书的媒体曝光率居全国之首，图书馆藏率居于全国出版机构前十位。

上述诸多成绩的取得，有赖于一支以年轻的博士、硕士为主体，一批从中国社科院刚退出科研一线的各学科专家为支撑的300多位高素质的编辑、出版和营销队伍，为我们实现学术立社，以学术品位、学术价值来实现经济效益和社会效益这样一个目标的共同努力。

作为已经开启第三次创业梦想的人文社会科学学术出版机构，我们将以改革发展为动力，以学术资源建设为中心，以构建智慧型出版社为主线，以“整合、专业、分类、协同、持续”为各项工作指导原则，全力推进出版社数字化转型，坚定不移地走专业化、数字化、国际化发展道路，全面提升出版社核心竞争力，为实现“社科文献梦”奠定坚实基础。

经 济 类

经济类皮书涵盖宏观经济、城市经济、大区域经济，
提供权威、前沿的分析与预测

经济蓝皮书

2016 年中国经济形势分析与预测

李　扬 / 主编　　2015 年 12 月出版　　定价 :79.00 元

◆　本书为总理基金项目，由著名经济学家李扬领衔，联合中国社会科学院等数十家科研机构、国家部委和高等院校的专家共同撰写，系统分析了 2015 年的中国经济形势并预测 2016 年我国经济运行情况。

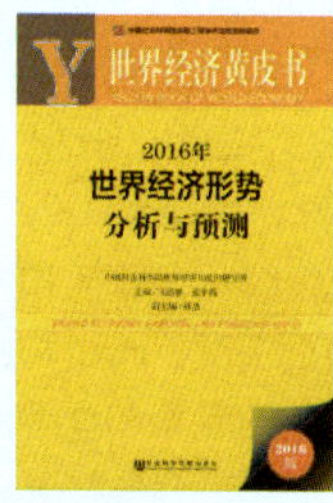

世界经济黄皮书

2016 年世界经济形势分析与预测

王洛林　张宇燕 / 主编　　2015 年 12 月出版　　定价 :79.00 元

◆　本书由中国社会科学院世界经济与政治研究所的研究团队撰写，2015 年世界经济增长继续放缓，增长格局也继续分化，发达经济体与新兴经济体之间的增长差距进一步收窄。2016 年世界经济增长形势不容乐观。

产业蓝皮书

中国产业竞争力报告（2016）NO.6

张其仔 / 主编　　2016 年 12 月出版　　估价 :98.00 元

◆　本书由中国社会科学院工业经济研究所研究团队在深入实际、调查研究的基础上完成。通过运用丰富的数据资料和最新的测评指标，从学术性、系统性、预测性上分析了 2015 年中国产业竞争力，并对未来发展趋势进行了预测。

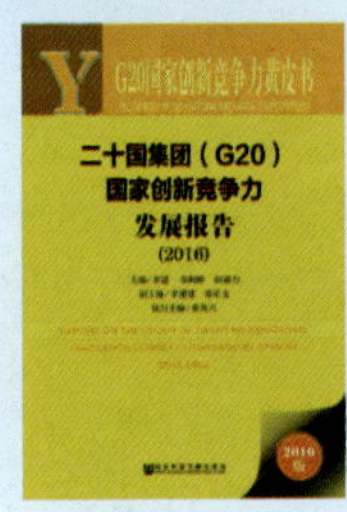

G20 国家创新竞争力黄皮书

二十国集团（G20）国家创新竞争力发展报告（2016）

李建平　李闽榕　赵新力 / 主编　　2016 年 11 月出版　估价 :138.00 元

◆　本报告在充分借鉴国内外研究者的相关研究成果的基础上，紧密跟踪技术经济学、竞争力经济学、计量经济学等学科的最新研究动态，深入分析 G20 国家创新竞争力的发展水平、变化特征、内在动因及未来趋势，同时构建了 G20 国家创新竞争力指标体系及数学模型。

国际城市蓝皮书

国际城市发展报告（2016）

屠启宇 / 主编　　2016 年 1 月出版　　估价 :79.00 元

◆　本书作者以上海社会科学院从事国际城市研究的学者团队为核心，汇集同济大学、华东师范大学、复旦大学、上海交通大学、南京大学、浙江大学相关城市研究专业学者。立足动态跟踪介绍国际城市发展实践中，最新出现的重大战略、重大理念、重大项目、重大报告和最佳案例。

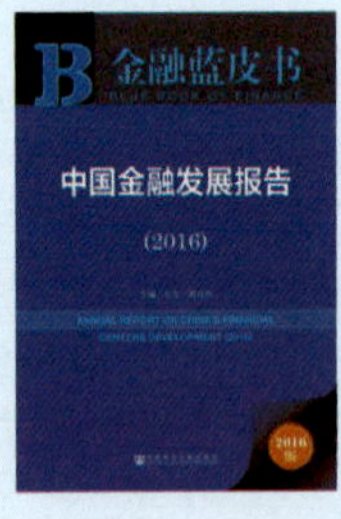

金融蓝皮书

中国金融发展报告（2016）

李　扬　王国刚 / 主编　2015 年 12 月出版　定价 :79.00 元

◆　本书由中国社会科学院金融研究所组织编写，概括和分析了 2015 年中国金融发展和运行中的各方面情况，研讨和评论了 2015 年发生的主要金融事件。本书由业内专家和青年精英联合编著，有利于读者了解掌握 2015 年中国的金融状况，把握 2016 年中国金融的走势。

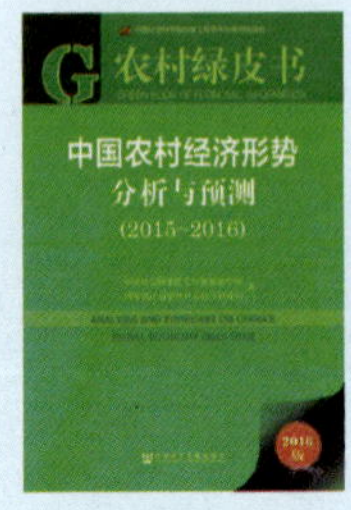

农村绿皮书

中国农村经济形势分析与预测（2015 ~ 2016）

中国社会科学院农村发展研究所　国家统计局农村社会经济调查司 / 著
2016 年 4 月出版　估价 :69.00 元

◆　本书描述了 2015 年中国农业农村经济发展的一些主要指标和变化，以及对 2016 年中国农业农村经济形势的一些展望和预测。

西部蓝皮书

中国西部发展报告（2016）

姚慧琴　徐璋勇 / 主编　　2016 年 7 月出版　　估价 :89.00 元

◆　本书由西北大学中国西部经济发展研究中心主编，汇集了源自西部本土以及国内研究西部问题的权威专家的第一手资料，对国家实施西部大开发战略进行年度动态跟踪，并对 2016 年西部经济、社会发展态势进行预测和展望。

民营经济蓝皮书

中国民营经济发展报告 No.12（2015 ~ 2016）

王钦敏 / 主编　2016 年 1 月出版　估价 :75.00 元

◆　改革开放以来，民营经济从无到有、从小到大，是最具活力的增长极。本书是中国工商联课题组的研究成果，对 2015 年度中国民营经济的发展现状、趋势进行了详细的论述，并提出了合理的建议。是广大民营企业进行政策咨询、科学决策和理论创新的重要参考资料，也是理论工作者进行理论研究的重要参考资料。

经济蓝皮书夏季号

中国经济增长报告（2015 ~ 2016）

李　扬 / 主编　2016 年 8 月出版　估价 :69.00 元

◆　中国经济增长报告主要探讨 2015~2016 年中国经济增长问题，以专业视角解读中国经济增长，力求将其打造成一个研究中国经济增长、服务宏微观各级决策的周期性、权威性读物。

中三角蓝皮书

长江中游城市群发展报告（2016）

秦尊文 / 主编　2016 年 10 月出版　估价 :69.00 元

◆　本书是湘鄂赣皖四省专家学者共同研究的成果，从不同角度、不同方位记录和研究长江中游城市群一体化，提出对策措施，以期为将“中三角”打造成为继珠三角、长三角、京津冀之后中国经济增长第四极奉献学术界的聪明才智。

社会政法类

社会政法类皮书聚焦社会发展领域的热点、难点问题，提供权威、原创的资讯与视点

社会蓝皮书

2016 年中国社会形势分析与预测

李培林　陈光金　张　翼 / 主编　2015 年 12 月出版　定价 :79.00 元

◆　本书由中国社会科学院社会学研究所组织研究机构专家、高校学者和政府研究人员撰写，聚焦当下社会热点，对 2015 年中国社会发展的各个方面内容进行了权威解读，同时对 2016 年社会形势发展趋势进行了预测。

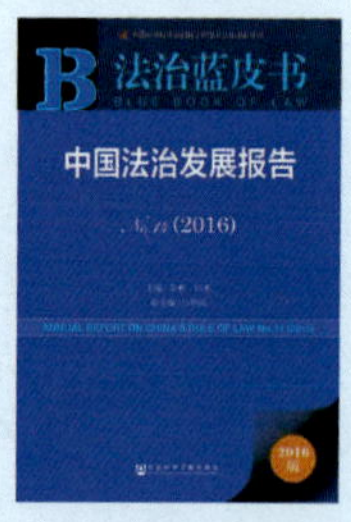

法治蓝皮书

中国法治发展报告 No.14（2016）

李　林　田　禾 / 主编　　2016 年 3 月出版　　估价 :105.00 元

◆　本年度法治蓝皮书回顾总结了 2015 年度中国法治发展取得的成就和存在的不足，并对 2016 年中国法治发展形势进行了预测和展望。

反腐倡廉蓝皮书

中国反腐倡廉建设报告 No.6

李秋芳　张英伟 / 主编　2017 年 1 月出版　　估价 :79.00 元

◆　本书抓住了若干社会热点和焦点问题，全面反映了新时期新阶段中国反腐倡廉面对的严峻局面，以及中国共产党反腐倡廉建设的新实践新成果。根据实地调研、问卷调查和舆情分析，梳理了当下社会普遍关注的与反腐败密切相关的热点问题。

生态城市绿皮书

中国生态城市建设发展报告（2016）

刘举科　孙伟平　胡文臻 / 主编　2016 年 6 月出版　估价 :98.00 元

◆　报告以绿色发展、循环经济、低碳生活、民生宜居为理念，以更新民众观念、提供决策咨询、指导工程实践、引领绿色发展为宗旨，试图探索一条具有中国特色的城市生态文明建设新路。

公共服务蓝皮书

中国城市基本公共服务力评价（2016）

钟　君　吴正杲 / 主编　2016 年 12 月出版　估价 :79.00 元

◆　中国社会科学院经济与社会建设研究室与华图政信调查组成联合课题组，从 2010 年开始对基本公共服务力进行研究，研创了基本公共服务力评价指标体系，为政府考核公共服务与社会管理工作提供了理论工具。

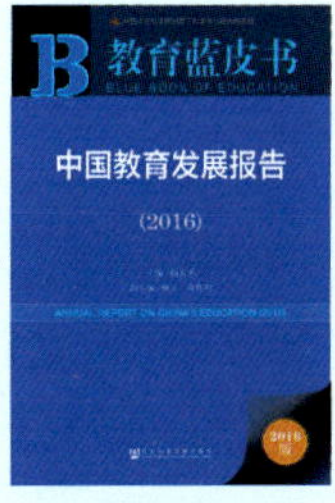

教育蓝皮书

中国教育发展报告（2016）

杨东平 / 主编　2016 年 5 月出版　估价 :79.00 元

◆　本书由国内的中青年教育专家合作研究撰写。深度剖析 2015 年中国教育的热点话题，并对当下中国教育中出现的问题提出对策建议。

生态文明绿皮书

中国省域生态文明建设评价报告（ECI 2016）

严耕 / 主编　2016 年 12 月出版　估价 :85.00 元

◆　本书基于国家最新发布的权威数据，对我国的生态文明建设状况进行科学评价，并开展相应的深度分析，结合中央的政策方针和各省的具体情况，为生态文明建设推进，提出针对性的政策建议。

行业报告类

行业报告类皮书立足重点行业、新兴行业领域，
提供及时、前瞻的数据与信息

房地产蓝皮书

中国房地产发展报告 No.13（2016）

魏后凯　李景国 / 主编　　2016 年 5 月出版　　估价 :79.00 元

◆　蓝皮书秉承客观公正、科学中立的宗旨和原则，追踪 2015 年我国房地产市场最新资讯，深度分析，剖析因果，谋划对策，并对 2016 年房地产发展趋势进行了展望。

旅游绿皮书

2015 ~ 2016 年中国旅游发展分析与预测

宋　瑞 / 主编　　2016 年 1 出版　　估价 :98.00 元

◆　本书中国社会科学院旅游研究中心组织相关专家编写的年度研究报告，对 2015 年旅游行业的热点问题进行了全面的综述并提出专业性建议，并对 2016 年中国旅游的发展趋势进行展望。

互联网金融蓝皮书

中国互联网金融发展报告（2016）

李东荣 / 主编　　2016 年 8 月出版　　估价 :79.00 元

◆　近年来，许多基于互联网的金融服务模式应运而生并对传统金融业产生了深刻的影响和巨大的冲击，“互联网金融”成为社会各界关注的焦点。本书探析了 2015 年互联网金融的特点和 2016 年互联网金融的发展方向和亮点。

资产管理蓝皮书

中国资产管理行业发展报告（2016）

智信资产管理研究院 / 编著　　2016 年 6 月出版　　估价 :89.00 元

◆ 中国资产管理行业刚刚兴起，未来将中国金融市场最有看点的行业，也会成为快速发展壮大的行业。本书主要分析了 2015 年度资产管理行业的发展情况，同时对资产管理行业的未来发展做出科学的预测。

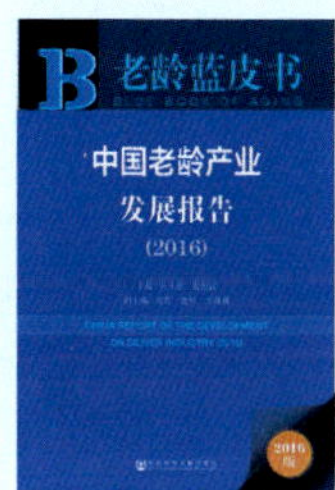

老龄蓝皮书

中国老龄产业发展报告（2016）

吴玉韶 党俊武 / 编著
2016 年 9 月出版　估价 :79.00 元

◆ 本书着眼于对中国老龄产业的发展给予系统介绍，深入解析，并对未来发展趋势进行预测和展望，力求从不同视角、不同层面全面剖析中国老龄产业发展的现状、取得的成绩、存在的问题以及重点、难点等。

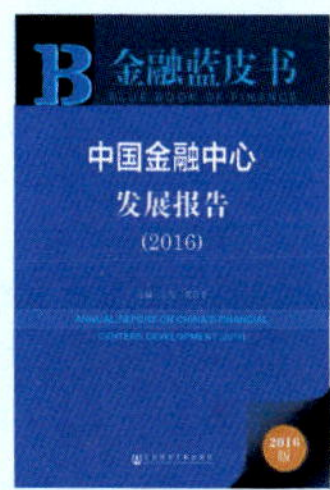

金融蓝皮书

中国金融中心发展报告（2016）

王　力　黄育华 / 编著　　2017 年 11 月出版　　估价 :75.00 元

◆ 本报告将提升中国金融中心城市的金融竞争力作为研究主线，全面、系统、连续地反映和研究中国金融中心城市发展和改革的最新进展，展示金融中心理论研究的最新成果。

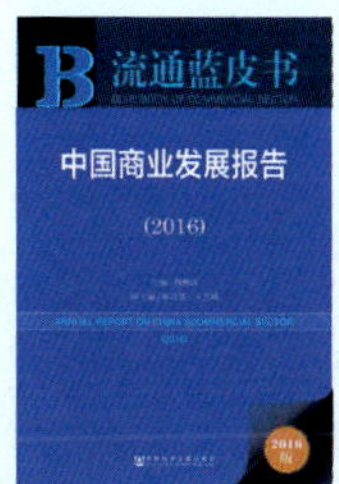

流通蓝皮书

中国商业发展报告（2016）

荆林波 / 编著　2016 年 5 月出版　　估价 :89.00 元

◆ 本书是中国社会科学院财经院与利丰研究中心合作的成果，从关注中国宏观经济出发，突出了中国流通业的宏观背景，详细分析了批发业、零售业、物流业、餐饮产业与电子商务等产业发展状况。

国别与地区类

国别与地区类皮书关注全球重点国家与地区，
提供全面、独特的解读与研究

美国蓝皮书

美国研究报告（2016）

黄　平　郑秉文 / 主编　2016 年 7 月出版　估价 :89.00 元

◆　本书是由中国社会科学院美国所主持完成的研究成果，它回顾了美国 2015 年的经济、政治形势与外交战略，对 2016 年以来美国内政外交发生的重大事件以及重要政策进行了较为全面的回顾和梳理。

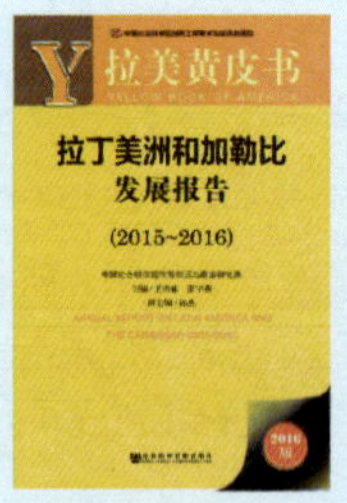

拉美黄皮书

拉丁美洲和加勒比发展报告（2015~2016）

吴白乙 / 主编　2016 年 5 月出版　估价 :89.00 元

◆　本书对 2015 年拉丁美洲和加勒比地区诸国的政治、经济、社会、外交等方面的发展情况做了系统介绍，对该地区相关国家的热点及焦点问题进行了总结和分析，并在此基础上对该地区各国 2016 年的发展前景做出预测。

日本经济蓝皮书

日本经济与中日经贸关系研究报告（2016）

王洛林　张季风 / 编著　2016 年 5 月出版　估价 :79.00 元

◆　本书系统、详细地介绍了 2015 年日本经济以及中日经贸关系发展情况，在进行了大量数据分析的基础上，对 2016 年日本经济以及中日经贸关系的大致发展趋势进行了分析与预测。

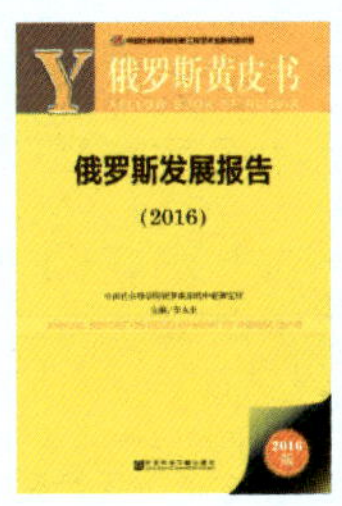

俄罗斯黄皮书

俄罗斯发展报告（2016）

李永全 / 编著　2016 年 7 月出版　估价 :79.00 元

◆　本书系统介绍了 2015 年俄罗斯经济政治情况，并对 2015 年该地区发生的焦点、热点问题进行了分析与回顾；在此基础上，对该地区 2016 年的发展前景进行了预测。

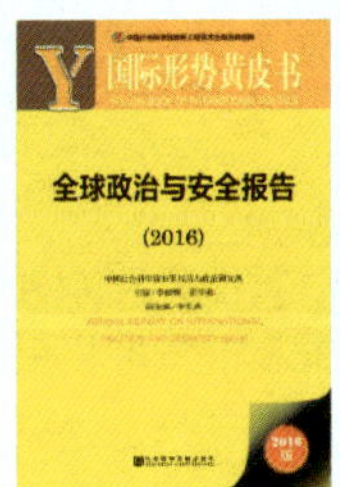

国际形势黄皮书

全球政治与安全报告（2016）

李慎明　张宇燕 / 主编　2015 年 12 月出版　定价 :69.00 元

◆　本书旨在对本年度全球政治及安全形势的总体情况、热点问题及变化趋势进行回顾与分析，并提出一定的预测及对策建议。作者通过事实梳理、数据分析、政策分析等途径，阐释了本年度国际关系及全球安全形势的基本特点，并在此基础上提出了具有启示意义的前瞻性结论。

德国蓝皮书

德国发展报告（2016）

郑春荣　伍慧萍 / 主编　2016 年 6 月出版　估价 :69.00 元

◆　本报告由同济大学德国研究所组织编撰，由该领域的专家学者对德国的政治、经济、社会文化、外交等方面的形势发展情况，进行全面的阐述与分析。

中欧关系蓝皮书

中欧关系研究报告（2016）

周弘 / 编著　2016 年 12 月出版　估价 :98.00 元

◆　本书由欧洲所暨欧洲学会推出，旨在分析、评估和预测年度中欧关系发展态势。本报告的作者均为欧洲方面的专家，他们对欧洲与中国在各个领域的发展情况进行了深入地分析和研究，对读者了解和把握中欧关系是非常有益的参考。

地方发展类

地方发展类皮书关注中国各省份、经济区域，
提供科学、多元的预判与资政信息

北京蓝皮书

北京公共服务发展报告（2015~2016）

施昌奎 / 主编　2016 年 1 月出版　估价：69.00 元

◆　本书是由北京市政府职能部门的领导、首都著名高校的教授、知名研究机构的专家共同完成的关于北京市公共服务发展与创新的研究成果。

河南蓝皮书

河南经济发展报告（2016）

河南省社会科学院 / 编著　2016 年 12 月出版　估价 :79.00 元

◆　本书以国内外经济发展环境和走向为背景，主要分析当前河南经济形势，预测未来发展趋势，全面反映河南经济发展的最新动态、热点和问题，为地方经济发展和领导决策提供参考。

京津冀蓝皮书

京津冀发展报告（2016）

文　魁　祝尔娟 / 编著　2016 年 4 月出版　估价 :89.00 元

◆　京津冀协同发展作为重大的国家战略，已进入顶层设计、制度创新和全面推进的新阶段。本书以问题为导向，围绕京津冀发展中的重要领域和重大问题，研究如何推进京津冀协同发展。

文化传媒类

文化传媒类皮书透视文化领域、文化产业，
探索文化大繁荣、大发展的路径

新媒体蓝皮书

中国新媒体发展报告 No.7（2016）

唐绪军 / 主编　　2016 年 6 月出版　　估价 :79.00 元

◆　本书是由中国社会科学院新闻与传播研究所组织编写的关于新媒体发展的最新年度报告，旨在全面分析中国新媒体的发展现状，解读新媒体的发展趋势，探析新媒体的深刻影响。

移动互联网蓝皮书

中国移动互联网发展报告（2016）

官建文 / 编著　　2016 年 6 月出版　　估价 :79.00 元

◆　本书着眼于对中国移动互联网 2015 年度的发展情况做深入解析，对未来发展趋势进行预测，力求从不同视角、不同层面全面剖析中国移动互联网发展的现状、年度突破以及热点趋势等。

文化蓝皮书

中国文化产业发展报告（2016）

张晓明　王家新　章建刚 / 主编　　2016 年 4 月出版　　估价 :79.00 元

◆　本书由中国社会科学院文化研究中心编写。从 2012 年开始，中国社会科学院文化研究中心设立了国内首个文化产业的研究类专项资金——“文化产业重大课题研究计划”，开始在全国范围内组织多学科专家学者对我国文化产业发展重大战略问题进行联合攻关研究。本书集中反映了该计划的研究成果。

经济类

G20国家创新竞争力黄皮书
二十国集团（G20）国家创新竞争力发展报告（2016）
著(编)者:李建平 李闽榕 赵新力
2016年11月出版 / 估价:138.00元

产业蓝皮书
中国产业竞争力报告（2016）NO.6
著(编)者:张其仔 2016年12月出版 / 估价:98.00元

城市创新蓝皮书
中国城市创新报告（2016）
著(编)者:周天勇 旷建伟 2016年8月出版 / 估价:69.00元

城市蓝皮书
中国城市发展报告 NO.9
著(编)者:潘家华 魏后凯 2016年9月出版 / 估价:69.00元

城市群蓝皮书
中国城市群发展指数报告（2016）
著(编)者:刘士林 刘新静 2016年10月出版 / 估价:69.00元

城乡一体化蓝皮书
中国城乡一体化发展报告（2015～2016）
著(编)者:汝信 付崇兰 2016年7月出版 / 估价:85.00元

城镇化蓝皮书
中国新型城镇化健康发展报告（2016）
著(编)者:张占斌 2016年5月出版 / 估价:79.00元

创新蓝皮书
创新型国家建设报告（2015～2016）
著(编)者:詹正茂 2016年11月出版 / 估价:69.00元

低碳发展蓝皮书
中国低碳发展报告（2016）
著(编)者:齐晔 2016年3月出版 / 估价:89.00元

低碳经济蓝皮书
中国低碳经济发展报告（2016）
著(编)者:薛进军 赵忠秀 2016年6月出版 / 估价:85.00元

东北蓝皮书
中国东北地区发展报告（2016）
著(编)者:马克 黄文艺 2016年8月出版 / 估价:79.00元

工业化蓝皮书
中国工业化进程报告（2016）
著(编)者:黄群慧 吕铁 李晓华 等
2016年11月出版 / 估价:89.00元

管理蓝皮书
中国管理发展报告（2016）
著(编)者:张晓东 2016年9月出版 / 估价:98.00元

国际城市蓝皮书
国际城市发展报告（2016）
著(编)者:屠启宇 2016年1月出版 / 估价:79.00元

国家创新蓝皮书
中国创新发展报告（2016）
著(编)者:陈劲 2016年9月出版 / 估价:69.00元

金融蓝皮书
中国金融发展报告（2016）
著(编)者:李扬 王国刚 2015年12月出版 / 定价:79.00元

京津冀产业蓝皮书
京津冀产业协同发展报告（2016）
著(编)者:中智科博（北京）产业经济发展研究院
2016年6月出版 / 估价:69.00元

京津冀蓝皮书
京津冀发展报告（2016）
著(编)者:文魁 祝尔娟 2016年4月出版 / 估价:89.00元

经济蓝皮书
2016年中国经济形势分析与预测
著(编)者:李扬 2015年12月出版 / 定价:79.00元

经济蓝皮书·春季号
2016年中国经济前景分析
著(编)者:李扬 2016年5月出版 / 估价:79.00元

经济蓝皮书·夏季号
中国经济增长报告（2015～2016）
著(编)者:李扬 2016年8月出版 / 估价:99.00元

经济信息绿皮书
中国与世界经济发展报告（2016）
著(编)者:杜平 2015年12月出版 / 定价:89.00元

就业蓝皮书
2016年中国本科生就业报告
著(编)者:麦可思研究院 2016年6月出版 / 估价:98.00元

就业蓝皮书
2016年中国高职高专生就业报告
著(编)者:麦可思研究院 2016年6月出版 / 估价:98.00元

临空经济蓝皮书
中国临空经济发展报告（2016）
著(编)者:连玉明 2016年11月出版 / 估价:79.00元

民营经济蓝皮书
中国民营经济发展报告 NO.12（2015～2016）
著(编)者:王钦敏 2016年1月出版 / 估价:75.00元

农村绿皮书
中国农村经济形势分析与预测（2015～2016）
著(编)者:中国社会科学院农村发展研究所
国家统计局农村社会经济调查司
2016年4月出版 / 估价:69.00元

农业应对气候变化蓝皮书
气候变化对中国农业影响评估报告 No.2
著(编)者:矫梅燕 2016年8月出版 / 估价:98.00元

企业公民蓝皮书
中国企业公民报告 NO.4
著(编)者:邹东涛 2016年1月出版 / 估价:79.00元

气候变化绿皮书
应对气候变化报告（2016）
著(编)者:王伟光 郑国光 2016年11月出版 / 估价:98.00元

区域蓝皮书
中国区域经济发展报告（2015～2016）
著(编)者:梁昊光 2016年5月出版 / 估价:79.00元

全球环境竞争力绿皮书
全球环境竞争力报告（2016）
著(编)者:李建平 李闽榕 王金南
2016年12月出版 / 估价:198.00元

人口与劳动绿皮书
中国人口与劳动问题报告 NO.17
著(编)者:蔡昉 张车伟 2016年11月出版 / 估价:69.00元

商务中心区蓝皮书
中国商务中心区发展报告 NO.2（2016）
著(编)者:魏后凯 李国红 2016年1月出版 / 估价:89.00元

世界经济黄皮书
2016年世界经济形势分析与预测
著(编)者:王洛林 张宇燕 2015年12月出版 / 定价:79.00元

世界旅游城市绿皮书
世界旅游城市发展报告（2016）
著(编)者:鲁勇 周正宇 宋宇 2016年6月出版 / 估价:88.00元

西北蓝皮书
中国西北发展报告（2016）
著(编)者:孙发平 苏海红 鲁顺元
2015年12月出版 / 估价:79.00元

西部蓝皮书
中国西部发展报告（2016）
著(编)者:姚慧琴 徐璋勇 2016年7月出版 / 估价:89.00元

县域发展蓝皮书
中国县域经济增长能力评估报告（2016）
著(编)者:王力 2016年10月出版 / 估价:69.00元

新型城镇化蓝皮书
新型城镇化发展报告（2016）
著(编)者:李伟 宋敏 沈体雁 2016年11月出版 / 估价:98.00元

新兴经济体蓝皮书
金砖国家发展报告（2016）
著(编)者:林跃勤 周文 2016年7月出版 / 估价:79.00元

长三角蓝皮书
2016年全面深化改革中的长三角
著(编)者:张伟斌 2016年10月出版 / 估价:69.00元

中部竞争力蓝皮书
中国中部经济社会竞争力报告（2016）
著(编)者:教育部人文社会科学重点研究基地
南昌大学中国中部经济社会发展研究中心
2016年10月出版 / 估价:79.00元

中部蓝皮书
中国中部地区发展报告（2016）
著(编)者:宋亚平 2016年12月出版 / 估价:78.00元

中国省域竞争力蓝皮书
中国省域经济综合竞争力发展报告（2015～2016）
著(编)者:李建平 李闽榕 高燕京
2016年2月出版 / 估价:198.00元

中三角蓝皮书
长江中游城市群发展报告（2016）
著(编)者:秦尊文 2016年10月出版 / 估价:69.00元

中小城市绿皮书
中国中小城市发展报告（2016）
著(编)者:中国城市经济学会中小城市经济发展委员会
中国城镇化促进会中小城市发展委员会
《中国中小城市发展报告》编纂委员会
中小城市发展战略研究院
2016年10月出版 / 估价:98.00元

中原蓝皮书
中原经济区发展报告（2016）
著(编)者:李英杰 2016年6月出版 / 估价:88.00元

自贸区蓝皮书
中国自贸区发展报告（2016）
著(编)者:王力 王吉培 2016年10月出版 / 估价:69.00元

社会政法类

北京蓝皮书
中国社区发展报告（2016）
著(编)者:于燕燕 2017年2月出版 / 估价:79.00元

殡葬绿皮书
中国殡葬事业发展报告（2016）
著(编)者:李伯森 2016年4月出版 / 估价:158.00元

城市管理蓝皮书
中国城市管理报告（2016）
著(编)者:谭维克 刘林 2017年2月出版 / 估价:118.00元

城市生活质量蓝皮书
中国城市生活质量报告（2016）
著(编)者:张连城 张平 杨春学 郎丽华
2016年7月出版 / 估价:89.00元

城市政府能力蓝皮书
中国城市政府公共服务能力评估报告（2016）
著(编)者:何艳玲　2016年7月出版 / 估价:69.00元

创新蓝皮书
中国创业环境发展报告（2016）
著(编)者:姚凯 曹祎遐　2016年1月出版 / 估价:69.00元

慈善蓝皮书
中国慈善发展报告（2016）
著(编)者:杨团　2016年6月出版 / 估价:79.00元

地方法治蓝皮书
中国地方法治发展报告 NO.2（2016）
著(编)者:李林 田禾　2016年1月出版 / 估价:98.00元

法治蓝皮书
中国法治发展报告 NO.14（2016）
著(编)者:李林 田禾　2016年3月出版 / 估价:105.00元

反腐倡廉蓝皮书
中国反腐倡廉建设报告 NO.6
著(编)者:李秋芳 张英伟　2017年1月出版 / 估价:79.00元

非传统安全蓝皮书
中国非传统安全研究报告（2015～2016）
著(编)者:余潇枫 魏志江　2016年5月出版 / 估价:79.00元

妇女发展蓝皮书
中国妇女发展报告 NO.6
著(编)者:王金玲　2016年9月出版 / 估价:148.00元

妇女教育蓝皮书
中国妇女教育发展报告 NO.3
著(编)者:张李玺　2016年10月出版 / 估价:78.00元

妇女绿皮书
中国性别平等与妇女发展报告（2016）
著(编)者:谭琳　2016年12月出版 / 估价:99.00元

公共服务蓝皮书
中国城市基本公共服务力评价（2016）
著(编)者:钟君 吴正杲　2016年12月出版 / 估价:79.00元

公共管理蓝皮书
中国公共管理发展报告（2016）
著(编)者:贡森 李国强 杨维富
2016年4月出版 / 估价:69.00元

公共外交蓝皮书
中国公共外交发展报告（2016）
著(编)者:赵启正 雷蔚真　2016年4月出版 / 估价:89.00元

公民科学素质蓝皮书
中国公民科学素质报告（2016）
著(编)者:李群 许佳军　2016年3月出版 / 估价:79.00元

公益蓝皮书
中国公益发展报告（2016）
著(编)者:朱健刚　2016年5月出版 / 估价:78.00元

国际人才蓝皮书
海外华侨华人专业人士报告（2016）
著(编)者:王辉耀 苗绿　2016年8月出版 / 估价:69.00元

国际人才蓝皮书
中国国际移民报告（2016）
著(编)者:王辉耀　2016年2月出版 / 估价:79.00元

国际人才蓝皮书
中国海归发展报告（2016）NO.3
著(编)者:王辉耀 苗绿　2016年10月出版 / 估价:69.00元

国际人才蓝皮书
中国留学发展报告（2016）NO.5
著(编)者:王辉耀 苗绿　2016年10月出版 / 估价:79.00元

国家公园蓝皮书
中国国家公园体制建设报告（2016）
著(编)者:苏杨 张玉钧 石金莲 刘锋 等
2016年10月出版 / 估价:69.00元

海洋社会蓝皮书
中国海洋社会发展报告（2016）
著(编)者:崔凤 宋宁而　2016年7月出版 / 估价:89.00元

行政改革蓝皮书
中国行政体制改革报告（2016）NO.5
著(编)者:魏礼群　2016年4月出版 / 估价:98.00元

华侨华人蓝皮书
华侨华人研究报告（2016）
著(编)者:贾益民　2016年12月出版 / 估价:98.00元

环境竞争力绿皮书
中国省域环境竞争力发展报告（2016）
著(编)者:李建平 李闽榕 王金南
2016年11月出版 / 估价:198.00元

环境绿皮书
中国环境发展报告（2016）
著(编)者:刘鉴强　2016年5月出版 / 估价:79.00元

基金会蓝皮书
中国基金会发展报告（2016）
著(编)者:刘忠祥　2016年4月出版 / 估价:69.00元

基金会绿皮书
中国基金会发展独立研究报告（2016）
著(编)者:基金会中心网 中央民族大学基金会研究中心
2016年6月出版 / 估价:88.00元

基金会透明度蓝皮书
中国基金会透明度发展研究报告（2016）
著(编)者:基金会中心网 清华大学廉政与治理研究中心
2016年9月出版 / 估价:85.00元

教师蓝皮书
中国中小学教师发展报告（2016）
著(编)者:曾晓东 鱼霞　2016年6月出版 / 估价:69.00元

教育蓝皮书
中国教育发展报告（2016）
著(编)者:杨东平　2016年5月出版 / 估价:79.00元

科普蓝皮书
中国科普基础设施发展报告（2016）
著(编)者:任福君　2016年6月出版 / 估价:69.00元

科学教育蓝皮书
中国科学教育发展报告（2016）
著(编)者:罗晖 王康友　2016年10月出版 / 估价:79.00元

劳动保障蓝皮书
中国劳动保障发展报告（2016）
著(编)者:刘燕斌　2016年8月出版 / 估价:158.00元

连片特困区蓝皮书
中国连片特困区发展报告（2016）
著(编)者:游俊 冷志明 丁建军
2016年3月出版 / 估价:98.00元

民间组织蓝皮书
中国民间组织报告（2016）
著(编)者:黄晓勇　2016年12月出版 / 估价:79.00元

民调蓝皮书
中国民生调查报告（2016）
著(编)者:谢耘耕　2016年5月出版 / 估价:128.00元

民族发展蓝皮书
中国民族发展报告（2016）
著(编)者:郝时远 王延中 王希恩
2016年4月出版 / 估价:98.00元

女性生活蓝皮书
中国女性生活状况报告 NO.10（2016）
著(编)者:韩湘景　2016年4月出版 / 估价:79.00元

汽车社会蓝皮书
中国汽车社会发展报告（2016）
著(编)者:王俊秀　2016年1月出版 / 估价:69.00元

青年蓝皮书
中国青年发展报告（2016）NO.4
著(编)者:廉思 等　2016年4月出版 / 估价:69.00元

青少年蓝皮书
中国未成年人互联网运用报告（2016）
著(编)者:李文革 沈杰 季为民
2016年11月出版 / 估价:89.00元

青少年体育蓝皮书
中国青少年体育发展报告（2016）
著(编)者:郭建军 杨桦　2016年9月出版 / 估价:69.00元

区域人才蓝皮书
中国区域人才竞争力报告 NO.2
著(编)者:桂昭明 王辉耀
2016年6月出版 / 估价:69.00元

群众体育蓝皮书
中国群众体育发展报告（2016）
著(编)者:刘国永 杨桦　2016年10月出版 / 估价:69.00元

人才蓝皮书
中国人才发展报告（2016）
著(编)者:潘晨光　2016年9月出版 / 估价:85.00元

人权蓝皮书
中国人权事业发展报告 NO.6（2016）
著(编)者:李君如　2016年9月出版 / 估价:128.00元

社会保障绿皮书
中国社会保障发展报告（2016）NO.8
著(编)者:王延中　2016年4月出版 / 估价:99.00元

社会工作蓝皮书
中国社会工作发展报告（2016）
著(编)者:民政部社会工作研究中心
2016年8月出版 / 估价:79.00元

社会管理蓝皮书
中国社会管理创新报告 NO.4
著(编)者:连玉明　2016年11月出版 / 估价:89.00元

社会蓝皮书
2016年中国社会形势分析与预测
著(编)者:李培林 陈光金 张翼
2015年12月出版 / 定价:79.00元

社会体制蓝皮书
中国社会体制改革报告（2016）NO.4
著(编)者:龚维斌　2016年4月出版 / 估价:79.00元

社会心态蓝皮书
中国社会心态研究报告（2016）
著(编)者:王俊秀 杨宜音　2016年10月出版 / 估价:69.00元

社会组织蓝皮书
中国社会组织评估发展报告（2016）
著(编)者:徐家良 廖鸿　2016年12月出版 / 估价:69.00元

生态城市绿皮书
中国生态城市建设发展报告（2016）
著(编)者:刘举科 孙伟平 胡文臻
2016年9月出版 / 估价:148.00元

生态文明绿皮书
中国省域生态文明建设评价报告（ECI 2016）
著(编)者:严耕　2016年12月出版 / 估价:85.00元

世界社会主义黄皮书
世界社会主义跟踪研究报告（2015～2016）
著(编)者:李慎明　2016年4月出版 / 估价:258.00元

水与发展蓝皮书
中国水风险评估报告（2016）
著(编)者:王浩　2016年9月出版 / 估价:69.00元

体育蓝皮书
长三角地区体育产业发展报告（2016）
著(编)者:张林　2016年4月出版 / 估价:79.00元

体育蓝皮书
中国公共体育服务发展报告（2016）
著(编)者:戴健　2016年12月出版 / 估价:79.00元

土地整治蓝皮书
中国土地整治发展研究报告 NO.3
著(编)者:国土资源部土地整治中心
2016年5月出版 / 估价:89.00元

土地政策蓝皮书
中国土地政策发展报告（2016）
著(编)者:高延利 李宪文 唐健
2016年12月出版 / 估价:69.00元

危机管理蓝皮书
中国危机管理报告（2016）
著(编)者:文学国 范正青　2016年8月出版 / 估价:89.00元

形象危机应对蓝皮书
形象危机应对研究报告（2016）
著(编)者:唐钧　2016年6月出版 / 估价:149.00元

医改蓝皮书
中国医药卫生体制改革报告（2016）
著(编)者:文学国 房志武　2016年11月出版 / 估价:98.00元

医疗卫生绿皮书
中国医疗卫生发展报告 NO.7（2016）
著(编)者:申宝忠 韩玉珍　2016年4月出版 / 估价:75.00元

政治参与蓝皮书
中国政治参与报告（2016）
著(编)者:房宁　2016年7月出版 / 估价:108.00元

政治发展蓝皮书
中国政治发展报告（2016）
著(编)者:房宁 杨海蛟　2016年5月出版 / 估价:88.00元

智慧社区蓝皮书
中国智慧社区发展报告（2016）
著(编)者:罗昌智 张辉德　2016年7月出版 / 估价:69.00元

中国农村妇女发展蓝皮书
农村流动女性城市生活发展报告（2016）
著(编)者:谢丽华　2016年12月出版 / 估价:79.00元

宗教蓝皮书
中国宗教报告（2016）
著(编)者:邱永辉　2016年5月出版 / 估价:79.00元

行业报告类

保健蓝皮书
中国保健服务产业发展报告 NO.2
著(编)者:中国保健协会 中共中央党校
2016年7月出版 / 估价:198.00元

保健蓝皮书
中国保健食品产业发展报告 NO.2
著(编)者:中国保健协会
中国社会科学院食品药品产业发展与监管研究中心
2016年7月出版 / 估价:198.00元

保健蓝皮书
中国保健用品产业发展报告 NO.2
著(编)者:中国保健协会
国务院国有资产监督管理委员会研究中心
2016年2月出版 / 估价:198.00元

保险蓝皮书
中国保险业创新发展报告（2016）
著(编)者:项俊波　2016年12月出版 / 估价:69.00元

保险蓝皮书
中国保险业竞争力报告（2016）
著(编)者:项俊波　2015年12月出版 / 估价:99.00元

采供血蓝皮书
中国采供血管理报告（2016）
著(编)者:朱永明 耿鸿武　2016年8月出版 / 估价:69.00元

彩票蓝皮书
中国彩票发展报告（2016）
著(编)者:益彩基金　2016年4月出版 / 估价:98.00元

餐饮产业蓝皮书
中国餐饮产业发展报告（2016）
著(编)者:邢颖　2016年4月出版 / 估价:69.00元

测绘地理信息蓝皮书
测绘地理信息转型升级研究报告（2016）
著(编)者:库热西·买合苏提　2016年12月出版 / 估价:98.00元

茶业蓝皮书
中国茶产业发展报告（2016）
著(编)者:杨江帆 李闽榕　2016年10月出版 / 估价:78.00元

产权市场蓝皮书
中国产权市场发展报告（2015~2016）
著(编)者:曹和平　2016年5月出版 / 估价:89.00元

产业安全蓝皮书
中国出版传媒产业安全报告（2016）
著(编)者:北京印刷学院文化产业安全研究院
2016年4月出版 / 估价:69.00元

产业安全蓝皮书
中国文化产业安全报告（2016）
著(编)者:北京印刷学院文化产业安全研究院
2016年4月出版 / 估价:89.00元

产业安全蓝皮书
中国新媒体产业安全报告（2016）
著(编)者:北京印刷学院文化产业安全研究院
2016年5月出版 / 估价:69.00元

大数据蓝皮书
网络空间和大数据发展报告（2016）
著(编)者:杜平　2016年2月出版 / 估价:69.00元

电子商务蓝皮书
中国电子商务服务业发展报告 NO.3
著(编)者:荆林波 梁春晓　2016年5月出版 / 估价:69.00元

电子政务蓝皮书
中国电子政务发展报告（2016）
著(编)者:洪毅 杜平　2016年11月出版 / 估价:79.00元

杜仲产业绿皮书
中国杜仲橡胶资源与产业发展报告（2016）
著(编)者:杜红岩 胡文臻 俞锐
2016年1月出版 / 估价:85.00元

房地产蓝皮书
中国房地产发展报告 NO.13（2016）
著(编)者:魏后凯 李景国　2016年5月出版 / 估价:79.00元

服务外包蓝皮书
中国服务外包产业发展报告（2016）
著(编)者:王晓红 刘德军
2016年6月出版 / 估价:89.00元

服务外包蓝皮书
中国服务外包竞争力报告（2016）
著(编)者:王力 刘春生 黄育华
2016年11月出版 / 估价:85.00元

工业和信息化蓝皮书
世界网络安全发展报告（2016）
著(编)者:洪京一　2016年4月出版 / 估价:69.00元

工业和信息化蓝皮书
世界信息化发展报告（2016）
著(编)者:洪京一　2016年4月出版 / 估价:69.00元

工业和信息化蓝皮书
世界信息技术产业发展报告（2016）
著(编)者:洪京一　2016年4月出版 / 估价:79.00元

工业和信息化蓝皮书
世界制造业发展报告（2016）
著(编)者:洪京一　2016年4月出版 / 估价:69.00元

工业和信息化蓝皮书
移动互联网产业发展报告（2016）
著(编)者:洪京一　2016年4月出版 / 估价:79.00元

工业设计蓝皮书
中国工业设计发展报告（2016）
著(编)者:王晓红 于炜 张立群
2016年9月出版 / 估价:138.00元

互联网金融蓝皮书
中国互联网金融发展报告（2016）
著(编)者: 李东荣　2016年8月出版 / 估价:79.00元

会展蓝皮书
中外会展业动态评估年度报告（2016）
著(编)者:张敏　2016年1月出版 / 估价:78.00元

节能汽车蓝皮书
中国节能汽车产业发展报告（2016）
著(编)者:中国汽车工程研究院股份有限公司
2016年12月出版 / 估价:69.00元

金融监管蓝皮书
中国金融监管报告（2016）
著(编)者:胡滨　2016年4月出版 / 估价:89.00元

金融蓝皮书
中国金融中心发展报告（2016）
著(编)者:王力 黄育华　2017年11月出版 / 估价:75.00元

金融蓝皮书
中国商业银行竞争力报告（2016）
著(编)者:王松奇　2016年5月出版 / 估价:69.00元

经济林产业绿皮书
中国经济林产业发展报告（2016）
著(编)者:李芳东 胡文臻 乌云塔娜 杜红岩
2016年12月出版 / 估价:69.00元

客车蓝皮书
中国客车产业发展报告（2016）
著(编)者:姚蔚　2016年2月出版 / 估价:85.00元

老龄蓝皮书
中国老龄产业发展报告（2016）
著(编)者:吴玉韶 党俊武　2016年9月出版 / 估价:79.00元

流通蓝皮书
中国商业发展报告（2016）
著(编)者:荆林波　2016年5月出版 / 估价:89.00元

旅游安全蓝皮书
中国旅游安全报告（2016）
著(编)者:郑向敏 谢朝武　2016年5月出版 / 估价:128.00元

旅游绿皮书
2015～2016年中国旅游发展分析与预测
著(编)者:宋瑞　2016年1月出版 / 估价:98.00元

煤炭蓝皮书
中国煤炭工业发展报告（2016）
著(编)者:岳福斌　2016年12月出版 / 估价:79.00元

民营企业社会责任蓝皮书
中国民营企业社会责任年度报告（2016）
著(编)者:中华全国工商业联合会
2016年7月出版 / 估价:69.00元

民营医院蓝皮书
中国民营医院发展报告（2016）
著(编)者:庄一强　2016年10月出版 / 估价:75.00元

能源蓝皮书
中国能源发展报告（2016）
著(编)者:崔民选 王军生 陈义和
2016年8月出版 / 估价:79.00元

农产品流通蓝皮书
中国农产品流通产业发展报告（2016）
著(编)者:贾敬敦 张东科 张玉玺 张鹏毅 周伟
2016年1月出版 / 估价:89.00元

期货蓝皮书
中国期货市场发展报告(2016)
著(编)者:李群 王在荣　2016年11月出版 / 估价:69.00元

企业公益蓝皮书
中国企业公益研究报告（2016）
著(编)者:钟宏武 汪杰 顾一 黄晓娟 等
2016年12月出版 / 估价:69.00元

企业公众透明度蓝皮书
中国企业公众透明度报告 (2016) NO.2
著(编)者:黄速建 王晓光 肖红军
2016年1月出版 / 估价:98.00元

企业国际化蓝皮书
中国企业国际化报告（2016）
著(编)者:王辉耀　2016年11月出版 / 估价:98.00元

企业蓝皮书
中国企业绿色发展报告 NO.2（2016）
著(编)者:李红玉 朱光辉　2016年8月出版 / 估价:79.00元

企业社会责任蓝皮书
中国企业社会责任研究报告（2016）
著(编)者:黄群慧 钟宏武 张蒽 等
2016年11月出版 / 估价:79.00元

企业社会责任能力蓝皮书
中国上市公司社会责任能力成熟度报告（2016）
著(编)者:肖红军 王晓光 李伟阳
2016年11月出版 / 估价:69.00元

汽车安全蓝皮书
中国汽车安全发展报告（2016）
著(编)者:中国汽车技术研究中心
2016年7月出版 / 估价:89.00元

汽车电子商务蓝皮书
中国汽车电子商务发展报告（2016）
著(编)者:中华全国工商业联合会汽车经销商商会
北京易观智库网络科技有限公司
2016年5月出版 / 估价:128.00元

汽车工业蓝皮书
中国汽车工业发展年度报告（2016）
著(编)者:中国汽车工业协会 中国汽车技术研究中心
丰田汽车（中国）投资有限公司
2016年4月出版 / 估价:128.00元

汽车蓝皮书
中国汽车产业发展报告（2016）
著(编)者:国务院发展研究中心产业经济研究部
中国汽车工程学会 大众汽车集团（中国）
2016年8月出版 / 估价:158.00元

清洁能源蓝皮书
国际清洁能源发展报告（2016）
著(编)者:苏树辉 袁国林 李玉崙
2016年11月出版 / 估价:99.00元

人力资源蓝皮书
中国人力资源发展报告（2016）
著(编)者:余兴安　2016年12月出版 / 估价:79.00元

融资租赁蓝皮书
中国融资租赁业发展报告（2015～2016）
著(编)者:李光荣 王力　2016年1月出版 / 估价:89.00元

软件和信息服务业蓝皮书
中国软件和信息服务业发展报告（2016）
著(编)者:洪京一　2016年12月出版 / 估价:198.00元

商会蓝皮书
中国商会发展报告NO.5（2016）
著(编)者:王钦敏　2016年7月出版 / 估价:89.00元

上市公司蓝皮书
中国上市公司社会责任信息披露报告（2016）
著(编)者:张旺 张杨　2016年11月出版 / 估价:69.00元

上市公司蓝皮书
中国上市公司质量评价报告（2015～2016）
著(编)者:张跃文 王力　2016年11月出版 / 估价:118.00元

设计产业蓝皮书
中国设计产业发展报告（2016）
著(编)者:陈冬亮 梁昊光　2016年3月出版 / 估价:89.00元

食品药品蓝皮书
食品药品安全与监管政策研究报告（2016）
著(编)者:唐民皓　2016年7月出版 / 估价:69.00元

世界能源蓝皮书
世界能源发展报告（2016）
著(编)者:黄晓勇　2016年6月出版 / 估价:99.00元

水利风景区蓝皮书
中国水利风景区发展报告（2016）
著(编)者:兰思仁　2016年8月出版 / 估价:69.00元

私募市场蓝皮书
中国私募股权市场发展报告（2016）
著(编)者:曹和平　2016年12月出版 / 估价:79.00元

碳市场蓝皮书
中国碳市场报告（2016）
著(编)者:宁金彪　2016年11月出版 / 估价:69.00元

体育蓝皮书
中国体育产业发展报告（2016）
著(编)者:阮伟 钟秉枢 2016年7月出版 / 估价:69.00元

投资蓝皮书
中国投资发展报告（2016）
著(编)者:谢平 2016年4月出版 / 估价:128.00元

土地市场蓝皮书
中国农村土地市场发展报告（2016）
著(编)者:李光荣 高传捷 2016年1月出版 / 估价:69.00元

网络空间安全蓝皮书
中国网络空间安全发展报告（2016）
著(编)者:惠志斌 唐涛 2016年4月出版 / 估价:79.00元

物联网蓝皮书
中国物联网发展报告（2016）
著(编)者:黄桂田 龚六堂 张全升
2016年1月出版 / 估价:69.00元

西部工业蓝皮书
中国西部工业发展报告（2016）
著(编)者:方行明 甘犁 刘方健 姜凌 等
2016年9月出版 / 估价:79.00元

西部金融蓝皮书
中国西部金融发展报告（2016）
著(编)者:李忠民 2016年8月出版 / 估价:75.00元

协会商会蓝皮书
中国行业协会商会发展报告（2016）
著(编)者:景朝阳 李勇 2016年4月出版 / 估价:99.00元

新能源汽车蓝皮书
中国新能源汽车产业发展报告（2016）
著(编)者:中国汽车技术研究中心
日产（中国）投资有限公司 东风汽车有限公司
2016年8月出版 / 估价:89.00元

新三板蓝皮书
中国新三板市场发展报告（2016）
著(编)者:王力 2016年6月出版 / 估价:69.00元

信托市场蓝皮书
中国信托业市场报告（2015～2016）
著(编)者:用益信托工作室
2016年2月出版 / 估价:198.00元

信息安全蓝皮书
中国信息安全发展报告（2016）
著(编)者:张晓东 2016年2月出版 / 估价:69.00元

信息化蓝皮书
中国信息化形势分析与预测（2016）
著(编)者:周宏仁 2016年8月出版 / 估价:98.00元

信用蓝皮书
中国信用发展报告（2016）
著(编)者:章政 田侃 2016年4月出版 / 估价:99.00元

休闲绿皮书
2016年中国休闲发展报告
著(编)者:宋瑞
2016年10月出版 / 估价:79.00元

药品流通蓝皮书
中国药品流通行业发展报告（2016）
著(编)者:佘鲁林 温再兴
2016年8月出版 / 估价:158.00元

医药蓝皮书
中国中医药产业园战略发展报告（2016）
著(编)者:裴长洪 房书亭 吴滌心
2016年3月出版 / 估价:89.00元

邮轮绿皮书
中国邮轮产业发展报告（2016）
著(编)者:汪泓 2016年10月出版 / 估价:79.00元

智能养老蓝皮书
中国智能养老产业发展报告（2016）
著(编)者:朱勇 2016年10月出版 / 估价:89.00元

中国SUV蓝皮书
中国SUV产业发展报告 （2016）
著(编)者:靳军 2016年12月出版 / 估价:69.00元

中国金融行业蓝皮书
中国债券市场发展报告（2016）
著(编)者:谢多 2016年7月出版 / 估价:69.00元

中国上市公司蓝皮书
中国上市公司发展报告（2016）
著(编)者:中国社会科学院上市公司研究中心
2016年9月出版 / 估价:98.00元

中国游戏蓝皮书
中国游戏产业发展报告（2016）
著(编)者:孙立军 刘跃军 牛兴侦
2016年4月出版 / 估价:69.00元

中国总部经济蓝皮书
中国总部经济发展报告（2015～2016）
著(编)者:赵弘 2016年9月出版 / 估价:79.00元

资本市场蓝皮书
中国场外交易市场发展报告（2016）
著(编)者:高峦 2016年8月出版 / 估价:79.00元

资产管理蓝皮书
中国资产管理行业发展报告（2016）
著(编)者:智信资产管理研究院
2016年6月出版 / 估价:89.00元

文化传媒类

传媒竞争力蓝皮书
中国传媒国际竞争力研究报告（2016）
著(编)者:李本乾 刘强
2016年11月出版 / 估价:148.00元

传媒蓝皮书
中国传媒产业发展报告（2016）
著(编)者:崔保国 2016年5月出版 / 估价:98.00元

传媒投资蓝皮书
中国传媒投资发展报告（2016）
著(编)者:张向东 谭云明
2016年6月出版 / 估价:128.00元

动漫蓝皮书
中国动漫产业发展报告（2016）
著(编)者:卢斌 郑玉明 牛兴侦
2016年7月出版 / 估价:79.00元

非物质文化遗产蓝皮书
中国非物质文化遗产发展报告（2016）
著(编)者:陈平 2016年5月出版 / 估价:98.00元

广电蓝皮书
中国广播电影电视发展报告（2016）
著(编)者:国家新闻出版广电总局发展研究中心
2016年7月出版 / 估价:98.00元

广告主蓝皮书
中国广告主营销传播趋势报告 NO.9
著(编)者:黄升民 杜国清 邵华冬 等
2016年10月出版 / 估价:148.00元

国际传播蓝皮书
中国国际传播发展报告（2016）
著(编)者:胡正荣 李继东 姬德强
2016年11月出版 / 估价:89.00元

纪录片蓝皮书
中国纪录片发展报告（2016）
著(编)者:何苏六 2016年10月出版 / 估价:79.00元

科学传播蓝皮书
中国科学传播报告（2016）
著(编)者:詹正茂 2016年7月出版 / 估价:69.00元

两岸创意经济蓝皮书
两岸创意经济研究报告（2016）
著(编)者:罗昌智 董泽平 2016年12月出版 / 估价:98.00元

两岸文化蓝皮书
两岸文化产业合作发展报告（2016）
著(编)者:胡惠林 李保宗 2016年7月出版 / 估价:79.00元

媒介与女性蓝皮书
中国媒介与女性发展报告(2015~2016)
著(编)者:刘利群 2016年8月出版 / 估价:118.00元

媒体融合蓝皮书
中国媒体融合发展报告（2016）
著(编)者:梅宁华 宋建武 2016年7月出版 / 估价:79.00元

全球传媒蓝皮书
全球传媒发展报告（2016）
著(编)者:胡正荣 李继东 唐晓芬
2016年12月出版 / 估价:79.00元

少数民族非遗蓝皮书
中国少数民族非物质文化遗产发展报告（2016）
著(编)者:肖远平（彝） 柴立（满）
2016年6月出版 / 估价:128.00元

视听新媒体蓝皮书
中国视听新媒体发展报告（2016）
著(编)者:国家新闻出版广电总局发展研究中心
2016年7月出版 / 估价:98.00元

文化创新蓝皮书
中国文化创新报告（2016）NO.7
著(编)者:于平 傅才武 2016年7月出版 / 估价:98.00元

文化建设蓝皮书
中国文化发展报告（2016）
著(编)者:江畅 孙伟平 戴茂堂
2016年4月出版 / 估价:108.00元

文化科技蓝皮书
文化科技创新发展报告（2016）
著(编)者:于平 李凤亮 2016年10月出版 / 估价:89.00元

文化蓝皮书
中国公共文化服务发展报告（2016）
著(编)者:刘新成 张永新 张旭 2016年10月出版 / 估价:98.00元

文化蓝皮书
中国公共文化投入增长测评报告（2016）
著(编)者:王亚南 2016年12月出版 / 估价:79.00元

文化蓝皮书
中国少数民族文化发展报告（2016）
著(编)者:武翠英 张晓明 任乌晶
2016年9月出版 / 估价:69.00元

文化蓝皮书
中国文化产业发展报告（2016）
著(编)者:张晓明 王家新 章建刚
2016年4月出版 / 估价:79.00元

文化蓝皮书
中国文化产业供需协调检测报告（2016）
著(编)者:王亚南 2016年2月出版 / 估价:79.00元

文化蓝皮书
中国文化消费需求景气评价报告（2016）
著(编)者:王亚南 2016年2月出版 / 估价:79.00元

文化品牌蓝皮书
中国文化品牌发展报告（2016）
著(编)者:欧阳友权　2016年4月出版 / 估价:89.00元

文化遗产蓝皮书
中国文化遗产事业发展报告（2016）
著(编)者:刘世锦　2016年3月出版 / 估价:89.00元

文学蓝皮书
中国文情报告（2015～2016）
著(编)者:白烨　2016年5月出版 / 估价:69.00元

新媒体蓝皮书
中国新媒体发展报告NO.7（2016）
著(编)者:唐绪军　2016年7月出版 / 估价:79.00元

新媒体社会责任蓝皮书
中国新媒体社会责任研究报告（2016）
著(编)者:钟瑛　2016年10月出版 / 估价:79.00元

移动互联网蓝皮书
中国移动互联网发展报告（2016）
著(编)者:官建文　2016年6月出版 / 估价:79.00元

舆情蓝皮书
中国社会舆情与危机管理报告（2016）
著(编)者:谢耘耕　2016年8月出版 / 估价:98.00元

地方发展类

安徽经济蓝皮书
芜湖创新型城市发展报告（2016）
著(编)者:张志宏　2016年4月出版 / 估价:69.00元

安徽蓝皮书
安徽社会发展报告（2016）
著(编)者:程桦　2016年4月出版 / 估价:89.00元

安徽社会建设蓝皮书
安徽社会建设分析报告（2015～2016）
著(编)者:黄家海 王开玉 蔡宪
2016年4月出版 / 估价:89.00元

澳门蓝皮书
澳门经济社会发展报告（2015～2016）
著(编)者:吴志良 郝雨凡　2016年5月出版 / 估价:79.00元

北京蓝皮书
北京公共服务发展报告（2015～2016）
著(编)者:施昌奎　2016年1月出版 / 估价:69.00元

北京蓝皮书
北京经济发展报告（2015～2016）
著(编)者:杨松　2016年6月出版 / 估价:79.00元

北京蓝皮书
北京社会发展报告（2015～2016）
著(编)者:李伟东　2016年7月出版 / 估价:79.00元

北京蓝皮书
北京社会治理发展报告（2015～2016）
著(编)者:殷星辰　2016年6月出版 / 估价:79.00元

北京蓝皮书
北京文化发展报告（2015～2016）
著(编)者:李建盛　2016年5月出版 / 估价:79.00元

北京旅游绿皮书
北京旅游发展报告（2016）
著(编)者:北京旅游学会　2016年7月出版 / 估价:88.00元

北京人才蓝皮书
北京人才发展报告（2016）
著(编)者:于淼　2016年12月出版 / 估价:128.00元

北京社会心态蓝皮书
北京社会心态分析报告（2015～2016）
著(编)者:北京社会心理研究所
2016年8月出版 / 估价:79.00元

北京社会组织管理蓝皮书
北京社会组织发展与管理（2015～2016）
著(编)者:黄江松　2016年4月出版 / 估价:78.00元

北京体育蓝皮书
北京体育产业发展报告（2016）
著(编)者:钟秉枢 陈杰 杨铁黎
2016年10月出版 / 估价:79.00元

北京养老产业蓝皮书
北京养老产业发展报告（2016）
著(编)者:周明明 冯喜良　2016年4月出版 / 估价:69.00元

滨海金融蓝皮书
滨海新区金融发展报告（2016）
著(编)者:王爱俭 张锐钢　2016年9月出版 / 估价:79.00元

城乡一体化蓝皮书
中国城乡一体化发展报告•北京卷（2015～2016）
著(编)者:张宝秀 黄序　2016年5月出版 / 估价:79.00元

创意城市蓝皮书
北京文化创意产业发展报告（2016）
著(编)者:张京成 王国华　2016年12月出版 / 估价:69.00元

创意城市蓝皮书
青岛文化创意产业发展报告（2016）
著(编)者:马达 张丹妮　2016年6月出版 / 估价:79.00元

创意城市蓝皮书
台北文化创意产业发展报告（2016）
著(编)者:陈耀竹 邱琪瑄 2016年11月出版 / 估价:89.00元

创意城市蓝皮书
无锡文化创意产业发展报告（2016）
著(编)者:谭军 张鸣年 2016年10月出版 / 估价:79.00元

创意城市蓝皮书
武汉文化创意产业发展报告（2016）
著(编)者:黄永林 陈汉桥 2016年12月出版 / 估价:89.00元

创意城市蓝皮书
重庆创意产业发展报告（2016）
著(编)者:程宇宁 2016年4月出版 / 估价:89.00元

地方法治蓝皮书
南宁法治发展报告（2016）
著(编)者:杨维超 2016年12月出版 / 估价:69.00元

福建妇女发展蓝皮书
福建省妇女发展报告（2016）
著(编)者:刘群英 2016年11月出版 / 估价:88.00元

甘肃蓝皮书
甘肃经济发展分析与预测（2016）
著(编)者:朱智文 罗哲 2016年1月出版 / 估价:79.00元

甘肃蓝皮书
甘肃社会发展分析与预测（2016）
著(编)者:安文华 包晓霞 2016年1月出版 / 估价:79.00元

甘肃蓝皮书
甘肃文化发展分析与预测（2016）
著(编)者:安文华 周小华 2016年1月出版 / 估价:79.00元

甘肃蓝皮书
甘肃县域社会发展评价报告（2016）
著(编)者:刘进军 柳 民 王建兵
2016年1月出版 / 估价:79.00元

甘肃蓝皮书
甘肃舆情分析与预测（2016）
著(编)者:陈双梅 郝树声 2016年1月出版 / 估价:79.00元

甘肃蓝皮书
甘肃商务发展报告（2016）
著(编)者:杨志武 王福生 王晓芳
2016年1月出版 / 估价:69.00元

广东蓝皮书
广东全面深化改革发展报告（2016）
著(编)者:周林生 涂成林 2016年11月出版 / 估价:69.00元

广东蓝皮书
广东社会工作发展报告（2016）
著(编)者:罗观翠 2016年6月出版 / 估价:89.00元

广东蓝皮书
广东省电子商务发展报告（2016）
著(编)者:程晓 邓顺国 2016年7月出版 / 估价:79.00元

广东社会建设蓝皮书
广东省社会建设发展报告（2016）
著(编)者:广东省社会工作委员会
2016年12月出版 / 估价:99.00元

广东外经贸蓝皮书
广东对外经济贸易发展研究报告（2015~2016）
著(编)者:陈万灵 2016年5月出版 / 估价:89.00元

广西北部湾经济区蓝皮书
广西北部湾经济区开放开发报告（2016）
著(编)者:广西北部湾经济区规划建设管理委员会办公室
广西社会科学院广西北部湾发展研究院
2016年10月出版 / 估价:79.00元

广州蓝皮书
2016年中国广州经济形势分析与预测
著(编)者:庾建设 沈奎 谢博能 2016年6月出版 / 估价:79.00元

广州蓝皮书
2016年中国广州社会形势分析与预测
著(编)者:张强 陈怡霓 杨秦 2016年6月出版 / 估价:79.00元

广州蓝皮书
广州城市国际化发展报告（2016）
著(编)者:朱名宏 2016年11月出版 / 估价:69.00元

广州蓝皮书
广州创新型城市发展报告（2016）
著(编)者:尹涛 2016年10月出版 / 估价:69.00元

广州蓝皮书
广州经济发展报告（2016）
著(编)者:朱名宏 2016年7月出版 / 估价:69.00元

广州蓝皮书
广州农村发展报告（2016）
著(编)者:朱名宏 2016年8月出版 / 估价:69.00元

广州蓝皮书
广州汽车产业发展报告（2016）
著(编)者:杨再高 冯兴亚 2016年9月出版 / 估价:69.00元

广州蓝皮书
广州青年发展报告（2015～2016）
著(编)者:魏国华 张强 2016年7月出版 / 估价:69.00元

广州蓝皮书
广州商贸业发展报告（2016）
著(编)者:李江涛 肖振宇 荀振英
2016年7月出版 / 估价:69.00元

广州蓝皮书
广州社会保障发展报告（2016）
著(编)者:蔡国萱 2016年10月出版 / 估价:65.00元

广州蓝皮书
广州文化创意产业发展报告（2016）
著(编)者:甘新 2016年8月出版 / 估价:79.00元

广州蓝皮书
中国广州城市建设与管理发展报告（2016）
著(编)者:董皞 陈小钢 李江涛 2016年7月出版 / 估价:69.00元

广州蓝皮书
中国广州科技和信息化发展报告（2016）
著(编)者:邹采荣 马正勇 冯 元 2016年8月出版 / 估价:79.00元

广州蓝皮书
中国广州文化发展报告（2016）
著(编)者:徐俊忠 陆志强 顾涧清 2016年7月出版 / 估价:69.00元

贵阳蓝皮书
贵阳城市创新发展报告•白云篇（2016）
著(编)者:连玉明 2016年10月出版 / 估价:89.00元

贵阳蓝皮书
贵阳城市创新发展报告•观山湖篇（2016）
著(编)者:连玉明 2016年10月出版 / 估价:89.00元

贵阳蓝皮书
贵阳城市创新发展报告•花溪篇（2016）
著(编)者:连玉明 2016年10月出版 / 估价:89.00元

贵阳蓝皮书
贵阳城市创新发展报告•开阳篇（2016）
著(编)者:连玉明 2016年10月出版 / 估价:89.00元

贵阳蓝皮书
贵阳城市创新发展报告•南明篇（2016）
著(编)者:连玉明 2016年10月出版 / 估价:89.00元

贵阳蓝皮书
贵阳城市创新发展报告•清镇篇（2016）
著(编)者:连玉明 2016年10月出版 / 估价:89.00元

贵阳蓝皮书
贵阳城市创新发展报告•乌当篇（2016）
著(编)者:连玉明 2016年10月出版 / 估价:89.00元

贵阳蓝皮书
贵阳城市创新发展报告•息烽篇（2016）
著(编)者:连玉明 2016年10月出版 / 估价:89.00元

贵阳蓝皮书
贵阳城市创新发展报告•修文篇（2016）
著(编)者:连玉明 2016年10月出版 / 估价:89.00元

贵阳蓝皮书
贵阳城市创新发展报告•云岩篇（2016）
著(编)者:连玉明 2016年10月出版 / 估价:89.00元

贵州房地产蓝皮书
贵州房地产发展报告NO.3（2016）
著(编)者:武廷方 2016年6月出版 / 估价:89.00元

贵州蓝皮书
册亨经济社会发展报告(2016)
著(编)者:黄德林 2016年1月出版 / 估价:69.00元

贵州蓝皮书
贵安新区发展报告（2016）
著(编)者:马长青 吴大华 2016年4月出版 / 估价:69.00元

贵州蓝皮书
贵州法治发展报告（2016）
著(编)者:吴大华 2016年5月出版 / 估价:79.00元

贵州蓝皮书
贵州民航业发展报告（2016）
著(编)者:申振东 吴大华 2016年10月出版 / 估价:69.00元

贵州蓝皮书
贵州人才发展报告（2016）
著(编)者:于杰 吴大华 2016年9月出版 / 估价:69.00元

贵州蓝皮书
贵州社会发展报告（2016）
著(编)者:王兴骥 2016年5月出版 / 估价:79.00元

海淀蓝皮书
海淀区文化和科技融合发展报告（2016）
著(编)者:陈名杰 孟景伟 2016年5月出版 / 估价:75.00元

海峡西岸蓝皮书
海峡西岸经济区发展报告（2016）
著(编)者:福建省人民政府发展研究中心
福建省人民政府发展研究中心咨询服务中心
2016年9月出版 / 估价:65.00元

杭州都市圈蓝皮书
杭州都市圈发展报告（2016）
著(编)者:董祖德 沈翔 2016年5月出版 / 估价:89.00元

杭州蓝皮书
杭州妇女发展报告（2016）
著(编)者:魏颖 2016年4月出版 / 估价:79.00元

河北经济蓝皮书
河北省经济发展报告（2016）
著(编)者:马树强 金浩 刘兵 张贵
2016年3月出版 / 估价:89.00元

河北蓝皮书
河北经济社会发展报告（2016）
著(编)者:周文夫 2016年1月出版 / 估价:79.00元

河北食品药品安全蓝皮书
河北食品药品安全研究报告（2016）
著(编)者:丁锦霞 2016年6月出版 / 估价:79.00元

河南经济蓝皮书
2016年河南经济形势分析与预测
著(编)者:胡五岳 2016年2月出版 / 估价:69.00元

河南蓝皮书
2016年河南社会形势分析与预测
著(编)者:刘道兴 牛苏林 2016年4月出版 / 估价:69.00元

河南蓝皮书
河南城市发展报告（2016）
著(编)者:谷建全 王建国 2016年3月出版 / 估价:79.00元

河南蓝皮书
河南法治发展报告（2016）
著(编)者:丁同民 闫德民 2016年6月出版 / 估价:79.00元

河南蓝皮书
河南工业发展报告（2016）
著(编)者:龚绍东 赵西三 2016年1月出版 / 估价:79.00元

河南蓝皮书
河南金融发展报告（2016）
著(编)者:河南省社会科学院
2016年6月出版 / 估价:69.00元

河南蓝皮书
河南经济发展报告（2016）
著(编)者:河南省社会科学院
2016年12月出版 / 估价:79.00元

河南蓝皮书
河南农业农村发展报告（2016）
著(编)者:吴海峰 2016年4月出版 / 估价:69.00元

河南蓝皮书
河南文化发展报告（2016）
著(编)者:卫绍生 2016年3月出版 / 估价:79.00元

河南商务蓝皮书
河南商务发展报告（2016）
著(编)者:焦锦淼 穆荣国 2016年4月出版 / 估价:88.00元

黑龙江产业蓝皮书
黑龙江产业发展报告（2016）
著(编)者:于渤 2016年10月出版 / 估价:79.00元

黑龙江蓝皮书
黑龙江经济发展报告（2016）
著(编)者:曲伟 2016年1月出版 / 估价:79.00元

黑龙江蓝皮书
黑龙江社会发展报告（2016）
著(编)者:张新颖 2016年1月出版 / 估价:79.00元

湖南城市蓝皮书
区域城市群整合（主题待定）
著(编)者:童中贤 韩未名 2016年12月出版 / 估价:79.00元

湖南蓝皮书
2016年湖南产业发展报告
著(编)者:梁志峰 2016年5月出版 / 估价:98.00元

湖南蓝皮书
2016年湖南电子政务发展报告
著(编)者:梁志峰 2016年5月出版 / 估价:98.00元

湖南蓝皮书
2016年湖南经济展望
著(编)者:梁志峰 2016年5月出版 / 估价:128.00元

湖南蓝皮书
2016年湖南两型社会与生态文明发展报告
著(编)者:梁志峰 2016年5月出版 / 估价:98.00元

湖南蓝皮书
2016年湖南社会发展报告
著(编)者:梁志峰 2016年5月出版 / 估价:88.00元

湖南蓝皮书
2016年湖南县域经济社会发展报告
著(编)者:梁志峰 2016年5月出版 / 估价:98.00元

湖南蓝皮书
湖南城乡一体化发展报告（2016）
著(编)者:陈文胜 刘祚祥 邝奕轩 等
2016年7月出版 / 估价:89.00元

湖南县域绿皮书
湖南县域发展报告 NO.3
著(编)者:袁准 周小毛 2016年9月出版 / 估价:69.00元

沪港蓝皮书
沪港发展报告（2015～2016）
著(编)者:尤安山 2016年4月出版 / 估价:89.00元

吉林蓝皮书
2016年吉林经济社会形势分析与预测
著(编)者:马克 2016年2月出版 / 估价:89.00元

济源蓝皮书
济源经济社会发展报告（2016）
著(编)者:喻新安 2016年4月出版 / 估价:69.00元

健康城市蓝皮书
北京健康城市建设研究报告（2016）
著(编)者:王鸿春 2016年4月出版 / 估价:79.00元

江苏法治蓝皮书
江苏法治发展报告 NO.5（2016）
著(编)者:李力 龚廷泰 2016年9月出版 / 估价:98.00元

江西蓝皮书
江西经济社会发展报告（2016）
著(编)者:张勇 姜玮 梁勇 2016年10月出版 / 估价:79.00元

江西文化产业蓝皮书
江西文化产业发展报告（2016）
著(编)者:张圣才 汪春翔 2016年10月出版 / 估价:128.00元

经济特区蓝皮书
中国经济特区发展报告（2016）
著(编)者:陶一桃 2016年12月出版 / 估价:89.00元

辽宁蓝皮书
2016年辽宁经济社会形势分析与预测
著(编)者:曹晓峰 张晶 梁启东
2016年12月出版 / 估价:79.00元

拉萨蓝皮书
拉萨法治发展报告（2016）
著(编)者:车明怀 2016年7月出版 / 估价:79.00元

洛阳蓝皮书
洛阳文化发展报告（2016）
著(编)者:刘福兴 陈启明 2016年7月出版 / 估价:79.00元

南京蓝皮书
南京文化发展报告（2016）
著(编)者:徐宁 2016年12月出版 / 估价:79.00元

内蒙古蓝皮书
内蒙古反腐倡廉建设报告 NO.2
著(编)者:张志华 无极 2016年12月出版 / 估价:69.00元

浦东新区蓝皮书
上海浦东经济发展报告（2016）
著(编)者:沈开艳 陆沪根　　2016年1月出版 / 估价:69.00元

青海蓝皮书
2016年青海经济社会形势分析与预测
著(编)者:赵宗福　　2015年12月出版 / 估价:69.00元

人口与健康蓝皮书
深圳人口与健康发展报告（2016）
著(编)者:陆杰华 罗乐宣 苏杨
2016年11月出版 / 估价:89.00元

山东蓝皮书
山东经济形势分析与预测（2016）
著(编)者:李广杰　　2016年11月出版 / 估价:89.00元

山东蓝皮书
山东社会形势分析与预测（2016）
著(编)者:涂可国　　2016年6月出版 / 估价:89.00元

山东蓝皮书
山东文化发展报告（2016）
著(编)者:张华 唐洲雁　　2016年6月出版 / 估价:98.00元

山西蓝皮书
山西资源型经济转型发展报告（2016）
著(编)者:李志强　　2016年5月出版 / 估价:89.00元

陕西蓝皮书
陕西经济发展报告（2016）
著(编)者:任宗哲 白宽犁 裴成荣
2016年1月出版 / 估价:69.00元

陕西蓝皮书
陕西社会发展报告（2016）
著(编)者:任宗哲 白宽犁 牛昉
2016年1月出版 / 估价:69.00元

陕西蓝皮书
陕西文化发展报告（2016）
著(编)者:任宗哲 白宽犁 王长寿
2016年1月出版 / 估价:65.00元

陕西蓝皮书
丝绸之路经济带发展报告（2016）
著(编)者:任宗哲 石英 白宽犁
2016年8月出版 / 估价:79.00元

上海蓝皮书
上海传媒发展报告（2016）
著(编)者:强荧 焦雨虹　　2016年1月出版 / 估价:69.00元

上海蓝皮书
上海法治发展报告（2016）
著(编)者:叶青　　2016年5月出版 / 估价:69.00元

上海蓝皮书
上海经济发展报告（2016）
著(编)者:沈开艳　　2016年1月出版 / 估价:69.00元

上海蓝皮书
上海社会发展报告（2016）
著(编)者:杨雄 周海旺　　2016年1月出版 / 估价:69.00元

上海蓝皮书
上海文化发展报告（2016）
著(编)者:荣跃明　　2016年1月出版 / 估价:74.00元

上海蓝皮书
上海文学发展报告（2016）
著(编)者:陈圣来　　2016年1月出版 / 估价:69.00元

上海蓝皮书
上海资源环境发展报告（2016）
著(编)者:周冯琦 汤庆合 任文伟
2016年1月出版 / 估价:69.00元

上饶蓝皮书
上饶发展报告（2015～2016）
著(编)者:朱寅健　　2016年3月出版 / 估价:128.00元

社会建设蓝皮书
2016年北京社会建设分析报告
著(编)者:宋贵伦 冯虹　　2016年7月出版 / 估价:79.00元

深圳蓝皮书
深圳法治发展报告（2016）
著(编)者:张骁儒　　2016年5月出版 / 估价:69.00元

深圳蓝皮书
深圳经济发展报告（2016）
著(编)者:张骁儒　　2016年6月出版 / 估价:89.00元

深圳蓝皮书
深圳劳动关系发展报告（2016）
著(编)者:汤庭芬　　2016年6月出版 / 估价:79.00元

深圳蓝皮书
深圳社会建设与发展报告（2016）
著(编)者:张骁儒 陈东平　　2016年6月出版 / 估价:79.00元

深圳蓝皮书
深圳文化发展报告(2016)
著(编)者:张骁儒　　2016年1月出版 / 估价:69.00元

四川法治蓝皮书
四川依法治省年度报告 NO.2（2016）
著(编)者:李林 杨天宗 田禾
2016年3月出版 / 估价:108.00元

四川蓝皮书
2016年四川经济形势分析与预测
著(编)者:杨钢　　2016年1月出版 / 估价:89.00元

四川蓝皮书
四川城镇化发展报告（2016）
著(编)者:侯水平 范秋美　　2016年4月出版 / 估价:79.00元

四川蓝皮书
四川法治发展报告（2016）
著(编)者:郑泰安　　2016年1月出版 / 估价:69.00元

四川蓝皮书
四川企业社会责任研究报告（2015～2016）
著(编)者:侯水平 盛毅　2016年4月出版 / 估价:79.00元

四川蓝皮书
四川社会发展报告（2016）
著(编)者:郭晓鸣　2016年4月出版 / 估价:79.00元

四川蓝皮书
四川生态建设报告（2016）
著(编)者:李晟之　2016年4月出版 / 估价:79.00元

四川蓝皮书
四川文化产业发展报告（2016）
著(编)者:侯水平　2016年4月出版 / 估价:79.00元

体育蓝皮书
上海体育产业发展报告（2015～2016）
著(编)者:张林 黄海燕　2016年10月出版 / 估价:79.00元

体育蓝皮书
长三角地区体育产业发展报告（2015～2016）
著(编)者:张林　2016年4月出版 / 估价:79.00元

天津金融蓝皮书
天津金融发展报告（2016）
著(编)者:王爱俭 孔德昌　2016年9月出版 / 估价:89.00元

图们江区域合作蓝皮书
图们江区域合作发展报告（2016）
著(编)者:李铁　2016年4月出版 / 估价:98.00元

温州蓝皮书
2016年温州经济社会形势分析与预测
著(编)者:潘忠强 王春光 金浩　2016年4月出版 / 估价:69.00元

扬州蓝皮书
扬州经济社会发展报告（2016）
著(编)者:丁纯　2016年12月出版 / 估价:89.00元

长株潭城市群蓝皮书
长株潭城市群发展报告（2016）
著(编)者:张萍　2016年10月出版 / 估价:69.00元

郑州蓝皮书
2016年郑州文化发展报告
著(编)者:王哲　2016年9月出版 / 估价:65.00元

中医文化蓝皮书
北京中医药文化传播发展报告（2016）
著(编)者:毛嘉陵　2016年5月出版 / 估价:79.00元

珠三角流通蓝皮书
珠三角商圈发展研究报告（2016）
著(编)者:王先庆 林至颖　2016年7月出版 / 估价:98.00元

遵义蓝皮书
遵义发展报告（2016）
著(编)者:曾征 龚永育　2016年12月出版 / 估价:69.00元

国别与地区类

阿拉伯黄皮书
阿拉伯发展报告（2015～2016）
著(编)者:罗林　2016年11月出版 / 估价:79.00元

北部湾蓝皮书
泛北部湾合作发展报告（2016）
著(编)者:吕余生　2016年10月出版 / 估价:69.00元

大湄公河次区域蓝皮书
大湄公河次区域合作发展报告（2016）
著(编)者:刘稚　2016年9月出版 / 估价:79.00元

大洋洲蓝皮书
大洋洲发展报告（2015～2016）
著(编)者:喻常森　2016年10月出版 / 估价:89.00元

德国蓝皮书
德国发展报告（2016）
著(编)者:郑春荣 伍慧萍
2016年5月出版 / 估价:69.00元

东北亚黄皮书
东北亚地区政治与安全（2016）
著(编)者:黄凤志 刘清才 张慧智 等
2016年5月出版 / 估价:69.00元

东盟黄皮书
东盟发展报告（2016）
著(编)者:杨晓强 庄国土　2016年12月出版 / 估价:75.00元

东南亚蓝皮书
东南亚地区发展报告（2015～2016）
著(编)者:厦门大学东南亚研究中心 王勤
2016年4月出版 / 估价:79.00元

俄罗斯黄皮书
俄罗斯发展报告（2016）
著(编)者:李永全　2016年7月出版 / 估价:79.00元

非洲黄皮书
非洲发展报告 NO.18（2015～2016）
著(编)者:张宏明　2016年9月出版 / 估价:79.00元

国际形势黄皮书
全球政治与安全报告（2016）
著(编)者:李慎明　张宇燕
2015年12月出版 / 定价:69.00元

韩国蓝皮书
韩国发展报告（2016）
著(编)者:牛林杰 刘宝全
2016年12月出版 / 估价:89.00元

加拿大蓝皮书
加拿大发展报告（2016）
著(编)者:仲伟合　2016年4月出版 / 估价:89.00元

拉美黄皮书
拉丁美洲和加勒比发展报告（2015～2016）
著(编)者:吴白乙　2016年5月出版 / 估价:89.00元

美国蓝皮书
美国研究报告（2016）
著(编)者:郑秉文 黄平
2016年6月出版 / 估价:89.00元

缅甸蓝皮书
缅甸国情报告（2016）
著(编)者:李晨阳　2016年8月出版 / 估价:79.00元

欧洲蓝皮书
欧洲发展报告（2015～2016）
著(编)者:周弘 黄平 江时学
2016年7月出版 / 估价:89.00元

日本经济蓝皮书
日本经济与中日经贸关系研究报告（2016）
著(编)者:王洛林 张季风
2016年5月出版 / 估价:79.00元

日本蓝皮书
日本研究报告（2016）
著(编)者:李薇　2016年4月出版 / 估价:69.00元

上海合作组织黄皮书
上海合作组织发展报告（2016）
著(编)者:李进峰 吴宏伟 李伟
2016年7月出版 / 估价:98.00元

世界创新竞争力黄皮书
世界创新竞争力发展报告（2016）
著(编)者:李闽榕 李建平 赵新力
2016年1月出版 / 估价:148.00元

土耳其蓝皮书
土耳其发展报告（2016）
著(编)者:郭长刚 刘义　2016年7月出版 / 估价:69.00元

亚太蓝皮书
亚太地区发展报告（2016）
著(编)者:李向阳　2016年1月出版 / 估价:69.00元

印度蓝皮书
印度国情报告（2016）
著(编)者:吕昭义　2016年5月出版 / 估价:89.00元

印度洋地区蓝皮书
印度洋地区发展报告（2016）
著(编)者:汪戎　2016年5月出版 / 估价:89.00元

英国蓝皮书
英国发展报告（2015～2016）
著(编)者:王展鹏　2016年10月出版 / 估价:89.00元

越南蓝皮书
越南国情报告（2016）
著(编)者:广西社会科学院 罗梅 李碧华
2016年8月出版 / 估价:69.00元

越南蓝皮书
越南经济发展报告（2016）
著(编)者:黄志勇　2016年10月出版 / 估价:69.00元

以色列蓝皮书
以色列发展报告（2016）
著(编)者:张倩红　2016年9月出版 / 估价:89.00元

中东黄皮书
中东发展报告 No.18（2015～2016）
著(编)者:杨光　2016年10月出版 / 估价:89.00元

中欧关系蓝皮书
中欧关系研究报告（2016）
著(编)者:周弘　2016年12月出版 / 估价:98.00元

中亚黄皮书
中亚国家发展报告（2016）
著(编)者:孙力 吴宏伟　2016年8月出版 / 估价:89.00元

❖ 皮书起源 ❖

“皮书”起源于十七、十八世纪的英国，主要指官方或社会组织正式发表的重要文件或报告,多以“白皮书”命名。在中国,“皮书”这一概念被社会广泛接受，并被成功运作、发展成为一种全新的出版形态，则源于中国社会科学院社会科学文献出版社。

❖ 皮书定义 ❖

皮书是对中国与世界发展状况和热点问题进行年度监测，以专业的角度、专家的视野和实证研究方法，针对某一领域或区域现状与发展态势展开分析和预测，具备原创性、实证性、专业性、连续性、前沿性、时效性等特点的公开出版物，由一系列权威研究报告组成。

❖ 皮书作者 ❖

皮书系列的作者以中国社会科学院、著名高校、地方社会科学院的研究人员为主，多为国内一流研究机构的权威专家学者，他们的看法和观点代表了学界对中国与世界的现实和未来最高水平的解读与分析。

❖ 皮书荣誉 ❖

皮书系列已成为社会科学文献出版社的著名图书品牌和中国社会科学院的知名学术品牌。2011 年，皮书系列正式列入“十二五”国家重点出版规划项目；2012~2015 年，重点皮书列入中国社会科学院承担的国家哲学社会科学创新工程项目；2016 年，46 种院外皮书使用“中国社会科学院创新工程学术出版项目”标识。

中国皮书网

www.pishu.cn

发布皮书研创资讯，传播皮书精彩内容

引领皮书出版潮流，打造皮书服务平台

栏目设置：

- □ 资讯：皮书动态、皮书观点、皮书数据、皮书报道、皮书发布、电子期刊
- □ 标准：皮书评价、皮书研究、皮书规范
- □ 服务：最新皮书、皮书书目、重点推荐、在线购书
- □ 链接：皮书数据库、皮书博客、皮书微博、在线书城
- □ 搜索：资讯、图书、研究动态、皮书专家、研创团队

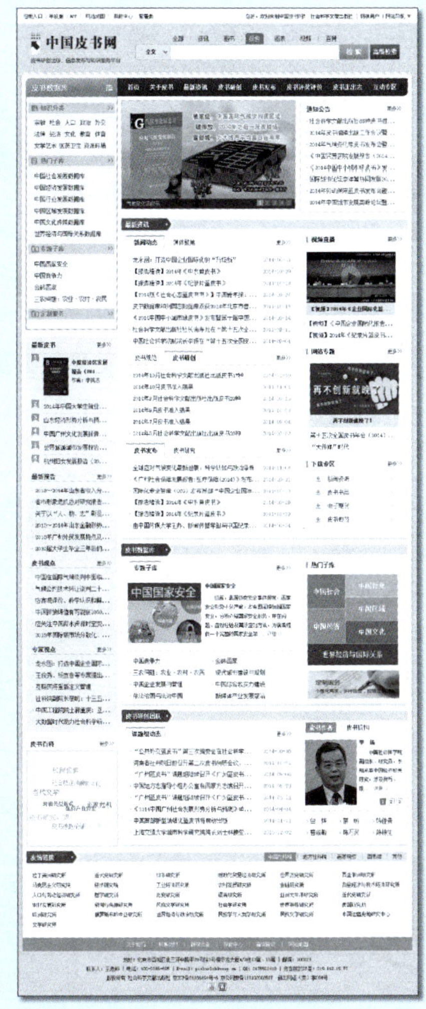

中国皮书网依托皮书系列“权威、前沿、原创”的优质内容资源，通过文字、图片、音频、视频等多种元素，在皮书研创者、使用者之间搭建了一个成果展示、资源共享的互动平台。

自 2005 年 12 月正式上线以来，中国皮书网的 IP 访问量、PV 浏览量与日俱增，受到海内外研究者、公务人员、商务人士以及专业读者的广泛关注。

2008 年、2011 年，中国皮书网均在全国新闻出版业网站荣誉评选中获得“最具商业价值网站”称号；2012 年，获得“出版业网站百强”称号。

2014 年，中国皮书网与皮书数据库实现资源共享，端口合一，将提供更丰富的内容，更全面的服务。

表3　2005～2014年安哥拉国民总收入

单位：亿美元

年份	2005	2006	2007	2008	2009	2010	2011	2012	2013	2014
国民总收入	242.03	356.12	528.50	704.60	686.69	742.99	900.46	1026.58	1092.36	1188.60

资料来源：世界银行网站，http：//data.worldbank.org/。

根据英国经济学家情报社《经济季评》公布的数据，2014年安哥拉的外贸总额是943亿美元，同比下降2.8%，其中进口额相比2013年是增长的，下降是由出口额减少造成的，因为石油出口占据了安哥拉出口收入的90%。此外，安哥拉的外汇储备是279亿美元，外债总额是271亿美元，充裕的储备资产，来自中国、国际货币基金组织等的援助贷款和安哥拉国际净债权国的地位，将有助于稳定其偿债能力。

为应对面临的经济困境，安哥拉政府做出了积极的反应。在《2013～2017国家发展五年规划》的基础上，安哥拉政府又出台了一系列具体的法律法规。2014年4月，安哥拉国家私人投资局宣布政府批准了一条新法规，使本国和外国公司更容易建立合作关系，这有助于安哥拉本国小型企业的发展，也在提高税收收入的同时，促进了经济多元化发展。安哥拉国家私人投资局还特别鼓励涉及小规模制造业的投资，尤其是投放到罗安达省以外地区的项目，这有助于缩小安哥拉地区间的差距。此外，安政府还根据建议修订了《私人投资法》，降低了可享受政府税务优惠的投资门槛，此举也旨在鼓励私人投资，弥补政府支出在投资方面的缺口。5月，安政府又通过一项相关法律，大幅降低了在安成立公司的成本，其目的亦是改善商业氛围，推动新公司的创立，提高就业率。根据安哥拉国家私人投资局发布的信息，2014年安哥拉吸纳的私人投资逾77亿美元，这远远超过了安政府设定的40亿美元的目标，这些投资主要集中在农工业、服务业、建筑业和制造业。[1]

① Macau hub网站，http：//www.macauhub.com.mo/cn/2014/12/03/安哥拉2014年吸纳私人投资逾77亿美元/，http：//www.macauhub.com.mo/cn/2014/11/28/2014年安哥拉吸引外资超过40亿美元/。

安哥拉政要多次表示，国际市场上石油价格低迷是实行经济多元化的一个机会，安哥拉可以借此机会减少对碳氢化合物出口的依赖。2014 年，安哥拉的钻石业强势复苏，根据安财政部发布的数据，1 月至 9 月来自钻石开采业的国库收入达到 65 亿美元，已相当于 2013 年全年的总收入。安哥拉自 2015 年 1 月起，担任“金伯利进程”（The Kimberley Process）的轮任主席国，有意借此优化国内钻石产业，特别是发展切割及其他下游产业。[①] 2014 年安哥拉国内粮食产量为 150 万吨，全国粮食缺口达 300 万吨。石油业的低迷和安政府大力发展农业的政策，促使安哥拉的农业部门获得了大量的投资。自 2014 年起，中国、英国和欧盟等各方先后表示支持安哥拉的农业发展，并提供资金和技术支持。安哥拉规划和国土开发部预计 2015 年安哥拉的农业生产将增长 12%，农业将成为推动经济增长的重要力量。[②]

总之，虽然安哥拉在经济方面受到了石油价格下跌造成的不利影响，但安哥拉内战后 10 年的发展，打造了较为坚实的基础，加之安政府积极的应对，以及中国等各方的帮助，使安哥拉避免了委内瑞拉式的“崩溃”。

三 人权记录通过联合国审议

由于持续了几十年的内战，安哥拉长期不知晓本国的实际人口规模和构成。2014 年 5 月，安哥拉开展了 1975 年独立以来的首次人口和住房总普查。根据这次普查出版的《人口与住房普查》数据，安哥拉全国人口达 2430 万，其中都市人口已超过 1500 万，相当于全国总人口的 62%。此次普查结果具有非常重大的意义，它为安哥拉政府制定人口政策提供了一个切实可靠的依据。

虽然在 2012 年的选举中轻松获胜，但自选举以来，安人运一直在寻求解决

① Macau hub 网站，http：//www. macauhub. com. mo/cn/2014/12/15/安哥拉钻石业复苏抵消油价下跌影响/。

② Macau hub 网站，http：//www. macauhub. com. mo/cn/2014/11/20/2015 年安哥拉农业生产预计上升 12 –2/。

持续贫困问题，有针对性地改善基本社会服务，特别是解决居民的用水和用电问题及提高农村居民的生活水平。国际社会对安哥拉在这方面取得的成绩评价不一。国际货币基金组织2014年的报告显示，安哥拉的收入不平等程度仍然保持在高位，贫困率下降速度缓慢。[①] 而联合国粮食及农业组织（FAO）则对安哥拉在对抗饥饿、保证粮食安全等方面取得的进展表示满意。[②]

2014年10月30日，在瑞士日内瓦召开的联合国人权理事会普遍定期审议工作组第二十届会议上，安哥拉的人权记录通过了审议。安哥拉在实现普遍定期审议建议方面取得进展的实例有：改善了保护移民权利的措施；实现了千年发展目标；加强了儿童保护措施；开展了打击歧视和不容忍现象的运动；制定了打击文盲现象的方案；设立了对抗腐败的政府机构；减少了薪酬的性别差距；采取了解决拘留条件问题并防范酷刑的措施。[③] 此外，审议工作组建议安哥拉当局对于新闻自由、游行和集会等权利予以批准和支持，并将其修订到宪法中。[④] 此前，国际特赦组织（AI）、人权观察组织（HRW）等非政府组织谴责安哥拉存在“严重的人权问题”。安哥拉通过联合国机构的人权审议不仅回应了这些组织的指责和质疑，也肯定了安哥拉自内战结束以来在改善本国人权状况方面做出的努力和取得的成果。

安哥拉内战期间大批武器流入民间，至今仍有大批武器流落民间，涉枪犯罪时有发生。2014年11月1日，安哥拉内政部发布新闻：安哥拉全国武器收缴委员会自2008年以来共收缴91028件民间非法武器，其中86068件武器为国民主动上缴，主动上缴武器表明了安哥拉国民对维护和平、社会稳

---

① 国际货币基金组织（IMF）网站，http：//www.imf.org/external/pubs/ft/scr/2014/cr14274.pdf。

② 安哥拉通讯社（ANGOP）网站，http：//www.portalangop.co.ao/angola/en_us/noticias/politica/2014/10/45/FAO-satisfied-with-Angola，d1b1ece5－296e－45bf－99d0－ef4fe0a2386e.html。

③ 联合国人权事务高级专员办事处（OHCHR）网站，http：//www.ohchr.org/ch/NewsEvents/Pages/DisplayNews.aspx？NewsID＝15273&LangID＝C。

④ 安哥拉通讯社（ANGOP）网站，http：//www.portalangop.co.ao/angola/en_us/noticias/politica/2014/9/44/Switzerland-Angola-passes-human-rights-test，6b19fc54－a5af－4f5e－8322－b634b8ad18e8.html。

定与国家安全的坚定信念。①

2014 年，国际咨询公司美世（Mercer）继续发布有关海外生活成本的调查结果，安哥拉首都罗安达高居全球最昂贵城市排行榜的榜首，2013 年罗安达在该榜上也处于同样的位置。罗安达国际标准住房供应高度紧张，一套两居室无家具的国际标准公寓房的月租高达 6600 美元。②

四 积极发展与区域外国家关系

2014 年，安哥拉先后在几内亚湾打击海盗、参与解决民主刚果和中非共和国的危机、与纳米比亚加强边界安全合作、援助佛得角等为地区安全与和平做出的努力得到了各国政要的高度赞赏，美国总统奥巴马直接表达了对安哥拉在非洲大陆，特别是在非洲大湖地区国际会议组织（ICGLR）和南部非洲发展共同体（SADC）中领导地位的承认和欣赏。③

安哥拉自 2013 年 12 月起，担任非洲大湖地区国际会议组织轮值主席国，2014 年中在安哥拉首都罗安达举行的第五届非洲大湖地区国际会议组织首脑会议，为讨论和解决大湖地区冲突提供了一个平台；安哥拉又特别针对民主刚果东部地区的反政府武装，组织了非洲大湖地区国际会议组织小型首脑会议；安哥拉自 2014 年 2 月起又开始担任非洲大湖地区会议部长级委员会轮值主席国，上任伊始便允诺为非洲大湖地区会议部长级委员会重组提供额外资金支持；多斯桑托斯总统就大湖地区安全局势发表的讲话贯穿全年，并积极同他国首脑及非盟领导人进行磋商，安哥拉和美国还相互派出特使，特别就该问题交换意见。安哥拉的付出也获得了国际社会的认可，2014 年 10 月 16 日，第六十九届联合国大会选举安哥拉、马来西亚、委内瑞拉、新西兰、

---

① 中国新闻网，http：//www.chinanews.com/gj/2014/11－02/6741236.shtml。

② 环球网，http：//finance.huanqiu.com/view/2014－07/5059484.html。

③ 安哥拉通讯社（ANGOP）网站，http：//www.portalangop.co.ao/angola/en_us/noticias/politica/2014/10/47/Barack-Obama-highlights-Angola-role-Great-Lakes-Region，b388ca8f－ecb1－4b1a－a360－8a249d5f4dd6.html。

西班牙五国为2015年和2016年安理会非常任理事国。这是安哥拉继2003年后，第二次当选联合国安理会非常任理事国。在这次非常任理事国的选举中，安哥拉在第一轮投票中就获得了190票，其成功当选可以说是众望所归。

除了巩固和维护在非洲地区的影响力，安哥拉还积极发展同域外国家的关系。2014年4月，安哥拉宣布同俄罗斯合作，预计于2017年将一颗通信卫星送上太空。2013年11月开始制造的这颗卫星，将首次由一个非洲国家运营，预计寿命为15年，其一旦发射和运行成功将大大增强安哥拉在非洲国家中的影响力和感召力。①

2014年6月，安哥拉总统多斯桑托斯对巴西进行正式访问，1975年安哥拉宣布独立后，巴西是第一个承认安哥拉独立的国家。过去几年，两国之间在商业、经济、技术和科学方面的关系取得巨大发展。安哥拉总统此次访问巴西对安巴两国未来经济贸易的发展有重要意义，安方此次访问巴西体现了安政府欲与巴西强化合作伙伴关系的愿望。安哥拉的石油和天然气一直是巴西政府与安开展贸易活动的主体资源，安哥拉希望可以和巴西加强其他领域的贸易合作。加强多领域合作是安哥拉快速实现经济多元化的重要手段，也是推动地区经济发展的重要工具。②

2014年8月，在美非峰会期间，安哥拉财政部和美国进出口银行签署了一项合作谅解备忘录。根据备忘录，美国将通过其进出口银行向安哥拉政府提供贷款，支持美国企业承建安国家能源、电信和运输等领域的基建项目，并向安提供这些领域所必需的设备、技术和知识。这是美国首次与安哥拉签署政府间融资合作框架协议，表明美国期望用“带资承包”的模式为美国企业打开安哥拉承包工程市场的大门，进一步拓宽两国目前主要集中在能源领域的经贸合作。③

---

① Macau hub 网站，http://www.macauhub.com.mo/cn/2014/04/11/俄罗斯和安哥拉计划2017年发射第一颗非洲卫星/。

② 安哥拉华人报网站，http://www.cnangola.com/aglxw_view.asp?id=2577#。

③ 中国驻安哥拉共和国大使馆经商参处网站，http://ao.mofcom.gov.cn/article/sqfb/201408/20140800688728.shtml。

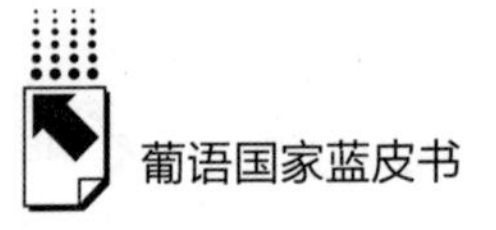

五　中国与安哥拉战略伙伴关系前景广阔

中国与安哥拉两国的外交关系始自1983年。2010年时任国家副主席习近平访问安哥拉，两国正式建立了战略伙伴关系。2014年5月，国务院总理李克强访问安哥拉，并在访问期间宣布，向安哥拉无偿提供1.8亿元人民币的援助，以推动两国合作项目的发展。李克强表示，中安之间有着深厚友谊，中方高度重视中安关系，视安哥拉为亲密朋友和对非合作的重要伙伴，支持安哥拉实施以“发展、稳定、就业”为核心的治国方略，愿与安方继续相互坚定支持，加强党际交往和治国理政经验交流，密切在国际和地区事务中的协调配合，推动两国关系取得更大发展。多斯桑托斯表示，中国是维护非洲和世界和平与发展的重要力量，是安哥拉的可靠朋友和伙伴；两国合作成果丰硕，前景广阔；进一步深化安中合作对安哥拉的可持续发展至关重要；安方感谢中方长期以来给予的宝贵支持，愿进一步扩大互利合作，加强在国际、地区事务中的团结协作；安方欢迎中国企业扩大对安投资，积极参与安经济、社会建设，并将为此提供便利。① 之后，中国进出口银行也宣布向安哥拉提供1.7亿美元贷款，以支持项目发展。自2004年以来，中国进出口银行同安哥拉政府签署了若干协议，累计为安哥拉的项目提供了约100亿美元的资金支持。2015年6月，多斯桑托斯总统对中国进行国事访问，多斯桑托斯总统上次访问中国是在2008年12月，他还于此次访问前的四个月参加了北京奥运会的开幕仪式。

2014年6月，中国海军第十六批护航编队驶抵安哥拉罗安达港，对安哥拉进行了为期三天的友好访问，这是中国海军舰艇编队首次访问安哥拉。安哥拉当地媒体对编队到访进行了积极报道，认为此次访问进一步增进了安中两国海军的了解和互信，对推动两国、两军的友好合作关系起到了积极的作用。②

目前，安哥拉是中国在非洲的第二大贸易伙伴。2014年，中安贸易额

---

① 中国新闻网，http://www.chinanews.com/gn/2014/05-09/6155472.shtml。

② 中国新闻网，http://www.chinanews.com/mil/2014/06-06/6253175.shtml，http://www.chinanews.com/mil/2014/06-08/6255497.shtml。

370.72 亿美元，同比增长 3.2%，其中中方出口额 59.75 亿美元，同比增长 50.7%，进口额 310.97 亿美元，同比下降 2.7%。中国主要从安哥拉进口原油、天然气，向安哥拉出口机电、钢材、汽车及高新技术产品等。2011 年，中安两国签署劳务合作协定。截至 2014 年底，中国在安哥拉累计签署承包劳务合同额 478 亿美元，完成营业额 434 亿美元。中国在安国有、民营企业超过 100 家，在安人员超过 26 万人。①

2014 年 8 月 13 日，本格拉铁路全线主体工程竣工。本格拉铁路是安哥拉运输大动脉，曾经是非洲大陆的第一大铁路，也是中国企业继坦赞铁路之后，在海外一次性建成的最长铁路。该铁路始建于 1902 年，1929 年修到刚果边境。在长达 27 年的安哥拉内战中，本格拉铁路被炸毁。2002 年，结束了 27 年内战的安哥拉启动战后重建，全长 1344 公里的本格拉铁路是最重要的项目之一。2004 年，中国铁建二十局集团同时中标罗安达和本格拉铁路项目，而原本参与竞标的美俄等国因报价高出中方 3 ~ 5 倍和铁路沿线密布地雷等原因而先后退出。本格拉铁路西起安哥拉最大港口洛比托（Luobituo），东至与民主刚果毗邻的边境城市卢奥（Luo），设计时速 90 公里，规划年运送旅客 400 万人次，货物 2000 万吨。2015 年 2 月 14 日，本格拉铁路正式通车，与安赞、坦赞铁路及周边国家铁路网接轨，实现了南部非洲铁路的互联互通，极大地促进了该地区的发展。

此外，中国援建了安哥拉罗安达省总医院项目，改扩建后的医院总建筑面积达 22000 平方米，床位 301 张，成为安哥拉最大的省级综合性医院。② 2014 年 10 月，安哥拉工业部部长贝纳达·马丁斯（Bernarda Martins）宣布，中国国际基金（CIF）注资的中资水泥厂推动安哥拉的水泥年产量达到 800 万吨，完全满足该国的国内需求，实现了水泥的自给自足。③ 而这不过是中安两国互助合作的一个缩影。

---

① 中华人民共和国外交部网站，http：//www.fmprc.gov.cn/mfa_chn/gjhdq_603914/gj_603916/fz_605026/1206_605100/sbgx_605104/。

② 中国驻安哥拉共和国大使馆经商参处网站，http：//www.mofcom.gov.cn/article/i/jyjl/k/201410/20141000750811.shtml。

③ Macau hub 网站，http：//www.macauhub.com.mo/cn/2014/10/10/安哥拉中资水泥厂让安国水泥自给自足/。

B.11
巴西联邦共和国

周志伟*

摘 要： 2014年，罗塞夫在总统选举中惊险获胜，帮助劳工党实现了对社会民主党的“四连胜”，但微弱的票差反映出两大传统政党的力量均势，也预示着罗塞夫未来执政的难度增大。经济层面，“滞胀”特征非常明显，财政和经常账户均改变了多年持续的盈余趋势。尽管经济增长乏力，巴西劳动力市场在2014年依然活跃，失业率延续最近几年来的下降趋势。但是，民众抗议活动常发现象显示了处在转型之中的巴西社会所面临的挑战。在大选年，外交力度有所收缩，但凭借着承办金砖国家峰会，巴西的国际影响力获得了一定的提升。

关键词： 巴西 总统选举 滞胀 民众抗议 金砖峰会

对巴西来说，2014年非同寻常。政治上，劳工党再次赢得了总统选举，实现了大选的“四连胜”，但微弱优势体现了巴西政党格局和政治生态趋于复杂的态势；经济延续低迷局面，“滞胀”特征明显；社会领域，贫困人口保持下降趋势，但民众抗议活动常发现象显示了处在转型之中的巴西社会所

* 周志伟，中国社会科学院拉丁美洲研究所副研究员，巴西研究中心执行主任。曾在巴西圣保罗大学国际关系研究所、里约热内卢天主教大学金砖政策研究中心、Fluminense联邦大学战略研究所担任访问学者。主要研究领域：巴西综合、巴西国际战略、拉美地区一体化和中拉关系。

面临的挑战；尽管外交并非巴西政府2014年的关注重点，但凭借着承办金砖国家峰会，巴西的国际影响力得到提升。

一 2014年大选：劳工党险获“四连胜”

2014年大选是巴西自1985年恢复民主体制以来竞争最激烈的一次选举。凭借着3.28%（346万票）的微弱优势，现任总统、劳工党候选人罗塞夫战胜社会民主党候选人阿埃西奥·内维斯（Aécio Neves）成功获得连任，并实现了自2002年以来在总统选举中对社会民主党的“四连胜”。但对于选民人数超过1.4亿的巴西来说，如此差距可谓是“毫厘之间”。

选举初期，罗塞夫、内维斯和社会党总统候选人爱德华多·坎波斯（Eduardo Campos）分居民调的前三位。罗塞夫是巴西前总统及劳工党创始人卢拉一手提拔起来的继承人，但因经济放缓、民众抗议等，其连任备受争议。后两者是巴西政党“少壮派”代表，内维斯是社会民主党寻求结束劳工党连续三届总统“垄断”的强势候选人，而坎波斯则是近年来发展势头迅猛的社会党争取突破劳工党和社会民主党在总统选举中“两党独大”局面的尝试。尽管两位“少壮派”候选人符合选民“求变”的心态，但由于在全国范围内缺乏足够的影响力，在选举初期对罗塞夫均未构成太大挑战。根据8月初的民调结果，罗塞夫的支持率领先第二位的内维斯15个百分点。

8月13日，坎波斯在竞选活动中的意外坠机身亡事故打破了总统选举的原本走势。坠机事件后，坎波斯的竞选搭档玛丽娜·席尔瓦（Marina Silva）替补参选。席尔瓦曾作为绿党候选人参选2010年总统选举并在首轮投票中获得19.4%的支持率，而自此开始，席尔瓦成为巴西政坛颇具影响力的人物。席尔瓦替补上位后，其民调支持率不仅迅速超越内维斯，甚至曾一度超越排名首位的罗塞夫。选情突变迫使罗塞夫和内维斯改变“对攻”的参选策略，转而将矛头都对准“异军突起”的席尔瓦。在两位竞争对手的“左右夹击”下，席尔瓦对内维斯的优势逐渐萎缩，加之社会党内部分化、盟党力量淡薄、席尔瓦反对同性恋婚姻和堕胎的强硬立场、农业部门对环保主义政策的担忧等因素，席尔瓦未能在首轮投票中胜出，其得票率（21.32%）大致与2010年大选持平。席尔瓦在2010年和2014年的两次败选证明了巴西“两党对决”的局面仍难改变，社会党虽发展迅猛，但由于尚不能实现更广泛的竞选联盟，尚不具备挑战劳工党和社会民主党“两党独大”局面的实力。

第二轮选举延续了过去20年来劳工党和社会民主党“两党竞选”的形式和风格。从改革的意愿及内容来看，罗塞夫和内维斯的区别不大，且未对竞选纲领进行充分辩论。相比而言，经济和腐败是两位辩论的核心议题。内维斯抨击劳工党及其盟党的腐败以及最近一届政府在经济上的糟糕表现，而罗塞夫则针对社会民主党执政期间以及内维斯执掌州长（米纳斯吉拉斯州）期间的腐败问题予以回击，并努力唤起民众对社会民主党执政期间（1995～2002年）经济混乱的回忆。最终，罗塞夫仅以3.28%的优势（346万票）击败内维斯，延续了自2002年以来在总统选举中劳工党对社会民主党的“四连胜”。

自2003年劳工党执政以来，中下层民众是受益最丰的群体。不可否认，由于劳工党频发的腐败案、罗塞夫任内经济的不景气、选民“求变”心态以及席尔瓦在第二轮支持内维斯等因素，内维斯在中间选票的再分配中稍占优势（从第二轮投票结果来看，内维斯支持率较第一轮增加14.81%，而罗塞夫仅增加10.05%），但尚不足以弥补首轮中8个百分点的差距。因此，选举结果的细小差距或许正体现在选民（全部选民）对于两党执政经历的认识差异之上，绝大多数选民（包括支持罗塞夫的选民）期待“变革”，但多数更倾向有保障的“变革”，而非存在未知成本和风险的“变革”。

2014年总统选举反映了巴西“两个传统大党力量趋于均势，部分中小党派的力量虽有所增强，但不具备挑战传统政党的实力，强势‘局外人’虽具有强号召力，但仍难实现突破”的政治生态（见图1）。事实上，这种政治生态特征在2014年州长、议会选举中同样得到体现。

在州长选举中，劳工党和社会民主党各赢得五个州长，与四年前相比，

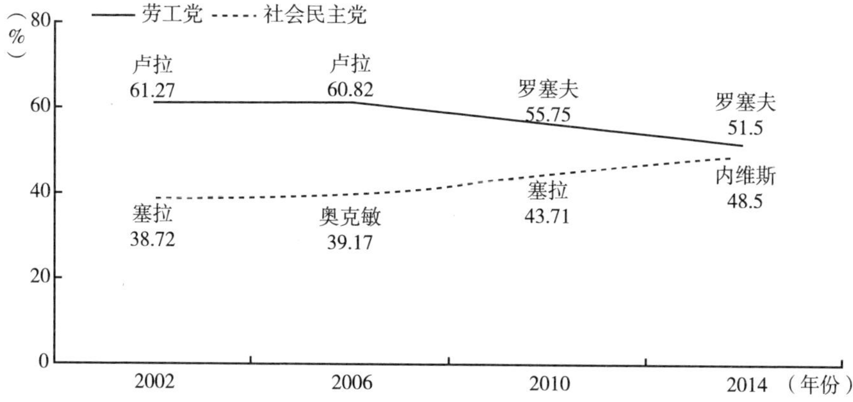

图1　2002～2014年四次大选两党竞争情况

资料来源：巴西最高选举法院统计。

社会民主党减少了二个州，但在选民最多、经济实力最强的圣保罗州实现“蝉联”。劳工党的最大突破是在米纳斯吉拉斯州（选民人数第二、经济实力第三）获胜。从其他政党的表现来看，与劳工党结盟的民主运动党虽获任七个州长，但辖区选民占全国的比重（20.19%）落后于社会民主党（35.94%）和劳工党（24.26%）。在四年前的地方选举中，社会党曾赢得六个州长，但在2014年减少到三个，州长数量和辖区选民数均居第四位。考虑到民主运动党分化严重的因素，社会党仍是巴西政坛的“第三股力量”。

议会选举方面，劳工党的众议院席位虽然较上届减少18席，但依然凭借70个席位保持众议院第一大党的地位，民主运动党和社会民主党分别以66席和54席居第二位和第三位。根据党派结盟情况核算，支持罗塞夫的约有329席，占总席位（513席）的64.1%。参议院席位分布情况变化较小，民主运动党、劳工党和社会民主党以19席、13席和10席分居前三位，社会党升至参议院第四大党。根据党派联盟情况统计，支持罗塞夫的参议院席位约计52个，占总席位（81席）的64%。与2011年执政联盟在参众两院分别占据394席（76.8%）和62席（76.5%）相比，罗塞夫在议会中面临的压力明显增加。根据法律规定，普通法律要获得通过需分别在众、参议院获得129票和21票，修订法律需分别获得257票和41票，而宪法修正案则

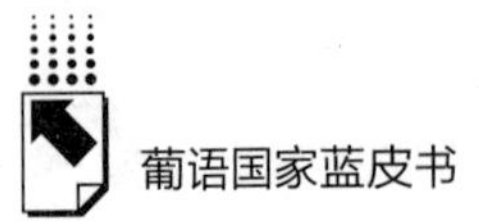

需308票和49票。从理论上看，罗塞夫在议会中获得支持的难度不大。但由于在执政联盟（九个政党）内部甚至在劳工党内部存在难以回避的分歧，罗塞夫在议会中依然面临较大挑战。

二 滞胀困境：经济不如人意

受国际经济增长乏力以及巴西反周期政策空间缩小等因素的影响，2014年巴西经济持续低迷，且呈现明显的“滞胀”特征。根据巴西中央银行的统计，2014年，巴西经济仅增长0.1%，为2009年以来的最低值，通货膨胀率则超过了6.4%。其经济增速不仅落后于当年拉美地区经济增长率的均值（1.1%），而且在20国集团中，增长情况也仅好于意大利和日本。[①]

从投资来看，由于受到国内生产萎缩和资本输入减少等多种因素的影响，投资在2014年出现了4.4%的负增长，降幅创下了自1999年以来的最高值。其中，国有企业投资额从2013年的1210亿雷亚尔减少为956亿美元，降幅高达21%，国有企业投资占GDP的比重从2013年的2.28%降至1.78%。据巴西央行的统计，2014年，巴西的投资率仅为19.7%，低于2013年的20.5%，为2009年以来的最低值。其次，与最近几年情况相仿，消费仍是巴西经济的主要动力，但其驱动作用逐步减小。其中，家庭消费在2014年明显回落，增长率从2013年的2.9%降至0.9%；政府消费也同样走低，同比增长率从2013年的2.2%降至1.3%。[②] 从产业增长情况来看，增长最快的是服务业，同比实现0.7%的增长，其次为农牧业，同比增长0.4%，工业同比则萎缩了1.2%（见图2）。其中，制造业降幅达到了3.8%，民用建筑业也下降了2.6%。[③]

① “Brasil tem terceiro pior crescimento econômico do G20 em 2014,” *BBC Brasil*, 27 de março 2015.

② Darlan Alvarenga, “Investimentos de estatais caíram 21% em 2014, maior recuo em 20 anos,” Globo, 27 de março 2015.

③ 巴西中央银行统计数据，http：//www.bcb.gov.br/? INDECO。

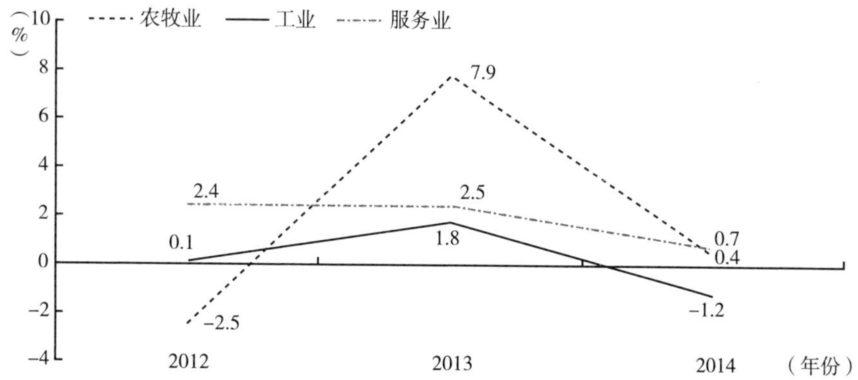

图2 2012～2014年巴西各产业增长情况

资料来源：巴西中央银行。

财政状况吃紧是巴西2014年遇到的首要难题。据巴西央行的统计，2014年公共部门（包括联邦、州、市三级政府以及国有企业）初级财政赤字（偿债前政府收入减支出）约为325.3亿雷亚尔，约占GDP的0.63%，未实现“公共部门初级财政盈余990亿雷亚尔，占GDP的1.9%”的财政目标。值得关注的是，这也是巴西央行设立该指标以来的首次赤字。按国际通用的标准，2014年巴西财政赤字占GDP的比重约为6.7%，远超2013年的3.25%。在拉美地区来看，2014年巴西财政状况与阿根廷相仿，不及智利（-1.5%）、哥伦比亚（-1.45%）、墨西哥（-4.2%）、厄瓜多尔（-4.27%）、秘鲁（-0.1%）和乌拉圭（-3.5%）等邻国。① 受此影响，2014年巴西公共债务压力增大。截至2014年底，公共部门债务总额达3.25万亿雷亚尔，占GDP的比重升至63.4%，为2006年以来的最高值（见图3）。公共部门净债占GDP的比重为36.7%，较2013年33.6%上升明显，扭转了自2009年以来公共部门净债持续下降的趋势。其中，2014年公共部门外债总额约为1892.9亿雷亚尔，占GDP的比重约为3.4%，联邦、州、市三级政府外债占GDP的比重分别为1.9%、1.3%和0.1%。据巴西央行

① Alexandro Martello, “Contas do setor público têm primeiro déficit da história em 2014,” *Globo*, 30 de janeiro 2015.

的预测，2015 年巴西公共债务仍将攀升，预计公债总额占 GDP 的比重将升至 63.6%，公债净额占 GDP 的比重将增至 63.6%。[①] 针对该局面，罗塞夫在第二任期初期很有可能采取增税节支的临时性财政政策，尤其是减小税收豁免的范围和规模（2014 年 1 ~ 10 月，税收减免额同比增长 34.3%），以实现财政盈余的目标，维持公共投资以及社会项目开支的稳定。

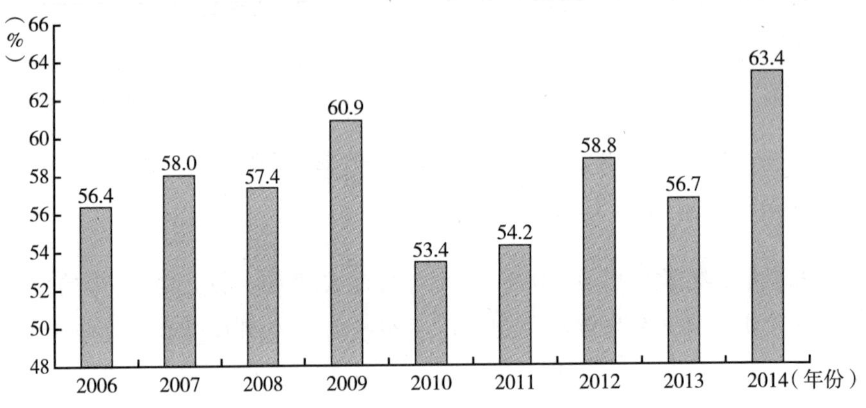

图 3　巴西公共债务水平（占 GDP 的比重）

资料来源：巴西中央银行。

2014 年，巴西政府对货币政策的调整比较频繁，主要旨在将通货膨胀维持在可控范围内。由于通胀率全年基本维持在 6.5% 的上限水平，巴西央行在 2014 年被迫先后四次提高基准利率，基准利率水平从 2013 年底的 10% 升至 11.75%，创下了自 2011 年 8 月（12%）以来的最高值。与此同时，信贷利率因此也不断攀升，平均年利率从 2012 年底的 18% 上升至 21%。利率的走高使信贷明显萎缩，2014 年 1 ~ 10 月，银行信贷增幅约为 7.8%，明显低于 2013 年同期 10.7% 的增速。相比之下，公共银行在信贷中的主体角色进一步强化，如 2014 年前 10 个月，公共银行信贷发放量增长了 12.4%，而私有银行（含外资银行）的信贷额仅增长 2.9%。正因为如此，公共银行占信贷总量的比重从 2013 年底的 51.2% 增至 2014 年 10 月的 53.4%。

① 巴西中央银行统计数据，http：//www.bcb.gov.br/? INDECO。

受外汇市场波动的影响，巴西央行延续了自2013年8月以来的汇市干预政策，以避免汇率的剧烈波动。截至2014年10月，巴西央行外汇掉期规模累计达到了1029亿美元。尽管如此，由于美国结束量化宽松的货币政策，巴西货币雷亚尔在2014年贬值严重，2014年底，美元兑雷亚尔的汇价为2.66，较2013年底的2.34贬值幅度高达13.7%，这使得巴西央行干预汇市的成本上升。

由于外部需求（尤其中国需求）减少、大宗产品价格下降，以及汇率波动等多重因素的影响，巴西外贸表现不佳。2014年巴西进出口总额为4342.4亿美元，同比减少5.7%。其中，出口总额为2251亿美元，较2013年减少7%，出口量（半制成品除外，其2014年出口量增长6.4%）和出口价格在2014年均有下降。比如，初级产品出口价格在2014年下降5.3%，铁矿石、玉米、大豆油的价格降幅高达23.9%、20%和14%，而制成品出口量的降幅则为12.9%。进口方面，2014年进口总额为2291.4亿美元，同比下降4.42%。其中，非耐用消费品和耐用消费品的进口量较2013年分别下降11.7%和12.2%。2014年，巴西外贸出现40.4亿美元的逆差，是2000年以来首次出现逆差。从出口产品结构来看，基础产品占出口的比重为48.7%，半制成品和制成品的占比分别为12.9%和35.6%。值得注意的是，过去10年来，制成品占巴西出口的比重呈持续下滑态势。2005~2014年，制成品占总出口的比重从55.1%减至35.6%，相反，初级产品的出口占比则从29.3%增至48.7%，出口“初级产品化”特征明显。从进口来看，中间产品占总进口的45%，资本货和消费品分别占20.8%和17%，石油和燃料进口约占17.3%。过去10年来，资本货、石油和燃料的进口比重变化不大，消费品占总进口的比重从2005年的11.5%升至2014年的17%，而资本货进口占比则从51.3%减至45%。从出口市场来看，中国、美国和阿根廷为巴西前三大出口市场，三国占巴西出口的比重分别为18%、12.1%和11.1%。与2013年相比，巴西对中国、阿根廷的出口分别减少11.8%和27.2%，而对美国的出口则逆势增长了9.2%。从进口来源来看，居前三位的依然分别是中国、美国和阿根廷，三国占巴西进口的比重分别为16.3%、

15.4%和6.2%。受阿根廷经济下滑的影响，巴西从阿根廷的进口额较2013年降幅较大，达到了14.1%（表1）。

表1　2014年巴西与全球各地区的进出口贸易情况

单位：亿美元，%

国家/地区	出口			进口		
	出口额	增减幅	占比	进口额	增减幅	占比
亚　洲	735.1	-5.3	32.7	711.7	-2.8	31.1
中　国	406.2	-11.8	18.0	373.4	0.1	16.3
拉丁美洲	460.5	-14.0	20.5	375.6	-7.9	16.4
南共市*	250.5	-15.2	11.1	184.5	-9.8	8.1
阿根廷	142.8	-27.2	11.1	141.4	-14.1	6.2
其　他	209.9	-12.6	9.3	191.2	-6.0	8.3
欧　盟	420.5	-12.0	18.7	467.0	-8.0	20.4
美　国	271.5	9.2	12.1	353.0	-2.7	15.4
中　东	104.2	-4.9	4.6	80.0	8.5	3.5
非　洲	97.0	-12.5	4.3	170.6	-2.2	7.4
东　欧	45.8	9.7	2.0	39.6	10.1	1.7
其　他	116.5	-2.7	5.2	92.8	-8.8	4.1

*表示包含委内瑞拉在内的南方共同市场。

资料来源：巴西发展、工业和外贸部（MDIC）。

外贸表现的不佳使经常项目账户有所恶化。据巴西央行的统计，2014年经常项目赤字为1048.4亿美元，较2013年的813.7亿美元有较大幅度的增加，经常项目赤字占GDP的比重也从2013年3.63%蹿升至4.47%。资本项目方面，2014年实现盈余995.7亿美元。其中，外国直接投资流入量为968.5亿美元，较2013年的640.5亿美元有明显增加，外国直接投资占GDP的比重约为4.13%。凭借资本项目的较好表现，2014年巴西国际收支实现108.8亿美元盈余，较2013年59.3亿美元的逆差有较大改观。①

外债方面，2014年底，外债总额约为3526.9亿美元，其中短期和长期

① 巴西中央银行统计数据，http://www.bcb.gov.br/?INDECO。

外债分别为576.5亿美元和2950.4亿美元。外债总额占GDP的比重约为15%，是全年货物和服务出口的1.3倍，外债余额占货物和服务出口的比重为20%。其中，公共部门债务占外债总额的比重为39.4%。另外，根据巴西央行的统计，外汇净储备约为3740.5亿美元，为外债总额的1.06倍，为短期外债的6.5倍。

为保持宏观经济的稳定，恢复市场信心，罗塞夫政府的经济政策核心回归到控制通货膨胀和平衡财政，为此，相继采取了诸如提高利率、削减财政开支、扩大基建等措施。目前来看，上述政策效果并不明显，2015年第一季度，巴西经济环比出现了0.2%的负增长，其中，服务业的降幅甚至高达0.7%。根据金融市场的预测，2015年巴西经济有可能出现1.24%的负增长，这也是自1990年以来巴西经济的最差表现。国际货币基金组织的预测则更为悲观，根据7月9日公布的报告，巴西经济在2015年的降幅将达1.5%，但2016年有望实现恢复性增长。

三　社会转型：集会抗议频发

虽然经济增长乏力，巴西劳动力市场在2014年依然活跃，失业率延续最近几年来的下降趋势。2014年前10个月，共计新增91.2万个就业岗位。2014年10月，失业率降至4.9%，达到了2002年以来的最低值。与此同时，就业者收入也继续保持增势，2014年前三个季度实现了同比3%的增长，但增速较往年有所放缓。

受益于联邦政府一揽子扶贫政策以及劳动力市场的旺盛需求，巴西的减贫工程在过去10多年时间里取得了骄人成绩。2014年9月16日，联合国粮食及农业组织在其发布的《世界粮食不安全状况》报告中指出："巴西已实现了将饥饿人口比例减半的千年发展目标和将饥饿人口绝对数量减半的更严格的世界粮食首脑会议目标。与这一成就同时出现的，还有该国近年来在人类发展和减轻不平等现象方面取得的整体进展。"在过去连续三届政府的努力下，"其人口中的总贫困率已从2001年的24.3%降至2012年的8.4%，而极端贫困率则从14.0%降至3.5%。2001~2012年，最贫困的20%人口的收入增长幅度比最富裕的20%人口多三倍。食物不足人口比例已从2000~2002年的10.7%降至2006~2008年的5%以下”。[①]

随着巴西在减贫方面取得的进展，巴西的社会结构发生了显著变化。根据巴西战略事务部应用经济研究所前所长马塞洛·内里（Macelo Neri）的分析，巴西中产阶级的规模（占总人口数的比重）从2003年的37.56%增加到2012年的55.25%，到2014年有望达到60.19%。[②] 在这种转型阶段，多数民众的需求从10年前的现金扶贫转变为对公共服务的更高要求。并且，从中产阶级构成来看，新晋升的中产阶级由于家庭收入超过现金扶贫的标准，不仅丧失了社会救助金，而且由于经济不景气以及生活成本的上升，他们甚至面临重新“返贫”的风险。与此同时，他们也成为公共服务产品的新需求群体。而对于老中产阶级而言，中产阶级的壮大则意味着有限的公共产品受到抢占和挤压，因此，他们也同样对公共服务的质与量提出了更高的要求。

正因为如此，巴西在过去两年间频繁发生不同规模的民众抗议活动。2014年巴西世界杯开幕前，大规模民众抗议活动再次爆发。大规模抗议频发揭示了巴西社会转型中的问题与矛盾。其中，民生问题是集会群众的核心关切，主要涉及税负和生活支出过高、公共教育医疗资源短缺、社会治安恶化等诸多社会问题。他们对政府在民生领域的不满主要集中在四个方面：其一，税负过高，中产阶级和穷人成为政府转嫁生产和生活成本的主要对象，也是公共支出的主要买单者，其日益增长的物质和文化需求却未能得到有效满足；其二，各级政府斥巨资承办（联合会杯、世界杯、奥运会等）国家形象工程以及增加对外援助，却未加大对国内公共领域的投入，相关资源持续紧张；其三，扶贫政策耗用大量资金，收效有限，新的贫困仍在增加，且

① 联合国粮食及农业组织、农发基金和世粮署：《世界粮食不安全状况——强化粮食安全与营养所需的有利环境》，罗马，2014，第23页。

② Macelo Neri, *Brazil New Middle Classes: the Bright Side of the Poor*, the 6th BRICS Academic Forum, Rio de Janeiro, March 18 and 19th, 2014, p. 29.

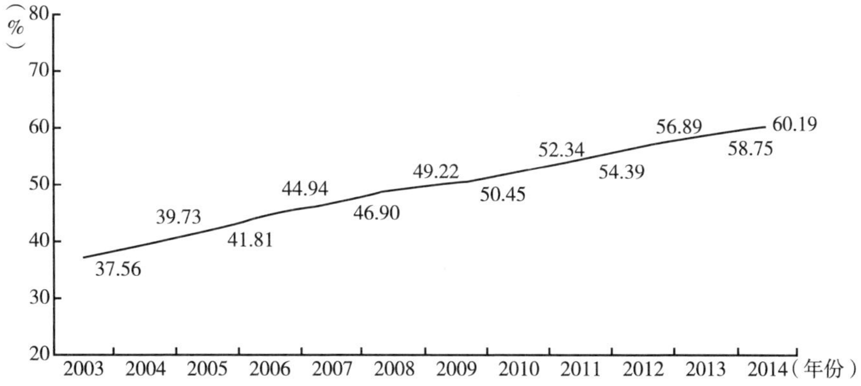

图 4 巴西中产阶级占比增长情况（2003~2014 年）

资料来源：巴西地理统计局（IBGE）。

中产阶级认为，由他们承担的扶贫资金变相地成为劳工党政府收买下层民众、构筑“票仓”的手段；其四（也是最根本的），中产阶级要求参与公共政策制定，要求政府决策更透明、更民主的政治意愿十分强烈。尽管民众抗议情绪暂时得到缓解，但所针对的问题并未得到有效解决。由于经济增长受困，罗塞夫第二任期在恢复民众信心方面仍将面临较大挑战。如处理不当，2016 年里约热内卢奥运会或将是其另一次考验。

四 外交形势：峰会外交成亮点

因大选年的缘故，外交并非罗塞夫政府 2014 年的工作重点。但是，金砖国家福塔莱萨峰会和世界杯为巴西提供了开展外交工作的机遇与渠道，金砖峰会更是 2014 年巴西外交的亮点，同时也折射出巴西外交政策的优先点。

自劳工党执政以来，南美洲一体化一直是巴西对外战略的基础所在，其目标是实现南美洲在经济、政治、基础设施、安全等多领域的一体化，将南美洲整合为世界多极格局中的一极。尽管南方共同市场面临贸易争端和发展困境，但罗塞夫的外交政策仍将以南共市作为最优先的选择，政策方向是克服成员国内部的贸易纠纷，推动南共市的合作超越经贸领域，实现公共政策的整合。2014 年，拉美次区域组织召开了多次领导人集体会晤，但在地区一体化思路及具体政策方面未有明显进展。由于巴西、阿根廷均陷入经济困境，南方共同市场（Mercosul）不仅未在对外开放方面取得突破，成员国之间的贸易保护反而有所加强。在全球跨区域经济合作进程中，南共市正越来越脱离全球生产链。美洲玻利瓦尔同盟虽批准格林纳达及圣基茨和尼维斯两个国家成为联盟正式成员，但由于查韦斯的去世、委内瑞拉经济困境以及石油价格下降等因素，其内部合作的动力面临萎缩。作为拉美和加勒比地区政治性组织，拉美和加勒比共同体（CELAC）尚在逐步完善内部协调机制，其职能和效力如何尚需进一步观察。相反，太平洋联盟在最近两年呈现较大的活力，但从太平洋联盟的构成（包括观察员国）以及政策规划来看，亚太地区才是其推动合作的重点所在，因此，从这种意义上来说，太平洋联盟开展的是一种“脱拉入亚”的跨区域经济合作，而并非基于拉美地区一体化的经济合作战略。这一方面反映了拉美地区缺乏一体化共识的现状，另一方面也给拉美地区整合构成了新的挑战。正是在这种困境下，分析家们认为巴西逐渐降低了对南美洲地区的重视，将外交优先点转移到了金砖国家和 20 国集团等全球性机制上。①

2013 年爆出的“棱镜门事件”虽有降温，但巴美关系的创伤尚未痊愈。因“监听事件”中断的巴美高层交流至今仍未完全恢复，原计划 2013 年 10 月访美的罗塞夫总统一直未给明确态度。2014 年，巴西与欧洲关系总体波澜不惊。尽管在 2013 年重启了与欧盟的自由贸易谈判，但因双方立场差异，2014 年未见有实质性进展。尽管如此，欧盟对拉美地区的政策力度有所加强。2014 年 11 月，欧盟宣布“2014 ~ 2020 年对拉美长期合作计划”，计划在七年内拨付 9.25 亿欧元（约合 11.59 亿美元）用于区域合作。从某种程度来说，欧盟的政策出发点具有避免拉美整体融入亚太的含义。日本首相安倍晋三访问巴西算是 2014 年巴西与发达国家的亮点所在。在这次访问中，

① Marcia Garmo, *Dilma chega a Quito em meio a Críticas de "perda de interesse" na Unasul*, BBC Brasil, 4 de dezembro, 2014.

日本与巴西签署了一系列合作协定，其意图主要在于通过经济手段保障自身的能源资源安全，扩大在拉美地区的影响力，为再次成为联合国安理会非常任理事国（甚至为其“入常”）拉票。

金砖国家福塔莱萨峰会是巴西2014年外交的重点。首先，巴西在筹建金砖国家银行和应急储备安排上发挥着积极的协调作用，这两项机制的确立也使得金砖国家合作逐渐步入务实深化阶段。对巴西而言，金砖国家合作的加速将有益于巴西经济发展和国际影响力的提升。其次，与德班峰会一样，金砖国家此次与南美洲国家联盟举行了首脑会晤，促进了金砖国家与南美两大市场的对接，而这有助于提升巴西在南美地区的领导国角色。最后，福塔莱萨峰会为巴西深化与中国、印度、俄罗斯、南非等主要新兴经济体的双边关系提供了机遇。在峰会期间，巴西与上述四国均签署了一揽子合作协定，很好地延续了近年来巴西与新兴大国密切合作的节奏。

相比而言，中国国家主席习近平访问巴西可以算是巴西本次峰会外交的最大亮点。在本次访问期间，中巴两国宣布签署56项合作文件，“海量”协议的背后是中国与巴西双边关系的新变化。第一，投资逐渐成为双边关系的新增长点，中国与巴西签署了总额超过86亿美元的投资和贷款协议，涉及能矿、金融、基础设施、农业、高科技等多个领域。第二，中国投资与巴西产业需求有了更好的对接，这也提高了中巴投资合作的可持续性。第三，中国提升了与巴西双边关系的级别，中巴关系增加了“命运共同体”的定性。习近平在巴西国会的演讲中，针对中巴双边关系提出的三点建议体现了中方解决中巴关系现实问题、挖掘潜在机遇的政策思路。其中，“把握战略协作方向”所强调的是中巴共同的国际身份和利益，因此，两国需要不断深化战略互信，在涉及国家主权、安全、领土完整等重大核心利益问题上继续相互理解，相互支持；“做好共同发展文章”传递出双边关系的目标所在，两国可以在双边关系现有的基础上，增加发展战略契合点，提高合作含金量，推动务实合作更深、更广、更好发展，尤其在较为复杂的经贸领域，习近平提出了“继续扩大贸易规模，增加高附加值产品比重，妥善解决贸易摩擦，扩大相互投资，发挥金融引擎作用”的具体目标，较好地回应了巴方在对华关系上的关切；“肩负国际责任担当”提出了中巴国际合作的方向，即两国应加强在联合国、世界贸易组织、20 国集团、金砖国家等国际组织和多边机制内的协调和配合，凝聚发展中国家力量，积极参与全球治理，为发展中国家争取更多制度性权利和话语权，推动国际秩序朝着更加公正合理的方向发展。客观地说，中国政府对于深化中巴关系的政策思路更趋清晰，随着中巴合作的双边、多边机制的不断完善和深化，中巴双边关系应该能延续过去 10 年间快速发展的势头。

B.12 佛得角共和国

周蕾蕾*

摘　要：佛得角的海产资源丰富，但粮食尚不能自给。佛得角的工业基础仍然薄弱，日常生活用品、工业生产资料主要靠进口。佛得角的贸易结构不合理，几乎每年都处于严重的逆差状态。中国与佛得角的经济合作受制于地缘因素，发展有一定难度。佛得角处于经济转型期，正努力成为该地区货运中转站和西非金融中心。佛得角希望中国在这一进程中成为佛得角的合作伙伴，与佛得角在工业、农业、能源、海运、旅游和基础设施建设等领域开展互利合作。2015 年第一季度中国成为佛得角第三大进口来源国。

关键词：佛得角　经贸关系　双边关系　贸易结构

一　制定发展与减贫战略

佛得角位于北大西洋的佛得角群岛，地扼美、非、欧、亚四大洲的海上交通要冲，有“各大洲的十字路口”之称。佛得角东距非洲大陆最西点佛得角（塞内加尔境内）500 多公里，海岸线长 912.5 公里。“佛得角”在葡语里意为“绿色海角”。

佛得角自 1975 年独立以来，政局长期保持稳定。2011 年 2 月，独立党

* 周蕾蕾，北京大学硕士研究生。

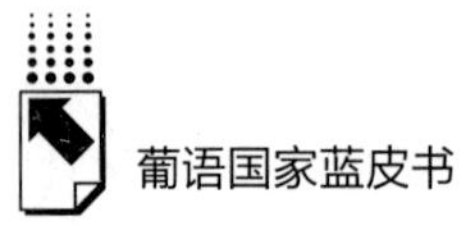

第三次赢得议会选举，8 月民运党支持的候选人若热·卡洛斯·丰塞卡在总统选举中胜出，佛得角历史上首次出现独立党政府和民运党总统“共治”的局面。独立党重新执政后，提出以发展私营经济为核心的国家发展战略，重点发展旅游业、农业、教育、卫生及基础设施建设。

佛得角的海产资源丰富，但粮食尚不能自给。佛得角的工业基础仍然薄弱，日常生活用品、工业生产资料主要靠进口。服务业产值占其国内生产总值（GDP）的 71.9%（2012 年），[①] 旅游和房地产业在国民经济中占有重要地位。

自 20 世纪 90 年代初，佛得角开始进行经济体制改革，调整经济结构，推行经济自由化。2007 年 12 月，佛得角从最不发达国家迈入中等收入国家行列。2008 年 7 月，佛得角加入世界贸易组织。

佛得角的财政支出主要依靠外援，官方发展援助是佛得角对外经济合作的重要形式。侨汇是佛外来资金的重要来源，佛得角在美国、安哥拉、葡萄牙和荷兰等国家的侨民总数超过 100 万，是其国内常住人口的约 2 倍，侨汇收入是佛得角的重要经济支柱。据非洲发展银行（BAD）2012 年 5 月公布的研究报告，2011 年佛得角家庭侨汇收入占 GDP 的 8%，达 1.21 亿欧元，人均 246 欧元。2010 年佛侨汇收入为 1.09 亿欧元，占 GDP 的 9.4%。在 2011 年非洲国家人均侨汇收入最多的五个国家中，佛得角（246 欧元）居首位，其他四个国家分别是莱索托（234 欧元）、摩洛哥（176.70 欧元）、毛里求斯（155 欧元）和突尼斯（140.60 欧元）。[②]

佛得角的贸易结构不合理，几乎每年都处于严重的逆差状态。佛得角 80% 以上的日常用品及全部机械设备、建筑材料和燃料等依靠进口，主要出口船用燃料、香蕉、服装、鞋类、金枪鱼罐头、冻鱼、龙虾、食盐、火山灰等。2013 年，佛得角进出口贸易总额为 9.57 亿美元，其中出口 1.60 亿美元，进口 7.97 亿美元，逆差 6.37 亿美元。2013 年佛得角的主要贸易伙伴

① 商务部网站，http://cv.mofcom.gov.cn/article/ddgk/zwjingji/201405/20140500599374.shtml。

② 商务部网站，http://cv.mofcom.gov.cn/article/f/201205/20120508156683.shtml。

有葡萄牙、西班牙、美国和中国等。

据佛得角国家统计局公布的初步统计数据，2012 年佛经济增长 1.1%，2013 年增长 1%。2014 年附加值增长的行业有渔业（+22.3%）、通信（+17%）、建筑（+10.5%），下降的行业有农业（-8.7%）、加工业（-8.3%）、商业（-1.3%）。2014 年税收约占 GDP 的 13%。[①]根据佛得角政府制定的 2013～2016 年增长与减贫战略规划，未来几年要确保实现 GDP 的平均年增长速度保持在 5% 以上。2014 年，佛得角经济社会发展并不乐观，根据国际货币基金组织公布的数据，佛得角该年经济增长率仅为 1 %，要实现未来几年增速保持在 5% 以上这一目标还有很大难度。

二　中国企业赴佛得角投资日益增多

佛得角与中国在 1976 年 4 月 25 日建交以来签署了一系列投资和贸易协定。1998 年 4 月，中国与佛得角两国签署《中华人民共和国政府和佛得角共和国政府关于鼓励和相互保护投资协定》。1999 年 5 月，中国与佛得角政府签署了《中华人民共和国政府和佛得角共和国政府贸易和经济合作协定》。2006 年 1 月，中佛两国签署了《中华人民共和国政府和佛得角共和国政府经济技术合作协定》，其主要内容是在平等互利基础上扩大和深化两国现有的合作，并探讨新的合作领域。2007 年 5 月，两国政府再次签署了《中华人民共和国政府和佛得角共和国政府经济技术合作协定》。2007 年 7 月，两国政府签署了承认中国市场经济地位的谅解备忘录。2009 年，中佛签署关于成立经济、贸易和技术合作联合委员会的协定。2010 年 7 月，中佛经贸联委会首次会议在北京举行。

2011 年 11 月 15 日，佛得角与中国澳门特别行政区在澳门签署了避免

① 中国驻佛得角大使馆经商参处网站，http://www.mofcom.gov.cn/article/i/jyjl/k/201504/20150400952413.shtml。

双重征税的备忘录，两地避免双重征税的税种包括职业税和所得补充税及劳务所得税等。协议还订立了税务互惠条款，对象涵盖退休人员、政府服务人员、研究人员、教师及学生等。这对两地就特定税种不重复征税和促进税务信息透明化有积极的意义，将进一步加强双方经贸交流，为两地互惠合作提供更佳的发展环境。

中国和佛得角的主要合作领域是在基础设施建设方面，主要是通过援助和工程承包的方式完成的。1976 年建交以来，中国向佛得角提供了一些经济技术援助，援建了人民议会堂、政府办公楼、帕尔马雷诺住宅、国家图书馆、国父纪念碑、国家礼堂等。在民生方面特别有影响力的是泡衣崂水坝项目，因为佛得角严重缺水，中国政府帮助佛得角修建水坝，截留雨水，灌溉农田。根据中国商务部统计，2011 年中国企业在佛得角新签承包工程合同六份，新签合同额 954 万美元，完成营业额 1531 万美元。

2000 年中国政府宣布取消或减少部分非洲国家债务，佛得角是受益国之一。华侨华人自 1987 年开始进入佛得角，并逐步确立了华人在佛得角的经商基础，由早期的几人发展到数百人，由中餐经营发展到商品贸易，现在拥有企业、中国餐馆、大小商场、商店 80 余家，遍布佛得角群岛的各个岛屿，建立起了自己的贸易市场。近来，到佛得角进行投资考察的中国企业开始增多，协商中的投资领域包括农业、纺织、旅游、电子零件加工等。2003 年 10 月，佛得角企业与中国建材对外技术公司达成年产 30 万吨水泥、总值约 5400 万美元的水泥建厂项目。2004 年 12 月，中国铁路工程总公司与佛得角特克尼西公司合作开发的帕尔玛雷诺区中高档住宅项目举行了隆重的奠基仪式。这是中佛企业之间合作的首个重要项目（项目合同总金额 2724 万美元），对佛得角首都普拉亚的经济及城市建设具有重要意义。中国铁路工程总公司还与普拉亚市政府及特克尼西公司商谈了其他合作意向。

佛得角是西非地区吸收外资最多的国家之一，许多企业看重佛得角的特殊地理位置及稳定的政治和社会环境。因为佛得角经济状况和投资环境都比较良好，加之近年来政府的有效管理和经济增长的显著成绩，佛得角从最不发达国家转型为中等发达国家。

2006年，在北美基金会和《华尔街日报》进行的世界经济自由度年度排名结果中，佛得角经济自由度在全世界参评的161个国家中位列第四十六位，为非洲第二，仅次于博茨瓦纳。[①] 据美国传统基金会2014年1月14日公布的《经济自由度指数报告2014》，[②] 佛得角以66.1分（比上年增加2.4分）在被考察的186个国家中排第六十位，超过葡萄牙（第六十九位）、巴西（第一百一十四位）、莫桑比克（第一百二十八位）、几内亚比绍（第一百四十三位）、圣多美和普林西比（第一百五十七位）、安哥拉（第一百六十位）和东帝汶（第一百七十位），在葡语国家中居第一位。该报告称，佛得角在"就业自由度""营商自由度""投资自由度""政府开支管理"等方面的评分皆有较大幅度的提升。[③] 这也会为佛得角吸引外部投资加分。

佛得角吸引的外资主要来自欧盟国家、中东和安哥拉，投资领域以旅游、房地产和金融为主。外资控制了佛得角工业总资产的60%～70%，葡萄牙、德国、荷兰、爱尔兰、瑞典和阿联酋等国的投资者投资旅游、电信、能源、银行，以及保险业，对佛得角的服务业产生了较大的影响。根据联合国贸发组织的统计，2011年佛得角吸收的外国直接投资为9300万美元。

根据中国商务部统计数据，截止到2011年末，中国对佛得角非金融类直接投资458万美元，投资主体以民营企业为主。中国在当地投资合作的主要项目为建筑、地产和电视媒体等。当然，投资佛得角也有一些风险，主要是因为国家小、资源匮乏、人口少、市场容量有限，加之资金以外来为主，外商投资的最主要的经济部门——旅游业的发展受到外部因素的影响较大，这些都对双边投资具有一定的影响。

---

① 商务部网站，http：//cv. mofcom. gov. cn/aarticle/jmxw/200601/20060101428807. html。

② 在该报告中，美国传统基金会考察的186个国家覆盖全球人口的99%。经济自由度指数评价指标包括贸易政策、政府开支管理、政府对经济的干预、货币政策、资本流动和外国投资、银行业和金融业、工资和物价、产权、规制以及非正规市场活动10个项目。

③ 商务部网站，http：//cv. mofcom. gov. cn/article/jmxw/201401/20140100461903. shtml。

三 中国与佛得角贸易结构逐步改善

佛得角进出口贸易总额有持续增长的趋势，但存在巨大的贸易逆差。根据佛得角政府网站的统计数据，佛得角近年来的贸易情况如表1所示。

表1 佛得角进出口贸易情况（2005～2011年）

单位：百万美元

年份	进口额	出口额	贸易逆差
2005	485.95	19.60	466.35
2006	593.78	22.70	571.08
2007	767.60	80.40	687.20
2008	830.70	115.70	715.00
2009	833.80	103.40	730.40
2010	888.10	98.30	789.80
2011	868.20	108.50	759.70

资料来源：根据佛得角政府网站 http：//www. governo. cv/整理而成。

中佛之间的双边贸易也呈现持续增长的趋势，但是地缘因素、结算方式（佛得角银行不能开具信用证）以及佛得角市场容量等因素使得中佛两国之间只能进行小额贸易，用现汇结算。2012年，中佛双边贸易额为5749.16万美元，同比增长15.86%，均为中国对佛出口，其主要产品为机电产品。中国与佛得角的双边贸易情况如表2、表3所示。

表2 2003～2007年中国和佛得角双边贸易情况

单位：万美元，%

年份	2003	2004	2005	2006	2007
双边贸易额	260.0	275.0	519.0	1009.0	1470.0
同比增长	41.1	5.8	88.9	94.6	45.7
中国进口额	0	0	0	0	0

续表

年份	2003	2004	2005	2006	2007
同比增长	0	0	0	0	0
佛得角进口	206.0	275.0	519.0	1009.0	1470.0
同比增长	41.1	5.8	88.9	94.6	45.7

资料来源：根据《中国海关统计年鉴》相关数据编制。

表 3　2008～2012 年中国和佛得角双边贸易情况

单位：万美元，%

年份	2008	2009	2010	2011	2012
双边贸易额	1326.59	3540.52	3434.72	4962.02	5749.16
同比变动	-9.76	136.80	-3.00	44.45	15.86
中国进口额	—	0.02	1.21	9.75	0.11
同比变动	—	0	6148.70	708.96	-98.86
佛得角进口	1326.59	3540.50	3433.05	4952.27	5749.05
同比变动	-9.76	136.80	-3.00	44.22	16.09

资料来源：根据《中国海关统计年鉴》相关数据编制。

中国与佛得角的进出口贸易基本上以中国出口为主。2007 年以前，中国与佛得角的贸易额一直比较低，且完全以中国出口为主。2004 年，中国与佛得角两国直接贸易额不到佛得角对外贸易额的 0.6%。2005 年，两国贸易额为 519 万美元，均为中方出口。总体而言，中国从佛得角进口的商品品种多、批量小，运距长，交通不便；而中国出口到佛得角的商品的品种和数量也很少，一般由葡萄牙转来，这一直是中佛贸易的扩大和进一步发展的主要制约因素。中国对佛得角出口的主要商品是轻工日用小百货，极少从佛得角进口，如图 1 所示。

如表 2 和表 3 所示，直到 2006 年，中佛贸易额才突破 1000 万美元的关口，此后基本实现稳步增长。并且在 2009 年，佛得角开始向中国出口少量的产品，双边贸易额明显增加，达到 3540.52 万美元。中国向佛得角出口产品的品种也从单一的日用品扩展到家具、汽车、建材等产品。根据海关的统计，近年来，中国对佛得角出口的商品主要有：电机、电器、音像设备及其

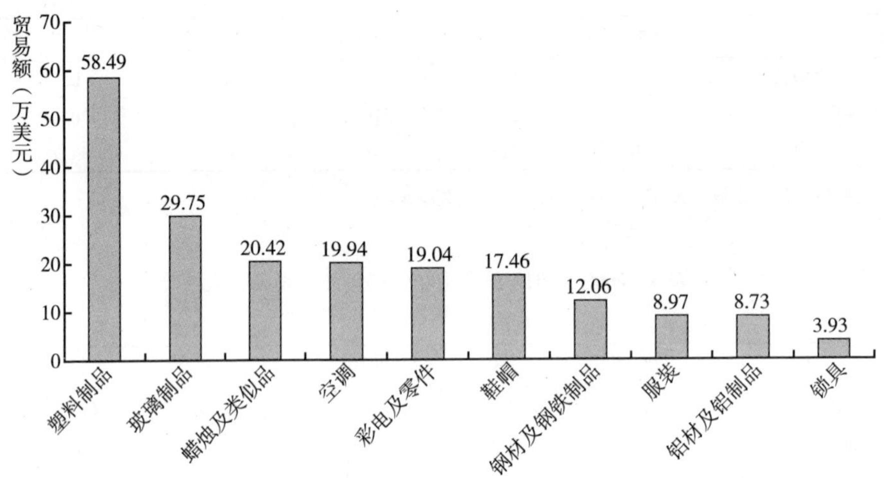

图1　2005 年中国与佛得角双边贸易主要商品结构（以中国出口为主）

资料来源：根据《中国海关统计年鉴》相关数据编制。

零附件；光学、照相、医疗等设备及零附件；成套物品、旧纺织品、其他纺织品；玻璃及其制品；乳、蛋、蜂蜜、其他食用动物产品；贱金属杂项制品；肉、鱼及其他水生无脊椎动物的制品；蛋白类物质；钢铁制品等。中国从佛得角进口的商品主要包括咖啡、茶、马黛茶及调味香料。

2015 年第一季度中国成为佛得角第三大进口来源国。据佛得角国家统计局 2015 年 4 月 30 日公布的数据，第一季度中国对佛出口占佛进口总额的 8.3%，略高于西班牙（8.2%），仅次于葡萄牙（43.3%）和荷兰（13.7%），居第三位。与 2014 年同期相比，中国对佛出口增加了 144.9%。佛进口商品以日用消费品为主。佛得角对外出口目的地主要是西班牙和葡萄牙，分别占出口总额的 70.8% 和 20.1%。欧洲是佛得角最大的出口市场。佛得角出口商品以海鱼、甲壳类和软体动物为主（占 51.0%），其次是鱼罐头（占 29.2%）。①

① 中国驻佛得角大使馆经商参处网站，http：//cv.mofcom.gov.cn/article/jmxw/201505/20150500959365.shtml。

四　双边经济合作颇具潜力

中国与佛得角的经济合作受制于双边贸易结构，发展有一定难度。目前中国与佛得角的经贸合作以中国向佛得角出口为主，面临许多需要解决的问题：一是佛得角人口少、市场狭小，进口商品品种多、批量小，佛得角直接从中国进口的商品主要由几家华侨商行经营，中国对佛得角的出口潜力有限；二是中国出口商品的范围还很有限，以日用百货为主体；三是佛得角是一个葡语国家，中国精通葡语的人才较少，在一定程度上妨碍了双方间的交流与沟通。但是中国与佛得角的经贸关系近年来快速发展，各个领域的合作全面展开。

此外，除了以上所分析的佛得角的经济和投资环境的国际认可度，佛得角还具有其他方面的投资吸引力，如佛得角是西非国家经济共同体和洛美会议成员国，亦是美国普遍优惠制的受惠国，因此享有欧洲、西非和美国市场的特惠进入权。佛得角还是《非洲增长与机会法案》（*African Growth and Opportunity Act*）受惠国，佛得角国内的纺织、服装工业产品出口美国可享受一系列关税豁免待遇。另外，在佛得角，外汇可以自由流通。外来投资者和出口单位可在本国经法律批准建立的金融机构中开设可自由兑换货币的账号并可通过它开展各种业务。所有外资企业都可享有的财税优惠包括：免征外资企业前五年的利润、股息税，开业第六年起，征收收入税 10%；免征再投资的利润、股息税；对外资企业财务运作中的利润和分期还款免征税。这些都是中国寻求走出去和产业升级的企业比较重视的发展条件，因此，中国未来有望在投资领域加大同佛得角的合作。

佛得角处于经济转型期，正努力成为该地区货运中转站和西非金融中心。佛得角希望中国在这一进程中成为佛得角的合作伙伴，与佛得角在工业、农业、能源、海运、旅游和基础设施建设等领域开展互利合作。

B.13

几内亚比绍共和国

周蕾蕾*

摘　要：西非国家几内亚比绍是世界上重要的腰果生产国之一，同时也是北大西洋的重要渔场，腰果生产和渔业生产成为几内亚比绍的重要经济收入来源，全国有大部分人直接或间接从事与此相关的行业。这两大产业为几内亚比绍的外汇创收和对外合作提供了广阔空间，同时也存在一些需要重视和注意的问题，如腰果加工业落后，手工渔业比重高，工业捕鱼欠发达，与渔业相关的基础设施落后等。

关键词：几内亚比绍　腰果生产　渔业　产业结构

一　经济仍处在结构转变之中

几内亚比绍共和国是位于北大西洋沿岸的西非国家，曾是葡萄牙殖民地，官方语言为葡萄牙语。人口约为170万（2011年数据）。几内亚比绍工业基础薄弱，以农业为主，是联合国公布的最不发达国家之一，也是西非的重债穷国。

几内亚比绍是典型的农业国，全国68%人口以农业为生，可耕地面积为90多万公顷，已耕地面积约为45万公顷，主要作物有水稻、腰果、棕榈、木薯、花生、棉花、土豆、玉米和高粱。几内亚比绍的渔业资源丰富，发放捕鱼许可证和渔产品出口是其主要外汇收入来源。矿产资源有铝矾土和

* 周蕾蕾，北京大学硕士研究生。

磷酸盐。自 1999 年开始，几内亚比绍经济呈恢复性增长，2000 年底，几内亚比绍被世界银行和国际货币基金组织列入“重债穷国减债计划”。

根据英国经济学家情报社《经济季评》的经济发展数据，几内亚比绍的国内基本经济指标如表 1。

表 1　几内亚比绍经济基本指标情况

经济指标＼年份	2007	2008	2009	2010	2011
国内生产总值(亿美元)	2.3	4.6	4.3	4.7	4.9
人均产值(美元)	219.3	264.0	266.0	291.0	306.0
经济增长率(%)	2.5	3.2	2.9	3.5	5.3
通货膨胀率(%)	4.6	6.3	8.2	2.6	3.0

2011 年，在几内亚比绍的国内生产总值构成中，农业占 51%，制造业占 12%，服务业占 37%。可以说，几内亚比绍的经济结构不平衡，对外贸易水平也比较低。出口以初级农产品为主，主要是未经加工的腰果，产品和服务的进口主要是各类生活必需品。该国经济仍处在结构转变的初级阶段，占统治地位的仍是初级产品的生产活动，制造业远未成为总产出的主要来源。

根据西非中央银行资料，2008～2011 年几内亚比绍财政平均年收入 2 亿多美元，主要由税收、外援和其他部分构成。其中，税收部分平均约为 1.5 亿美元，外援平均约有 5000 万美元，其他所得部分平均约有 300 万美元。2009 年几内亚比绍的外债余额为 11.12 亿美元，2010 年降至 1.99 亿美元，中国、世界银行、国际货币基金组织和巴黎俱乐部等宣布免除该国部分债务。①

二　腰果经济占主导地位

2011 年，几内亚比绍的农业产值约占国民生产总值（1.47 亿美元）的 57%（0.84 亿美元）。其农产品出口占出口总额的 96% 以上，主要出口产

① 根据西非中央银行网站资料整理。

品是腰果、花生米、原木、冻虾和冻鱼等，其中腰果是几内亚比绍出口最多的产品，其出口值占几内亚比绍年度出口总值的一半以上。[①]

近十几年来，几内亚比绍腰果产量逐年增加，种植规模达到30万公顷，目前85%的腰果种植园属于农户家庭式小规模经营，这是几内亚比绍腰果种植的核心模式，全国有25万个农户家庭、100多万人参与腰果种植。腰果种植覆盖率占全国领土的4.8%，超过其他生产国2%的平均水平。1996~2011年，几内亚比绍的腰果产量从3.9万吨增加到20万吨，每年以10%的速度增长，其中51.2%是近几年开发种植的，尚未体现更大的生产力。几内亚比绍腰果产量位于世界前列，是世界第五大腰果产出国。[②]

腰果是几内亚比绍对外出口的主要产品和经济支柱，为保护腰果的出口价格，几内亚比绍对腰果出口征收特别税。然而，几内亚比绍出口的腰果几乎全部未经加工。[③] 由于缺乏加工能力和投资，国内加工能力甚至没有达到腰果产量的15%。[④]

几内亚比绍居民中有90%的人直接或间接地与腰果行业有联系。根据几内亚比绍驻华大使馆的资料，[⑤] 该国产出的腰果，“90%以带壳的原腰果形式出口到印度，无论对于国家，还是对于生产者，换回来的都微不足道。这种做法绝对不可能激励生产者提高生产效率，或者种植的积极性”。[⑥] 几内亚比绍的腰果是该国出口创汇的重要来源，然而正是因为大部分腰果没有经过深加工，大大降低了创汇能力。

根据几内亚比绍大使馆的资料，几内亚比绍国内已经建立了部分腰

① 中国驻几内亚比绍大使馆经商参处。

② 中国驻几内亚比绍大使馆经商参处。

③ 中国驻几内亚比绍大使馆经商参处，http://gw.mofcom.gov.cn/article/ddgk/zwjingji/201210/20121008390814.shtml。

④ 中国驻几内亚比绍大使馆经商参处，http://gw.mofcom.gov.cn/invest/detail/A00/20121203000031.html。

⑤ 几内亚比绍驻华大使馆，http://bio-visa.com/program/com/guineacn/index.php?file=detail.php&nowdir=&id=6369&detail=1。

⑥ 几内亚比绍驻华大使馆，http://bio-visa.com/program/com/guineacn/index.php?file=detail.php&nowdir=&id=6369&detail=1。

果加工工厂，但加工规模属微型、小型和中型，年消耗原料为4000～5000吨。该国国内建有23家腰果加工厂，拥有150台切割机，使用的工人有750名，每天可生产腰果12000公斤。在此领域内，几内亚比绍不仅可以创建更多的工厂，也可以成立腰果烘烤、包装和营销部门。[①]几内亚比绍的腰果加工能力明显与该国的腰果产量不成比例，由此可见，腰果经济在几内亚比绍还具有很大的发展潜力，也为其他国家到该国投资提供了空间。

随着亚洲和其他市场需求不断扩大，非洲腰果受到“青睐”，由此带动其产量和加工能力增加。目前，非洲腰果产量占全球总产量的30%，但其加工量仅占10%。据WTO统计，世界坚果类贸易占前三位的依次是杏仁、胡桃和腰果。早在20世纪70年代，非洲腰果产量曾称雄世界（占70%），但到21世纪初已下降至30%。其原因是印度和越南异军突起，其中印度腰果产量和加工量均跃居全球首位。[②] 几内亚比绍的腰果绝大部分都未经加工，以原料的形式出口到印度。

几内亚比绍的腰果经济也明显地反映出非洲腰果业存在的主要问题，那就是加工能力严重不足，没有形成产业链，难以获取附加值。腰果被以原料形式出口到印度，在印度脱壳后再复出口到美国（第一进口国）和欧洲。因而，几内亚比绍的腰果生产者的实际收入大为缩水，该国也丧失了对制成品市场的价格控制。为逐步改善这种局面，西非国家曾提出倡议，呼吁加快本国加工能力建设，最终实现产供销一体化。非洲腰果生产者联盟15国也同意协调立场，决定加强工艺和技术改造，提高加工效率和生产率。

由于腰果经济的收入在几内亚比绍经济中占有重要地位，腰果价格的波动直接影响到整个几内亚比绍的经济发展。因此，几内亚比绍政府对腰果经济的发展特别关注。2012年12月，根据法国媒体报道，受全球腰果价格暴

---

① 几内亚比绍驻华大使馆，http：//bio-visa. com/program/com/guineacn/index. php？ file = detail. php&nowdir = &id = 6369&detail = 1。

② 中国商务部，http：//www. mofcom. gov. cn/aarticle/i/jyjl/k/201110/20111007767369. html。

跌的影响，几内亚比绍商务部决定将每千克腰果的出口关税下调50西非法郎，此后每千克腰果的出口关税仅为10西非法郎。由于2012年腰果贸易活动遭遇失败，几内亚比绍过渡政府决定对未获得银行资助的当地企业进行补偿，因为这些企业未能成功出口其原材料，而产品至今还储存在仓库中。该国腰果出口商协会主席Mama Saliou Lamba表示，过渡政府实施的补助措施对其他出口活动而言至关重要。由于全球腰果价格大幅下跌，其他出口活动也遭遇了前所未有的危机。此外，比绍仓库中还有2万吨等待出口的生腰果，而其他各地区约有6万吨等待出口的生腰果。由于2012年4月该国发生了军事政变，2012年几内亚比绍未能成功出口的腰果量达到10万吨。而在2009年，几内亚比绍出口的腰果量为13.5万吨，其中95%出口到印度。①

2013年5月28日，几内亚比绍财政部部长达阿巴宣布，在经过与腰果种植户、腰果出口商、腰果加工企业和银行相关人士的会议后，政府给出的2013年腰果出口指导最低价为每公斤210西非法郎（约0.32欧元）。同时，几内亚比绍政府将每千克50西非法郎（2011年制定）的税金下调到每千克10西非法郎，该税金将作为中小型企业转型基金。2013年几内亚比绍的腰果收购价仅为每千克150西非法郎（约0.22欧元），同样产品在塞内加尔的价格却高达每千克400西非法郎。几内亚比绍2011年腰果出口超过17万吨，国家腰果财政收入约1.56亿欧元。2012年由于政变和产量降低，当年出口减少。该国经济主要依靠腰果收入，目前在农村地区约有85%的人口种植腰果，② 腰果价格走低严重影响了2013年几内亚比绍国家和民众的收入。

从长远来看，为了保护腰果种植的积极性，增加腰果经济的发展动力，几内亚比绍政府需要积极调整政策，大力开发腰果加工业，拓展腰果经济的产业链。只有这样，腰果生产者的利益才能得到有效保护，腰果种植和加工

① 《几内亚比绍政府下调腰果出口关税》，搜狐网，http：//roll.sohu.com/20121122/n360943907.shtml。

② 国际贸易信息网，http：//www.zh-hz.com/html/2013/06/04/185695.html。

的积极性才能得到提高。此外，同为腰果生产国的贝宁的经验也值得几内亚比绍学习，贝宁当地的腰果生产者不断开发生态腰果品种，增强环保意识，使腰果的市场价格更上一层楼。

几内亚比绍政府已经十分重视其面临的状况，格外关注腰果生产和加工产业。2012 年，几内亚比绍腰果协会会长弗洛伦蒂诺·南格，在会见国家代总理、政府要员、外交使团代表时说，几内亚比绍腰果协会向世界银行递交了一份《在几内亚比绍当地进行腰果加工的可行性研究报告》，报告指出：在几内亚比绍当地进行腰果加工具有完全优势，潜力巨大，欢迎和鼓励腰果领域及其他经济领域的企业家，到几内亚比绍开发腰果加工产业。几内亚比绍要逐渐改变以出口带壳腰果为主的状态，走腰果加工、深加工，增加附加值收入的道路。他说："腰果加工产业为国家带来的经济利益，包括增加就业岗位，减少农村人口外流，遏制非法移民，增加产值，促进经济，最后，还能利用腰果皮进行发电，大大降低对石油产品的消费。"几内亚比绍政府的举措是增加现腰果加工产量，为几内亚比绍社会经济发展创造财富和就业机会，改善几内亚比绍人民的生活条件。目前，从事腰果加工业的女性占六成。几内亚比绍政府将 2012 年指定为腰果加工产业化的开头年。[①]

根据 2012 年的几内亚比绍统计数据，腰果种植面积已经占几内亚比绍全国可耕地面积的 47% 以上。[②] 需要注意的是，腰果种植面积扩大也在一定程度上造成粮食作物种植面积减少。

三　渔业一枝独秀

除了腰果生产以外，几内亚比绍还拥有丰富的渔业资源，是大西洋的重要渔场。渔业成为该国另一个重要的收入来源。

---

① 中国驻几内亚比绍大使馆经商参处。

② 《几内亚比绍：政府下调腰果出口关税》，《重庆晨报》，http：//www. cqcb. com/cbnews/instant/2012 - 12 - 19/2215681. html。

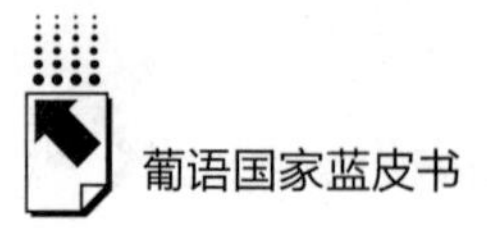

几内亚比绍海岸线长220公里，几内亚比绍沿海大陆架长160公里，专属经济区7万多平方公里，渔业资源丰富，约140万吨，年可捕量25万~35万吨，其中有鳞鱼约20万吨，头足类软体鱼约2000吨，对虾约5000吨，龙虾约5000吨，蟹类约500吨。目前实际年捕捞量在20万吨左右。几内亚比绍海域鱼类较多，有170多种，经常捕获的主要经济鱼种有50种左右，包括鲍、花鲷、鳎、对虾、章鱼等。①

几内亚比绍政府对专属经济区内的海域实行严格的渔业管理，执行禁渔区线制度、幼鱼比例检查制度和海上监护制度。在禁渔区线以东严禁外国持证渔船进入捕鱼，违者罚款。渔获物中体长15厘米以下的幼鱼不得超过30%，否则罚款。几内亚比绍全国有4000~5000人以捕鱼为生，渔船为载重量1吨左右的小舢板或独木舟，主要在国内水域从事作业。几内亚比绍政府在禁渔区以西的专属经济区内的海域，向外国渔船出售捕鱼许可证，收费标准一般为渔船每吨位年收费220~360美元。② 几内亚比绍海域内各类捕捞船有几百条，其中包括西班牙、中国、法国、葡萄牙、意大利、巴拿马、塞内加尔等10多个国家的渔船。在几内亚比绍与中国的渔业合作方面，中国水产公司与几内亚比绍渔业合作已有近30年的历史。中国水产品集团在1984年就已经与几内亚比绍开展渔业合作，并在2008年与几内亚比绍渔业部共同决定将原来的渔业手工合作项目改组为合资公司。③ 渔业合资公司的成立，为双边渔业合作和几内亚比绍的渔业发展都注入了新的活力。

为了开发几内亚比绍渔业资源以及促进渔业经济的发展，中国、俄罗斯、法国、阿联酋、欧盟等国家或国家集团与几内亚比绍开展或保持渔业合作，联合国粮农组织也为此做出了努力。2011年1月，中国澳门和辽宁企

---

① 中国商务部驻几内亚比绍经商参处，http://gw.mofcom.gov.cn/article/ztdy/200301/20030100063647.shtml。

② 中国商务部驻几内亚比绍经商参处，http://gw.mofcom.gov.cn/article/ztdy/200301/20030100063647.shtml。

③ 中国商务部驻几内亚比绍经商参处，http://gw.mofcom.gov.cn/article/jmxw/200802/20080205368074.shtml。

业家代表团在几内亚比绍考察访问之后，与几内亚比绍政府签署了一份合作备忘录，涉及工业、渔业、能源业的投资项目。[①] 2011 年 4 月，俄罗斯与几内亚比绍就渔业方面签署了一份为期五年的双边协议。根据协议要求，几内亚比绍和俄罗斯将成立一个“综合委员会”，为今后两国渔业合作中的一系列活动制定相关的标准。[②] 2011 年 5 月，阿联酋投资代表团与几内亚比绍签订合作备忘录，内容包括渔业、矿产勘探和港口基础设施建设的短中期投资计划。[③] 2011 年 7 月，法国与几内亚比绍政府签署资助金额达 19.1 万欧元的发展项目协议。该协议除了改善几内亚比绍医疗保健等方面的内容外，还涉及支持渔业的项目。[④] 2011 年 6 月欧盟与几内亚比绍渔业部签署了为期一年的渔业临时协议。双方就欧盟船只在几内亚比绍水域捕鱼的补偿金进行了谈判，根据协议欧盟将支付 455 万欧元的补偿金以及为几内亚比绍渔业部门提供 295 万欧元的财政支持。当时，欧盟共有 60 艘捕鱼船在几内亚比绍水域捕捞金枪鱼、虾、蟹和乌贼等，分别来自西班牙、葡萄牙、意大利、希腊和法国。[⑤] 2012 年 9 月 18 日，西非经货联盟与几内亚比绍在比绍签署了三个协议。根据协议，联盟将援助几内亚比绍农业和渔业领域，援助金额共计 3.93 亿非洲法郎（折合 60 万欧元）。[⑥]

渔业作为几内亚比绍的支柱产业之一和重要创汇产业，吸引了众多国家的投资与合作，目前除了以上涉及的国家和国际组织，与该国在渔业上开展合作的国家还有韩国和日本等。

---

① 中国商务部驻几内亚比绍经商参处，http://gw.mofcom.gov.cn/article/jmxw/201101/20110107383749.shtml。

② 中国商务部驻几内亚比绍经商参处，http://gw.mofcom.gov.cn/article/jmxw/201104/20110407490487.shtml。

③ 中国商务部驻几内亚比绍经商参处，http://gw.mofcom.gov.cn/article/jmxw/201105/20110507542944.shtml。

④ 中国商务部驻几内亚比绍经商参处，http://gw.mofcom.gov.cn/article/jmxw/201107/20110707647664.shtml。

⑤ 中国商务部驻几内亚比绍经商参处，http://gw.mofcom.gov.cn/article/jmxw/201106/20110607603572.shtml。

⑥ 中国商务部驻几内亚比绍经商参处，http://gw.mofcom.gov.cn/article/jmxw/201209/20120908348189.shtml。

此外值得注意的是，几内亚比绍尚无自己的工业捕鱼船，渔业收入主要靠出售捕鱼证等，与外国捕鱼船纠纷不断，抓扣事件时有发生，① 与渔业相关的基础设施建设也有待加强，这些在一定程度上影响了几内亚比绍的渔业健康发展。

四 结论

2011 年，在全球经济危机国际环境之下，几内亚比绍经济增长超过预期，国家经济增长率为 5.3%，这得益于腰果产量达到历史性最高水平，腰果出口量约 17.4 万吨，占几内亚比绍出口总额的 98%，创历史最高纪录，并带来 2.26 亿美元的收入。腰果产业成为几内亚比绍最重要的经济支柱，一方面促进了经济增长，另一方面也显示了几内亚比绍经济的脆弱性，依赖单一产品的收益会增加经济发展的波动性和不确定性。渔业方面，几内亚比绍的渔业捕捞量虽然比较高，但是本国工业捕鱼程度有待提高，渔业加工欠发达，渔业还有很大的发展空间。在这一点上，腰果生产和渔业生产具有相同的特点，产业链有待进一步延长，以提高出口产品的附加值。

此外，几内亚比绍的森林资源丰富，森林覆盖率高达 56%，林产品是其继渔业和腰果之后主要传统出口产品之一。该国拥有林地近 24600 平方公里，其中干旱、密集林地 1730 平方公里，退化林地 9370 平方公里，热带草原性林地 9260 平方公里，棕榈、芒果和湿地林 4220 平方公里。全国森林资源储量 4880 万立方米，但是其中质地优良、可用于工业和建筑的木材资源种类不多，储量有限，主要有红木、香木、血木、白木、棕榈树等，可供砍伐的资源约 40 万立方米（417000 立方米）。② 近些年来，森林资源的消耗速

① 中国商务部驻几内亚比绍经商参处，http：//gw.mofcom.gov.cn/article/ddgk/zwjingji/201205/20120508156449.shtml。

② 中国商务部驻几内亚比绍经商参处，http：//gw.mofcom.gov.cn/article/ztdy/200301/20030100063647. shtml。

度过快，几内亚比绍政府也高度重视和加强林业资源的管理，严格控制林业许可证的发放，注重对森林资源进行适度保护。

总体来看，几内亚比绍的经济发展因腰果生产和渔业的发展而有所推进，但是其依靠初级产品的生产和出口来拉动经济增长的特点十分突出。

B.14

莫桑比克共和国

何茜*

摘　要：莫桑比克2014年的经济社会发展不仅在葡语国家中，而且在非洲国家中都表现得不同凡响，本文分别从政治、经济以及与中国的关系三个方面进行阐述。莫桑比克政治上经历了历史上重要的一次总统大选；经济方面，莫桑比克跻身2014年全球经济增长最快国家之列，进出口贸易、吸引外资得到长足发展，2015年的政治经济发展计划显示出其长期发展愿景；中国与莫桑比克的双边贸易、相互投资发展喜人，中国对莫桑比克的援助效果明显，受到欢迎。

关键词：莫桑比克　政治　经济　中莫关系

一　经历总统选举，国家稳定

2014年10月15日，莫桑比克举行总统、国家及省级议会选举，莫桑比克三大主要政党的总统候选人分别是执政党莫桑比克解放阵线候选人菲利佩·纽西、最大反对党莫桑比克全国抵抗运动领导人德拉卡马和反对党莫桑比克民主运动候选人戴维·西曼戈。

2014年8月24日，莫政府与最大反对党莫桑比克全国抵抗运动（莫抵运）在首都马普托签署停火协议。自从2013年以来，莫最大反对党因选举

---

* 何茜，北京语言大学国际政治专业（国际经济方向）硕士研究生。

诉求得不到满足，已持续不断发动数起武装袭击，造成大量平民和政府军士兵死亡。这次选举也是莫桑比克结束为期两年的武装冲突之后举行的首次大选，将选出莫桑比克新一任总统、250 个国家议会议席以及省级议会议席。欧盟、南共体、葡共体、英联邦、非盟派出人数众多的观察团对此次选举进行监督。同月 30 日大选结果公布，执政党莫桑比克解放阵线（莫解阵）候选人菲利佩·纽西以 57.03% 的得票率当选莫桑比克 1975 年独立后的第四位总统，他是莫桑比克独立后第一位没有经历过葡萄牙殖民解放战争的总统。这标志着莫桑比克干部年轻化的趋势和崭新政治时代的到来。纽西发表就职演说时表示，将延续前任总统格布扎的经济政策，维持现有经济活力，加大基础设施建设力度，增加教育投资，并通过加大对农业、渔业等传统行业的投资以刺激就业。而纽西上任之后也将面对一些非常棘手的问题，其中包括如何通过与莫抵运谈判维持目前国内和平态势，毕竟维护和平和巩固国家的正常运作，是发展宏观经济和稳定金融业的必要条件，以及如何经营管理这个国家丰富的矿产资源等。

莫桑比克现行宪法于 2004 年 12 月生效。宪法规定：以多党制取代一党制，实行党政分开和司法独立；总统为国家元首和政府首脑，总统和议员均由全民直接选举产生，任期五年，可连任一届；实行多种经济成分并存的市场经济；扩大公民自由与权利，废除死刑等。

二　跻身全球经济增长最快国家之列

莫桑比克跻身 2014 年全球经济增长最快国家之列，[①] 在包括金融和矿业在内的各个经济领域均获得增长。据莫桑比克统计局公布的数字，莫 2014 年第二季度生产总值，与 2013 年同期比较，增长了 6.9%，比撒哈拉以南非洲国家平均增长率（4.5%）和全球平均增长率（3%）都高。在 2015 年 1 月的经济报告中，标准银行对 2015 年莫桑比克 GDP 增速的预测不

① 《莫桑比克跻身 2014 年全球经济增长最快国家之列》，2014 年 9 月 29 日，macauhub/MZ。

如国际货币基金组织（IMF）乐观。IMF 的预测显示，莫国 GDP 增速可能由最初的 7.5% 下降 0.5 个百分点至 7%，这与此前的预测相比下调了 0.5 个百分点，主要是受到 2015 年初中北部的洪水的影响。

预计在交通、通信和服务领域的带动下，莫国经济仍将保持强劲增长。IMF 建议采用财政调节、更灵活的汇率和强大的流动性管理，以保持宏观经济的稳定，令该国继续吸引外国投资，特别是要支持石油和天然气部门的增长，预计未来 10 年这两个部门的投资额将高达 1000 亿美元。①

根据莫央行发布的《经济状况和通胀展望》，莫桑比克 2014 年出口总额同比下降 5%，进口总额同比下降 6.2%。若排除大型项目，出口总额（14.86 亿美元）同比下降 22.8%，进口总额（65.49 亿美元）则下降 1.2%。

烟草是传统产品中最大宗的出口商品，出口货值为 2 亿美元，超越木材、糖和棉花（出口货值均超过 1 亿美元）。在主要出口商品中，铝品 2014 年出口货值为 10.523 亿美元（2013 年为 10.632 亿美元）。煤炭出口总值为 4.907 亿美元，同比减少了 1220 万美元。电器产品的出口货值同比上升 8520 万美元，达 3.553 亿美元。燃气出口货值同比上升 1.103 亿元，达 3.399 亿美元。重金属矿品出口同比增长 5650 万美元，达 1.913 亿美元。燃料占进口货品的最大份额，总货值超过 12 亿美元。

2014 年莫桑比克 GDP 增长率维持在 7.4%，梅蒂卡尔贬值，导致 2015 年首季度国家外汇存底下降 3.934 亿美元，通胀情况维持稳定，符合政府的预期——约 5.1%。②

根据莫桑比克投资促进局（CPI）的报告，2014 年 CPI 共批准了 487 个项目，涉及投资金额达 71.02 亿美元，较 2013 年（42.24 亿美元）增长 28.78 亿美元，增幅达 68.13%。由于 2014 年是选举年，CPI 原本预期投资

① 中国驻莫桑比克大使馆经商参处：《IMF 下调莫桑比克经济增长预测至 7%》，2015 年 8 月 18 日。

② 中国驻莫桑比克大使馆经商参处：《莫桑比克 2014 年出口额同比下降 5%》，2015 年 5 月 12 日。

活动会略为收缩，结果投资大幅增长，有点“出乎意料”。加上此前已批的项目所申请的追加投资（涉资9.153亿美元），CPI批准的投资总额达80.17亿美元。

2014年外商直接投资（FDI）总额达24.8亿美元，投资者来自45个国家和地区，前十大投资来源国家和地区依次是：阿联酋（8.91亿美元）、毛里求斯（5.471亿美元）、南非（3.803亿美元）、葡萄牙（3.364亿美元）、中国（7280万美元）、英国（5690万美元）、中国澳门（2700万美元）、土耳其（2108万美元）、肯尼亚（1601万美元）和法国（1360万美元）。阿联酋和毛里求斯领衔FDI的排行榜，主要是因为该两国因其税务政策，现已发展成“国际金融中心”。以阿联酋为例，由于融资便利，很多公司都到（阿联酋）迪拜寻求资金。涉及上述情况的项目有16个，包括一个大型项目——“淡水河谷莫桑比克”的纳卡拉铁路项目。①

根据普华永道的研究，莫桑比克有潜力继卡塔尔和澳大利亚之后，成为全球第三大天然气生产国（前提是能确保约200亿~250亿美元的投资适时到位）。天然气将为莫桑比克带来巨大的收入，据国际能源机构（EIA）有关非洲的一份报告预测，2020~2040年，莫桑比克将从该国天然气资源中获得1150亿美元的收入。要确保项目对社会经济的更大影响，莫政府需要建设天然气运输管道及其他基础设施，将天然气配送到小商户和住宅消费者。同时，莫桑比克也将面临的挑战是，天然气蕴藏地与首都马普托人口密集区有相当远的距离。

由于可观的煤炭储量吸引了大量投资，带动产值快速增加，莫桑比克也成为国际矿业领域新焦点。莫桑比克矿业产值将从2013年的4亿美元增加到2018年的12亿美元，占国内生产总值（GDP）的比重将从2.9%上升至4.2%。莫桑比克新兴的煤炭产业将在未来五年内腾飞。几乎所有产出的煤炭将用于出口，莫桑比克极有可能成为世界最大的焦煤出口国之一，印度和

① 中国驻莫桑比克大使馆经商参处：《2014年莫桑比克吸纳外资同比增长66.3%》，2015年3月16日。

中国为主要目的国。与此同时，莫桑比克的基础设施水平、应对矿业生产增长的能力，以及近期煤炭价格走低影响矿业公司的利润等也值得担忧。莫桑比克政府发表的将提高采矿业税收的声明，也会让投资者产生担忧。

莫桑比克整体商业环境仍然具有吸引力，它还将因邻国相关法规收紧以及资源民族主义盛行而获得越来越多的好处。① 莫桑比克将继续开放矿业领域以吸引更多外国投资并不断提升本国在该领域的竞争力。同时，莫桑比克也将面对外商直接投资延缓、政策制定、基建领域的成本和限制，以及新法批准程序一再被拖延等主要挑战。

2015 年初，莫政府制定了 2015 年的经济和社会计划，主要目标是：实现国内生产总值 7.5% 的经济增长；通货膨胀率达到 5.1%；货物出口总值达到 4.188 亿美元的目标；达到 2.491 亿美元的净国际储备，相当于 4～5 个月的商品和非要素服务进出口值；通过吸引私人投资，加上国家的企业，促进经营环境的不断改善，创造就业机会；以改善环境管理、提高利用自然资源的透明度作为国家发展的重要基础；完善教育、卫生、能源供应，提高社会保障、公共管理和司法的公共服务质量；立足和发展优先级和结构性的经济基础设施网络，以支持生产活动，优先对高潜力的地理区域或农业、渔业、工业和旅游业进行投资；建立和扩大社会教育基础设施建设，优先对需求量大的地理区域提供医疗、卫生、供水、能源、公共行政、司法和专业培训等服务；巩固中央和地方政府的公共管理；扩大司法公正，使其更快、更贴近人民，包括经济上处于弱势的公民；在经济领域加强国际合作，以在国际框架中为国家利益做好防御。②

三　中国与莫桑比克友好合作稳固发展

莫桑比克与新中国的友谊要追溯到 20 世纪 60 年代。当时，属于葡萄牙

---

① 中国驻莫桑比克大使馆经商参处：《莫桑比克因矿业快速发展成为国际焦点》，2014 年 9 月 14 日。

② "Proposta do Plano Económico e Social papa 2015，" República de Moçambique.

殖民地的莫桑比克成立了解放阵线，开展民族独立斗争，得到了中方的政治支持和物资帮助。中方曾在南京为莫方培训了一批军事干部，并派遣军事专家组前往坦桑尼亚的纳钦圭营地培训莫方人员，为莫独立斗争做出了贡献。在1975年莫桑比克独立当天，中莫两国就建立了外交关系，此后双边交往密切。中国国家主席习近平曾表示，莫桑比克是中国在非洲的“全天候”的朋友，莫桑比克总统格布扎认为中国是莫桑比克“最重要”的合作伙伴。中国与莫桑比克建交40年来，在经济技术、医疗卫生、文化教育等领域成果显著。中方先后援建了多所学校和职业培训中心以及一个农业技术示范中心，还建成了国家体育场、希萨诺国际会议中心等项目。在中非合作论坛的框架下，莫方使用中方的“两优”贷款①建设的马普托环城公路、马普托－卡腾贝跨海大桥、国家数据中心、国家6号公路维修扩建项目正在向前推进。

中国海关总署数据显示，莫桑比克与中国双边贸易额为36.1亿美元（同比增119.79%），其中，中国向莫出口额为19.6亿美元（增64.55%），自莫进口额为16.5亿美元（增266.37%）。②

随着莫桑比克经济快速增长和投资环境逐渐改善，前往莫桑比克投资合作的中国企业越来越多。驻莫桑比克大使李春华表示，2014年有几十家中国企业派人到莫考察访问，寻找投资合作的机会，其中有中国企业与莫方就投资水电建设、农业合作和房地产开发达成意向协议。此外，还有在博茨瓦纳、安哥拉、尼日利亚等周边非洲国家发展的中国企业看到莫桑比克的商机，前来考察与投资。两国合作的领域已拓展至公共卫生、文化、教育、社会、农业、基建、能源、运输、通信、建材生产、汽车装配，以及旅游设施等。莫桑比克通讯社引述李春华的发言称，莫中合作已落实了26个建筑项目，培训了超过1000名莫国人员，又向17个基建项目批出贷款。目前，已

---

① “两优”贷款是中国援外优惠贷款和优惠出口买方信贷的简称，是中国政府给予发展中国家政府的政府援助贷款。

② 中国驻莫桑比克大使馆经商参处：《2014年中国与葡语国家间贸易总额达1325.8亿美元》，2015年3月13日。

有 60 家中国企业在莫桑比克运营。[①]

多年来，中国向莫桑比克提供了力所能及的援助，帮助莫建设了外交部办公楼、国际会议中心、议会大楼等项目。目前正在修建整个非洲第二大的国家体育场。在中非合作论坛北京峰会的八项举措框架下，中莫疟疾防治中心如期完成，正在实施的还有学校、农业示范中心、经济适用房等项目。虽然中国的援助金额不算最多，但这是中国人民的心意，体现了中莫两国真诚的友谊，这些项目的建成和投入使用对解决莫桑比克基础设施不足的问题发挥了积极的作用。中方援助的其他项目也总体进展顺利。

① 《2013、2014 年莫桑比克向华出口总额达 10 亿美元》，2014 年 12 月 18 日，Macauhub / CN / MZ。

B.15 葡萄牙共和国

张 敏*

摘 要： 2014年葡萄牙中右执政联盟（由社民党和人民党组成）在推行紧缩政策、结构性改革方面取得成效，葡萄牙完全退出了国际救助计划。经济缓慢复苏，但内需仍疲软，服务贸易成为拉动经济增长的主要因素。中葡两国首脑再次会晤，进一步提升了双边关系。

关键词： 执政联盟 国际救助计划 改革 中葡关系

一 政治：执政联盟在欧洲议会选举中不敌反对党，但执政地位稳固

在应对主权债务危机过程中，葡萄牙中右执政联盟（由社民党和人民党组成，以下简称“执政联盟”）经历了考验。2013年中期，两党在紧缩政策上的严重分歧，导致执政联盟一度濒于解体。在三年救助期内，执政联盟在紧缩政策、劳动力市场改革、增收节支等方面进一步协调立场和加强合作，严格执行“三驾马车”（即欧盟、欧洲中央银行和国际货币基金组织）提出的救助要求。目前葡萄牙在刺激经济增长、扩大就业、改善对外贸易形势等方面取得一定成效，其国际融资能力和国际竞争力均有所提高。尽管执

* 张敏，理学硕士，中国社会科学院欧洲所研究员、科技政策研究室主任、西班牙研究中心秘书长，研究方向为区域经济学。

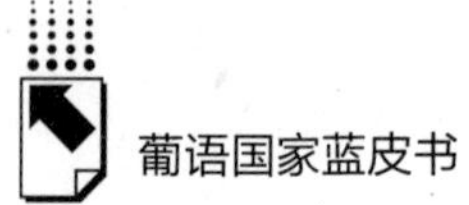

政联盟在初期并不被外界所看好，但经过数年的磨合，两党在内政外交上的协调能力进一步提高，合作意识持续增强。从合作态势看，这一执政联盟有望刷新葡萄牙政党合作记录，联合执政至 2015 年 10 月的大选,[①] 这一稳定的执政前景还得益于以下两大因素。

第一，2014 年欧洲议会选举结果表明：选民对执政联盟的支持率创下历史新低，但对主要反对党社会党的支持程度也不高，一些选民将葡萄牙在债务危机中寻求国际救助归咎于社会党政策的失误。执政联盟得票率仅为 27.7%，与上届两党 40.1% 的总得票率相差较大（其中社民党为 31.7%，人民党为 8.4%）。社会党得票率为 31.5%，高于上届选举（2009 年得票率为 26.6%）。共产党（PCP）的得票率上升，从 2009 年的 10.7% 提高到了 12.7%，获得三个议席。极端左翼集团（BE）赢得一个议席和 4.6% 的选票。地球党（MPT）得票率大幅上升，从 2009 年的 0.7% 增至 2014 年的 7.1%，获得两个议席。[②] 从得票率看，执政联盟遭到重挫，但社会党也未能赢得绝对胜利，与执政联盟的支持率差距并不大，无法劝说席尔瓦总统提前举行大选。

第二，主要反对党内部陷入党魁之争。现任里斯本市长安东尼奥·科斯达（António Costa）被认为是未来党总书记比较合适的人选，可随时替代安东尼奥·塞古鲁。科斯达的执政理念与塞古鲁相近，多数党员认为科斯达享有较高的党内号召力和社会公信力。推举科斯达为总书记，就必须召开党代会，对此塞古鲁却表示反对。即使最终同意召开党代会，塞古鲁也会提出总书记候选人必须获得 2/3 或半数以上党员同意等要求。科斯达最终能否胜出，存在较大悬念。这一党内分歧或将对社会党参与下届大选产生不利影响。

自从 2011 年 5 月葡萄牙申请救助后，处理好与“三驾马车”的关系成为葡萄牙对外关系的重点。接受救助期间，葡萄牙严格执行救助条款，积极

① 2015 年 10 月 5 日，葡萄牙中右执政联盟已微弱的议席数量优势赢得大选，在 230 个议席中，执政联盟和社会党分别获得 104 个和 85 个议席。

② EIU, *Country Report Portugal*, June 2014.

推行结构性改革，不断扭转严重失衡的财政状况，财政预算赤字和政府债务均有所减少，并在救助期满之时成功退出了国际救助计划。未来一段时期内，葡萄牙经济发展进程将不再受制于“三驾马车”救助协议中的各项条件，其在欧盟内的影响力也会逐渐恢复。经历了这场主权债务危机，葡萄牙对推动欧洲一体化发展的步伐更为坚定。

二 经济：紧缩计划和改革初见成效，宣布完全退出国际救助计划

2011 年 5 月，葡萄牙债务危机加剧，不得不向欧盟提出救助申请，与“三驾马车”达成总额为 780 亿欧元的救助协议。接受了国际救助后，葡萄牙经济形势明显好转，2014 年葡萄牙经济增长率达到 0.8% 。[①] 2014 年 5 月 4 日科埃略总理对外宣布，葡萄牙将完全退出由“三驾马车”提供的国际救助计划，不需申请预防性信贷。据葡政府预测，2014 年财政赤字占国内生产总值的比重降至 4% 以下。过去三年的救助计划提升了葡萄牙经济竞争力和在国际资本市场上的融资能力。葡萄牙政府 2014 年 4 月 23 日成功发行了 7.5 亿欧元的 10 年期国债，这也是该国接受国际救助以来首次成功独立发行长期国债。葡公共债务管理机构此次发行的 10 年期国债利率约为 3.58% ，市场认购量高达 3.47 倍。2014 年 5 月 17 日葡萄牙完全退出了国际救助计划，成为继爱尔兰之后第二个退出救助计划的欧元区国家。

2014 年 9 月 30 日颁布的 2015 年政府预算案提出，葡萄牙政府计划将预算赤字削减至 GDP 的 4% ，主要通过减少公共开支来实现。具体措施包括：公务员裁员和降薪，裁员比例为 2% ~3% ，每月工资收入为 675 欧元者降薪幅度为 2.5% ~12% ，预计将削减公共开支 39 亿欧元。

随着经济形势开始好转，葡萄牙的私人消费从收缩转变为增长，预计

① 2014 年欧洲经济预测数据。

2015 年实现增幅 1.6%。在紧缩政策下，公共消费仍然萎靡不振。随着危机逐渐减弱，一些商业性投资开始活跃，总的固定资本有所反弹，预计 2015 年增幅为 2.29%。受欧元区内的主要贸易伙伴内需普遍不振的影响，服务和贸易出口由 2013 年的 6.4% 下降为 2014 年的 3.5%，预计 2015 年为 4.5%，对外出口主要依靠非欧盟国家。2010 年以来，葡萄牙服务贸易顺差额逐年上升，部分抵消了货物贸易逆差，经常项目账户逐渐趋于平衡，2013 年创下了自 1993 年以来的首次经常项目盈余，盈余额占 GDP 的 1.0%，预计 2015 年盈余额持平。

葡萄牙 2013 ~2016 年具体经济增长指标如表 1 所示。

表 1　葡萄牙 2013 ~2016 年经济增长指标

单位：%

指标 \ 年份	2013	2014	2015	2016
实际 GDP 增长	-1.4	0.8	1.2	1.3
私人消费	-1.4	1.6	1.6	1.3
公共消费	-1.9	-0.6	-0.5	0.0
固定资本形成	-6.3	1.4	1.8	2.2
出口	6.4	3.5	4.5	4.5
进口	3.6	4.5	4.4	4.4
对 GDP 的贡献率				
总内需	-2.4	1.3	1.1	1.2
贸易平衡	1.0	-0.4	0.0	0.1
就业	-2.8	2.3	0.8	0.6
失业率	16.2	13.8	12.7	12.2
价格				
GDP 通胀率	2.3	1.2	1.0	1.3
消费价格指数(协调指数)	0.4	0.0	0.4	1.0
货币和信贷				
私人部门信贷	-5.2	-3.2	-0.4	1.0
广义货币	0.8	2.0	2.2	2.6
财政指标(占 GDP 的比重)				
公共财政平衡	-4.9	-3.9	-3.4	-3.3

续表

指标 \ 年份	2013	2014	2015	2016
私人财政平衡	0.1	0.1	1.5	1.8
结构基础平衡(占 GDP 的比重)	2.0	2.7	2.4	2.3
政府总债务	128.0	127.8	125.7	125.5
经常账户平衡(占 GDP 的比重)	0.7	0.6	0.4	0.2
名义 GDP(10 亿欧元)	171.2	174.6	178.5	183.2

资料来源：葡萄牙银行、葡萄牙财政部和葡萄牙国家统计局。

葡萄牙是欧盟国家中就业形势较差和失业率较高的国家。近年来经济萧条和持续衰退，导致葡萄牙失业问题加剧。据葡萄牙国家统计局的统计，2008 年以来葡萄牙的就业率持续下降，2008 年为 48.9%，其中男性就业率高于 50%，为 54.4%，女性就业率为 43.9%。2012 年的就业率下降为 43.7%，男性为 47.7%，女性为 40.0%。2012 年总就业人数 463.5 万，失业人数为 8.6 万（见表 2）。

表 2　2008～2012 年就业与失业情况统计表

单位：千人，%

指标 \ 年份	2008	2009	2010	2011	2012
总劳动力人口	5625	5583	5581	5543	5495
总就业人口	5198	5054	4978	4837	4635
就业率	48.9	47.5	46.8	45.4	43.7
失业人数	42.7	52.9	60.3	70.6	86
失业率	7.6	9.5	10.8	12.7	15.7
男性	6.5	8.9	9.8	12.4	15.7
女性	8.8	10.2	11.9	13.1	15.6
青年人(15～24 周岁)	16.4	20.1	22.4	30.1	37.7
长期失业率	49.8	46.5	54.3	53.1	54.1

资料来源：根据葡萄牙国家统计局 2008～2012 年的就业和失业状况统计数据整理而成。葡萄牙国家统计局，https：//www.ine.pt。

从2008年至今，失业率一路飙升，2008年的失业率为7.6%，2012年飙升到了15.7%。青年人失业问题十分严重，2012年15~24周岁人口的失业率高达37.7%，相当于三个适龄青年人中就有一个遭遇失业。2013年底失业总人数为78.89万人。随着2014年葡萄牙经济形势的逐渐好转，2014年失业率有所下降，从15.2%下降到了13.4%（参照季节性调整数据），同比下降1.8个百分点（见表3）。2014年12月，15~74周岁人口的就业率为56.7%，环比增长0.1个百分点，同比增长1.0个百分点（见表4）。

表3　葡萄牙15~74周岁失业人口和失业率（按性别和年龄分类）

单位：千人，%

分类	季节性调整数据					非季节性调整数据				
	2013年12月	2014年9月	2014年10月	2014年11月	2014年12月	2013年12月	2014年9月	2014年10月	2014年11月	2014年12月
失业人口（15~74周岁）	788.9	683.6	694.3	694.4	689.6	794.8	686.5	699.4	698.0	695.0
男性（15~74周岁）	402.9	327.4	345.2	350.1	347.5	402.9	327.4	345.2	350.1	347.5
女性（15~74周岁）	386.0	356.1	349.1	344.3	342.1	391.9	359.1	354.2	347.9	347.5
青年人（15~24周岁）	133.8	125.4	123.1	122.9	127.0	136.5	128.7	127.0	125.1	129.7
成年人（25~74周岁）	655.1	558.2	571.2	571.5	562.6	658.4	557.8	572.4	572.9	565.3
失业率（15~74周岁）	15.2	13.3	13.5	13.5	13.4	15.4	13.3	13.6	13.6	13.6
男性（15~74周岁）	15.2	12.5	13.2	13.4	13.2	15.2	12.5	13.2	13.4	13.3
女性（15~74周岁）	15.3	14.1	13.9	13.7	13.7	15.5	14.2	14.0	13.9	13.9
青年人（15~24周岁）	35.2	32.9	33.2	33.4	34.5	36.1	32.9	33.7	33.9	35.4
成年人（25~74周岁）	13.7	11.7	12.0	12.0	11.8	13.8	11.7	12.0	12.0	11.9

资料来源：葡萄牙国家统计局，https：//www.ine.pt/xportal/xmain?xpid = INE&xpgid = ine_publicacoes。

表 4　葡萄牙 15～74 周岁就业人口和就业率（按性别和年龄分类）

单位：千人，%

分类	季节性调整数据					非季节性调整数据				
	2013 年 12 月	2014 年 9 月	2014 年 10 月	2014 年 11 月	2014 年 12 月	2013 年 12 月	2014 年 9 月	2014 年 10 月	2014 年 11 月	2014 年 12 月
就业人口（15～74 周岁）	4390.0	4456.6	4436.2	4435.1	4441.5	4369.2	4466.7	4438.1	4429.2	4421.5
男性（15～74 周岁）	2249.9	2284.9	2264.8	2265.7	2277.4	2239.1	2294.4	2270.8	2265.2	2266.5
女性（15～74 周岁）	2140.1	2171.6	2171.3	2169.5	2164.1	2130.1	2172.3	2167.3	2163.9	2155.0
青年人（15～24 周岁）	246.3	255.2	248.1	244.6	241.2	241.4	262.9	249.8	244.3	237.2
成年人（25～74 周岁）	4143.8	4201.4	4188.1	4190.6	4200.3	4127.8	4203.8	4188.2	4184.9	4184.3
就业率（15～74 周岁）	55.7	56.8	56.6	56.6	56.7	55.5	56.9	56.6	56.5	56.4
男性（15～74 周岁）	59.4	60.8	60.3	60.4	60.7	59.2	61.1	60.5	60.4	60.4
女性（15～74 周岁）	52.3	53.1	53.1	53.1	52.9	52.0	53.1	53.0	52.9	52.7
青年人（15～24 周岁）	22.3	23.2	22.6	22.3	22.0	21.9	23.9	22.7	22.2	21.6
成年（25～74 周岁）	61.2	62.3	62.1	62.1	62.3	60.9	62.3	62.1	62.1	62.1

资料来源：葡萄牙国家统计局，https://www.ine.pt/xportal/xmain?xpid=INE&xpgid=ine_publicacoes。

三　社会形势：应对债务危机的政策措施

2014 年 5 月 4 日科埃略总理对外宣布，葡萄牙将完全退出由“三驾马车”提供的国际救助计划，不需申请预防性信贷。下文将回顾欧盟对葡萄牙救助的过程及特点。“三驾马车”愿意向葡萄牙提供援助的前提条件是：葡萄牙必须推行更为紧缩的财政政策，符合如下三项条件。

其一，引进竞争机制和提高竞争力。按照葡萄牙政府与“三驾马车”

达成的救助协议，减少政府对经济参与的主要措施是：对公有企业（包括交通、能源、保险、通信等部门）以及储蓄银行进行私有化；减少对电力部门的补贴，以降低非贸易部门的过高赢利；通过抑制住房贷款，改善住房租赁市场；通过提高司法诉讼效率和调整司法体系，完善司法制度；通过调整就业保障制度，提高劳动力市场弹性；加强职业培训，提高劳动技能，降低辍学率。

其二，通过财政措施削减预算赤字和公共债务。按照救助协议，争取在2011 年将财政预算目标控制在 GDP 的 5.9%，2012 年和 2013 年分别削减为 GDP 的 4.5% 和 3%。具体措施包括：2013 年之前冻结公务员工资和养老金上涨幅度，中央和地方公务员人数每年分别削减 1% 和 2%；严格控制医疗卫生、教育、国防等部门的各项公共开支；下调对公务员的医疗保险补贴额，削减失业补贴等。在财政收入方面，上调非直接税、财产税；提高增值税，增收电力、烟草和汽车税等。

其三，稳定和加强对金融部门的监管。其具体措施是：扩大银行资本持有量，2011 年底银行资本充足率应提高到 9%，2012 年上升到 10%；如果银行难以达到上述目标，政府将提供大约 120 亿欧元对银行进行注资；通过发行政府担保债券 350 亿欧元，提高银行系统的流动性；加强银行管制与监管；再次出售葡萄牙商业银行，提高公司效率和家庭债务结构等。

为符合上述救助条件，葡萄牙政府提出了应对欧债危机的三大政策措施。

第一，提出可信的、均衡的财政稳定战略。这一战略能否实现必须依靠结构性财政措施、严格监管公私伙伴关系（PPPs）和国有企业的财务状况，力争在中期内使葡萄牙的公共债务占 GDP 的比重不断减少。葡萄牙政府承诺到 2013 年将预算赤字下降到 GDP 的 3% 左右。

第二，依靠市场机制保障金融部门稳定。其主要措施是循序渐进地进行去杠杆化、加强银行资本重组、加强银行监管和兼并重组等。

第三，进行深层次结构性改革，刺激经济增长，创造就业和增强竞争力。结构性改革包括劳动力市场改革、司法改革、网络化工业、住房和服务部门改革。其目的在于刺激经济增长、提高竞争力和加快经济结构调整，减少结构性调整带来的各种负面影响，减少债务危机对贫困家庭的不利影响。

2011 年 6 月 28 日，葡萄牙新政府公布经济与公共财政计划。这一计划与葡萄牙政府与“三驾马车”签署的救助协议要求相符，并提出要创建一个监管机构，与财政部协调，监督该计划的实施。具体做法是：责成其他各部门与财政部共同严格约束财政开支，各部委上年度开支超出部分，将在下年度中财政拨款中予以扣除，并处以一定的罚款；在 2011 年 7 月底之前出售葡萄牙商业银行（Banco Português de Negócios），在 2011 年底对葡萄牙能源公司（Energias de Portugal ，EDP）和葡萄牙国家电网（ Rede Eléctrica Nacional）实现完全私有化；主要从事葡萄牙储蓄总行（Caixa Geral de Depósitos ，CGD）的金融业务，出售该集团下的保险业务及其他非战略性产业；每年中央一级的公务员裁员幅度达 1%，地方和地区裁员 2%，中央、地方和地区管理部门高层人员裁员比例高达 15%。

尽管如此，这些措施在短期内很难扭转葡萄牙的财政恶化状况。国际评级机构穆迪于 2011 年 7 月 5 日将葡萄牙政府债券评级下调至 Ba2，评级前景定为负面。7 月 15 日，穆迪再次宣布下调葡萄牙七家银行债务评级。①

2011 年 8 月 30 日，葡萄牙政府批准了 2011 ~2015 年预算法，实行更为严格的紧缩财政战略，旨在稳定公共财政。为了在 2015 年实现财政预算平衡目标，政府在新预算法中提出大幅削减政府开支，财政预算赤字预期从 2011 年占 GDP 的 5. 9% 削减到 2015 年的占 GDP 的 0. 5%。从 2012 年起政府将提高征税范围和力度，对年收入高于 15. 3 万欧元者的收入税上调 2. 5 个百分点，对年赢利超过 150 万欧元者的公司税上调 3 个百分点，高收入的纳

---

① 穆迪公布的降级银行分别是：①Caixa Geral de Depositos（CGD）长期与短期高级无担保债券与存款评级由 Baa1/Prime -2 降至 Ba1/Not - Prime；②Banco Espirito Santo（BES）由 Baa2/P -2 降至 Ba1/NP；③Espirito Santo Financial Group（ESFG）由 Baa1/P -2 降至 Ba2/NP；④Banco Comercial Portugues（BCP）由 Baa3/P -3 降至 Ba1/NP；⑤Banco BPI（BPI）由 Baa2/P -2 降至 Baa3/P -3；⑥Banco Santander Totta（BST）由 A3/P -2 降至 Baa1/P -2，其单独的银行财务实力评级由 C -/Baa2 降至 D +/Baa3；⑦Caixa Economica Montepio Geral（Montepio）由 Ba1/NP 降至 Ba2/NP。

税人将不再享受医疗、教育或抵押贷款等支出方面的税收减免优惠政策。资本收益税在20%的基础上再上调1.5个百分点。同时将逐年上调增值税。长期享受较低增值税的许多商品（增值税率为6%）和服务（增值税率为13%）的增值税将统一上调至23%，从2011年8月起，电力和天然气增值税率从2011年第四季度的6%上调到统一增值税率23%。

2011年11月30日，葡萄牙执政联盟提交的2012年预算法得到了议会批准。这一预算法是为履行葡萄牙与“三驾马车”签署的救助协议而制定的，主要反对党社会党对预算法投了弃权票，两个极左党派共产党和极端左翼集团投了反对票。葡萄牙总理承认：这一预算法中的财政紧缩程度超过了“三驾马车”提出的救助附加条件。

2012年预算法包括以下主要内容。从收入方面看，2012～2013年，对年收入超过15.3万欧元者，征收2.5%的“附加团结税”。最高的个人收入税率上调至49%。对非本国籍企业征收30%的资本收益税，将基本的资本收益税从20%上调到21.5%。城市房产税率从原来的0.2%～0.4%上调至0.3%～0.5%，房地产销售税从8%上调至10%。此外，香烟税上调4.6个百分点，石油产品税上调2.3个百分点，汽车税上调7.7个百分点等。从支出方面看，削减工资支出可节省GDP的1.6%，削减养老金开支可节省GDP的1.2%，削减医疗开支可节省GDP的0.4%，将2012年预算法中提及的公共部门的数量从359家精简为217家，将国有企业、地方和地区公共管理部门的投资支出削减GDP的0.5%。①

债务危机引发葡萄牙社会危机。为履行救助协议，在严格财政纪律的同时，葡萄牙政府也在加快结构调整步伐，特别重视对劳动力市场和社会保障制度的改革。2012年以来政府推行的劳动力市场改革和社会保障法改革均对社会产生了深刻影响，同时也激化了政府与工会、政府与公民之间的对立情绪。

按照救助协议：2011～2014年，葡萄牙可获得外部救助780亿欧元，

① EIU，*Country Report*：*Portugal*，November 2011.

用于经济再平衡、财政稳定和调整金融体系。从2012年起，政府开始采取一系列措施力争履行协议承诺，包括私有化能源、交通、保险和通信行业，取消国家在葡萄牙电信、能源公司持有的金股比例，减少政府对电力部门的高额补贴，旨在改变这些部门长期过度赢利局面；采取抑制住房贷款需求措施，以加快推动房地产业的结构调整；同时削减政府社会保障支出，降低劳动成本；改革劳动力市场就业法规，以提高劳动力市场弹性，加强职业培训，提高劳动力市场的供需平衡关系。

按照协议附加条件，葡萄牙政府必须降低预算赤字和公共债务水平，预算赤字从2011年占GDP的5.9%，在2012年和2013年分别下降为4.5%和3%。为稳定公共债务水平，政府将主要采取的措施包括：在公共支出方面，在2013年之前冻结公务员工资和养老金增幅，对中央政府公务员总人数每年削减1%，地方公务员削减2%，并大幅削减医疗、教育、国防等方面的各项开支并严格控制支出；在公共收入方面，政府将上调直接税和财产税，扩大收入税税基，提高增值税、电力税、烟草税和汽车税，严格税收审查工作，从而大幅增加税收收入。

上述一系列的紧缩政策直接导致失业率攀升及居民生活水平的下降，促使葡萄牙政府加快劳动力市场改革步伐。2012年1月17日经过17个小时的艰难谈判与紧急磋商，最终政府、葡萄牙劳动者联盟（UGT）和雇主组织三方达成了一项劳动力市场改革方案，旨在提高私人部门的生产率和竞争力。具体措施包括：取消四个公众假日，将年度带薪休假日从原来的25天减少为22天；创建“时间银行”概念，可将闲时的工作时间积攒到忙时使用，以提高工作的灵活性和弹性度。由于欧元区普遍面临经济结构失衡问题，这一劳动力市场改革协议难以使葡萄牙尽快摆脱经济困境和社会动荡，却有助于“三驾马车”对葡萄牙结构调整计划保持信心。

在此次劳动力市场改革问题上，全国两大工会组织葡萄牙劳动者联盟（UGT）和葡萄牙总工会（CGTP）的分歧严重，导致工会组织内部分裂。亲葡萄牙共产党的葡萄牙总工会（CGTP）认为这一协议有损工人阶级利益，因此拒绝与政府谈判。葡萄牙劳动联盟（UGT）与政府的合作态度受到葡萄牙总工会的严厉指责。2012 年 3 月 22 日葡萄牙总工会组织了大罢工，抗议政府的紧缩政策和劳动力市场改革。这次大罢工有序进行，没有引发街头大暴动和大冲突。

这一形势迫使葡萄牙政府加快改革社会保障制度。2012 年 4 月葡萄牙实行新的失业救济法，降低了失业保障程度。新法规定每月可领取的最高失业金从原来的 1258 欧元降为 1048 欧元，失业六个月之后，失业金将被削减 10%。年满 50 周岁的公民领取失业金的最长期限从原来的 38 个月下调到 26 个月。年龄不超过 50 周岁的公民，领取失业金的最长期限从原来的 24 个月削减为 18 个月。新规定中有一些有利于失业金领取者的新措施，例如，有资格领取失业金者从原来要求至少应连续缴纳 15 个月的基本社会保障金，下降为至少应连续 12 个月缴纳社会保障金。在 2012 年有孩子的家庭，如果父母双亲均失业，其失业补贴比原来增加 10%。

最近一段时间以来，葡萄牙社会党对政府紧缩政策的不满情绪上升，表现出不合作姿态，希望政府放慢结构调整步伐，更多考虑民众利益和社会稳定。受社会党反对政府紧缩政策的影响，亲社会党的葡萄牙劳动联盟也开始威胁政府将会单方面撕毁 2012 年 1 月与政府、雇主联合签署的社会伙伴协议。该工会指责政府在修订劳动法和降低失业补贴的同时，却忽视了扩大就业和促进经济增长。种种迹象表明：当前葡萄牙社会对政府劳动与社会保障改革的不满情绪正在积攒。葡萄牙总工会于 2012 年 11 月 14 日举行了全国性大罢工，抗议政府的紧缩政策，这在很大程度上对葡萄牙社会的稳定和葡萄牙履行救助协议产生了不利影响。

四　外交：中国与葡萄牙关系

中葡两国首脑再次会晤，进一步推进双边关系发展。2014 年 5 月 12 ~ 18 日应国家主席习近平邀请，葡萄牙共和国总统卡瓦科·席尔瓦正式访华。这是 2010 年时任国家主席胡锦涛访葡后，两国之间最重要的一次访问。访华期间，习近平主席、李克强总理以及张德江委员长分别会晤席尔瓦总统，两国领导人就如何推进中葡经贸合作、双向投资等交换看法。席瓦尔总统期待葡萄牙的私有化计划能够吸引更多中国投资者，充分利用葡萄牙与非洲和拉丁美洲地区葡语国家关系密切的优势，进一步加强与中国在非洲、拉美和地中海地区的合作。此次席尔瓦总统率领的大型经贸代表团包括3位部长、60家企业主管，分别访问了上海、北京、澳门。

葡萄牙在华投资始于1988年，但规模不大。2010年，新批的葡萄牙对华投资项目有两个，投资总额1058万美元。2011年，葡萄牙在华投资项目有七个，投资总额1334万美元，同比上升26.1%。截至2012年5月底，葡萄牙累计对华投资共183项，实际投入1.73亿美元。目前葡萄牙在华投资项目主要有：中交虹桥有限公司、烟台麒麟包装有限公司、山东凯威斯葡萄酒业有限公司、辽阳易发式电气设备有限公司、葡萄牙大西洋银行珠海分行等。

中国商务部的统计资料显示：2014年1~11月，中葡双边货物进出口额为29.9亿美元，增长20.8%。其中，葡萄牙对中国出口10.1亿美元，增长26.7%，占葡萄牙出口总额的1.7%，同比上涨0.3个百分点；葡萄牙自中国进口19.8亿美元，增长17.9%，占葡萄牙进口总额的2.7%，同比上涨0.3个百分点。1~11月，葡萄牙与中国的贸易逆差9.7亿美元，增长9.9%，中国成为葡萄牙第六大逆差来源国。截至11月，中国为葡萄牙第十大出口市场和第七大进口来源地。[①] 双边贸易详细情况可见表5。

表5　中国与葡萄牙双边贸易额统计（2003~2014年）

单位：万美元

年份	进出口额	出口额	进口额	累计比去年同期增减(%)		
				进出口	出口	进口
2003	60098	40637	19461	56.7	35.1	135.3
2004	86930	58840	28090	44.7	44.8	44.3
2005	123586	91201	32385	42.2	55.0	15.3
2006	171353	135972	35381	38.7	49.1	9.3
2007	221081	182628	38453	29.0	34.3	8.7

① 商务部网站统计资料。

续表

年份	进出口额	出口额	进口额	累计比去年同期增减(%)		
				进出口	出口	进口
2008	269137	230411	38726	21.7	26.2	0.7
2009	240445	192352	48093	-11.0	-17.0	24.0
2010	326749	251324	75425	35.9	30.7	56.7
2011	396316	280090	116226	21.28	11.43	54.11
2012	401994	223504	117338	9.76	17.58	-2.57
2013	390652	250755	139897	-2.7	0.3	-7.7
2014	480059	313684	166375	22.9	25.1	18.9

资料来源：商务部网站。

中国企业积极参与葡萄牙的私有化进程。上海复星集团成功击败竞争对手美国阿波罗国际管理公司，斥资10亿欧元收购葡萄牙储蓄总行80%的保险业务资产。2014年2月7日葡萄牙副总理波尔塔斯、财长路易斯、外长马谢特、中国驻葡大使黄松甫、上海复星集团主席郭广昌，出席了在里斯本举行的上海复星集团收购葡萄牙CSS保险公司股权协议签署仪式。[①] 这是继中国三峡集团和国家电网竞标获得葡萄牙两个私有化项目后，中国企业在葡投资的又一重大项目，标志着中国民营资本开始参与葡萄牙的私有化进程。

① 中国驻葡萄牙大使馆经商参处，http://pt.mofcom.gov.cn/article/zxhz/sbmy/201402/20140200482777.shtml。

B.16 东帝汶民主共和国

唐奇芳*

摘　要：2014年，东帝汶整体形势平稳，各领域均呈现较为积极的发展变化势头。经济上，东帝汶继续保持相对稳定快速的增长，国际收支、贸易、金融和投资等方面均呈利好态势；政治社会领域，东帝汶政府也采取积极措施，促进其发展或改善，取得较大成就；外交上，东帝汶发挥主场优势，以积极主动的态度成功主办了多场国际活动；对华关系上，东帝汶总理成功访华，双边关系发展顺畅，"一带一路"战略构想的提出，给中国与东帝汶关系发展开辟了更加广阔的前景。

关键词：东帝汶　平稳发展　主场外交　总理访华　一带一路

一　经济保持相对稳定快速的发展势头

2014年，东帝汶经济继续加速发展。据IMF的统计，东帝汶除石油产业外的国内生产总值（GDP）为44.78亿美元，同比增长6.6%，增长率高于2013年的5.4%（变化趋势见图1、表1）。[①] 人均GDP为3638美元，在全世界排名第一百一十五位。物价上涨和通货膨胀情况明显好转，2014年

* 中国国际问题研究院副研究员，国际关系学博士，主要研究领域为中国东盟关系，中日关系和东亚地区合作。

① IMF数据库，http://www.imf.org/external/pubs/ft/weo/2015/01/weodata/weoselser.aspx?c=537&t=1。

全国居民消费价格指数（CPI）仅为2.5%，远低于2013年的9.5%（参见图2、表2）。①

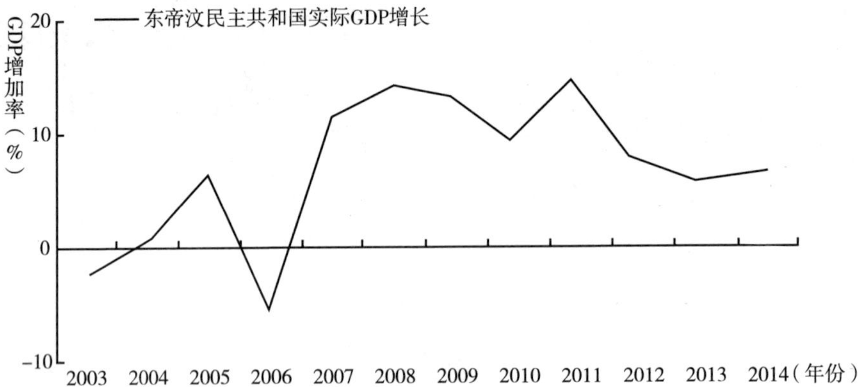

图1　东帝汶民主共和国实际GDP增长

资料来源：IMF World Economic Outlook（WEO），April 2015。

表1　东帝汶民主共和国实际GDP增长

单位：%

年份	GDP增长率	较上年变动率	年份	GDP增长率	较上年变动率
2014	6.6	21.35	2008	14.2	-24.03
2013	5.4	-31.07	2007	11.4	-300.35
2012	7.8	-46.53	2006	-5.7	-191.59
2011	14.7	56.58	2005	6.2	1128.15
2010	9.4	-27.73	2004	0.5	-121.92
2009	13	-8.70	2003	-2.3	

资料来源：IMF World Economic Outlook（WEO），April 2015。

2014年东帝汶的国家收支也向较为平衡的方向发展。经常项目余额约12亿美元，占GDP的26.1%。② 随着政府项目和措施数量的增加和落实率的提高，东帝汶政府预算与开支的关系也变得更加协调，过去“有钱花不

① IMF数据库，http：//www.imf.org/external/pubs/ft/weo/2015/01/weodata/weoselser.aspx？c=537&t=1。

② http：//www.theodora.com/wfbcurrent/timorleste/timorleste_economy.html.

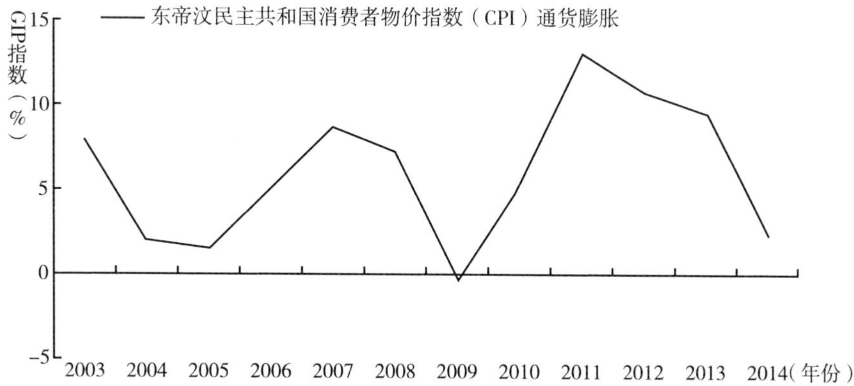

图2　东帝汶民主共和国消费者物价指数（CPI）通货膨胀

资料来源：IMF World Economic Outlook（WEO），April 2015。

表2　东帝汶民主共和国消费者物价指数（CPI）通货膨胀

单位：%

年份	CPI 指数	较上年变动率	年份	CPI 指数	较上年变动率
2014	2.5	-73.77	2008	7.4	-14.03
2013	9.5	-13.33	2007	8.6	65.12
2012	10.9	-17.00	2006	5.2	224.57
2011	13.2	154.42	2005	1.6	-27.06
2010	5.2	-2577.51	2004	2.2	-72.43
2009	-0.2	-102.81	2003	8	

资料来源：IMF World Economic Outlook（WEO），April 2015。

出去”的情况逐渐有所改观。根据亚洲开发银行（ADB）的数据，政府预算的实际支出比例从2013年的62%增加到2014年的90%。也就是说，东帝汶政府的预算执行率提高了26.5%。2014年，东帝汶总的公共开支（包括发展伙伴提供的活动资助）相当于该国非石油GDP的110%。[①]

东帝汶的贸易也在平稳发展。按照东帝汶国家统计局的数据，2014年该国对外贸易总额为10.77美元，同比增长17.4%。其中出口总额为0.92

① http：//laohamutuk.org/DVD/2015/ADBADO2015TL.pdf.

亿美元，同比增长 16.5%；进口总额为 9.85 亿美元，同比增长 17.5%。贸易在 GDP 中的比重也有大幅增长，从 2013 年的 3.5% 提高到 2014 年的 5.5%。从外贸结构来看，东帝汶非石油部门的贸易仍然呈现进口远大于出口的“一头沉”形势，2014 年出口占外贸总额的 8.5%，与 2013 年的 8.6% 相比几乎毫无变化。而进口的形势也基本稳定。从进口商品结构来说，居于前五位的依然是燃料、车辆、粮食、机械及零部件和电子设备；同样的，东帝汶的主要进口来源地也基本不变，仍然是印尼、新加坡、马来西亚、泰国、越南等东南亚国家和澳大利亚、葡萄牙、中国、日本等伙伴国。①

2014 年东帝汶金融领域的发展获得较为突出的成就。据该国最主要的银行——东帝汶国家商业银行（BNCTL）公布的数据，该行 2014 年的资产、储蓄和贷款都有了显著增长。该行资产从 2011 年 7 月设立时的 1000 万美元增加到 2014 年 10 月的 9000 万美元，比 2013 年同期增加了 88%。目前该行个人储户已达约 16 万人，共吸收储蓄 6400 万美元。贷款客户数量也达到 1.7 万人，2014 年共发放商业贷款 2600 万美元，同比增长 24%。在这一业绩的基础上，该银行计划采取积极措施，进一步扩大业务，包括将贷款利率从目前的 18% 降低到 8% ~14%，并且酝酿推出手机银行业务。②

东帝汶政府还采取了一系列措施，鼓励和便利中小私营企业的发展。比如，政府投入 1000 万美元资金，鼓励私营小业主发展商业，解决其商业贷款困难问题，每个申请者可以得到从 200 美元到 10 万美元不等的贷款。③东帝汶政府还推出招投标信息系统（TIS），用手机短信形式发布商品和服务供需、小型资本及其他商机信息，全国有 4200 家企业登记使用。

此外，东帝汶稳定和积极的经济环境已经开始吸引世界各国投资者的注意。普华永道在 2014 年 11 月公布的一项研究指出，从税收角度来说，东帝汶是葡语国家中在世界最具竞争力国家名单中排名最高的。这种吸引力很快

---

① 以上数据根据东帝汶国家统计局贸易资料计算，参见 http：//www.statistics.gov.tl/category/survey-indicators/national-accounts/。

② http：//timor-leste.gov.tl/？p=11121&lang=en.

③ 东帝汶政府新闻，http：//timor-leste.gov.tl/？p=9987&lang=en&n=1。

体现为投资者的实际行动。2014 年底，东帝汶政府宣布批准喜力亚太公司（以下简称“喜力公司”）提出有关兴建饮料厂的建议，项目涉资超过 4000 万美元。根据东帝汶的《投资法》，喜力公司可享相关税务优惠。[①] 同时还有多家外国企业明确表达在东帝汶投资的强烈意向，其中澳大利亚公司规划 5 亿美元的水泥厂已确定选址在东帝汶第二大城镇 Baucau，将于 2015 年动工；[②] 新加坡企业在帝力附近兴建高级酒店的投资案已经进入政府审议阶段，预计投资额将高达 3.1 亿美元。

东帝汶政府抓住这一机会，从硬件和软件两方面入手，努力改善本国的投资环境。在硬件上，东帝汶最大的两个动作是规划建设经济特区和加强港口等基础设施建设。2014 年 7 月，Oecusse 社会市场经济特区（ZEESM）举行奠基仪式，标志着特区一系列基础设施正式开工。首批项目包括修建一条连接 Sacato 到 Lifau 的公路、一座发电厂和一家酒店。到 2025 年，ZEESM 总投放资金将达 41.1 亿美元。作为主要基础设施项目的 Tibar 湾港口项目已经进入政府招标准备阶段，该港被设计为东帝汶唯一接收国际货物的港口——帝力港的一个有效替代。在软件上，东帝汶政府 9 月宣布设立专门机构——“投资东帝汶”，负责签发出资证明书，致力于促进私人投资和出口。

二　政治社会发展取得较大成就

2014 年东帝汶政治社会情况整体稳定，安全度和开放性均有提升。稳定的环境提高了社会活力和流动性。以首都帝力为例，2014 年共起降航班 6056 架次，来往海陆空乘客 18.7 万人次，均高于 2013 年。

东帝汶政府在政治社会各领域也采取积极措施，促进其发展或改善。

在政治领域，东帝汶一个突出的努力方向是强化地方政府的机制和能力建设，逐步完善国家的“分权管理”架构。2014 年的一个显著进展是 8 月

① http：//www.macauhub.com.mo/cn/2015/01/09/喜力亚洲总裁：东帝汶投资环境有利吸引外资/。

② 东帝汶政府新闻，http：//timor-leste.gov.tl/？p=9779&lang=en。

中旬首先在帝力和 Aileu 等五个地区设置地方咨询委员会，成员共 406 人。[①] 地方层面的永久性委员会与国家层面的永久性工作组相配合，构成人们通常所说的“分权管理”结构。东帝汶政府还积极向国际社会学习这方面的经验，包括举行地方分权国际研讨会及与葡萄牙、澳大利亚等国建立地方政府间“一对一”的伙伴关系，通过交流学习，提升地方政府的分权管理能力。此外，东帝汶政府还与联合国开发计划署（UNDP）共同出资维持分权前政府架构政策和项目发展，其中政府出资 75 万美元，分权前管理架构必须保证政府分权管理项目的落实，促进分权后国家服务的协调行动，并为传统社区领袖及非政府组织的所有活动提供支持。[②] UNDP 则支持地区项目经理以及分权后管理者的培训，负责分权计划的可操作化。

东帝汶政府在执政能力建设上也从软硬两方面入手，提升行政水平。软的一面是引入先进的思想理念，促进执政者与公众的政治现代化。比如，举办“走向良好治理和国家发展的举国努力的重要性”研讨会以及与世界知识产权组织共同举办国际研讨会，宣传良好治理及知识产权保护理念。硬的一面主要体现在政府的硬件建设上，如举办跨部委的电子政务学习班，分享电子政务的经验和发展，探讨现有问题和未来指引，以及建设视听制作工作室，记录政府关于国家发展的项目和措施信息，通过广播电视节目传达给公众，实现政府与民众的沟通。

此外，为了配合 Oecusse 社会市场经济特区项目的建设，给予其充分的政策便利，东帝汶政府通过一项法律提案，在其所在地设立欧库西特别行政区，将允许该区拥有“行政、财务和资产管理及自治权”。

在社会领域，东帝汶政府的积极措施几乎覆盖了社会生活的各个方面，对提升社会活力、改善民众生活起到了较好的作用。

对部族的照顾是东帝汶政府的一个关键要务。首先是改善部族的生活条件。2014 年 11 月，作为试点，东帝汶首次为 Aileu 省的部族提供改善性住

① 东帝汶政府新闻，http：//timor-leste. gov. tl/？ p = 10565&lang = en&n = 1。

② 东帝汶政府新闻，http：//timor-leste. gov. tl/？ p = 9850&lang = en。

房，总统亲自出席移交仪式。[①] 其次，政府在精神上注重加强与部族的联系。例如，为 Mauloko-Maubisse 部族社区建立电台，宣传国家政策，并提升社群意识。在建立 Oecusse 社会市场经济特区前，东帝汶政府进行了多部门部长会商，并由总理对该地区进行为期一周的考察，与包括部族首领在内的当地传统、宗教和地方势力进行协商，内容涉及在当地进行一系列机场、道路和桥梁等基础设施建设以及相关法律机制的制定。

对于东帝汶这样贫困人口占国民一半的穷国来说，减贫和关注社会公平是长久的工作重点。东帝汶积极参与联合国的“零饥饿挑战”运动以及葡语国家共同体的“携手对抗饥饿”等国际运动，并于 2014 年 1 月启动了“根除东帝汶的饥饿与营养不良”国家行动计划。6 月中旬，东帝汶政府与联合国开发计划署（UNDP）和联合国资本开发基金会（UNCDF）签署为期五年的新的合作项目协议，旨在减少贫困和促进地方发展。此外，2014 年东帝汶政府还推出了具有创新性的促进社会公平措施——“人民商店”项目。1 月底，东帝汶商务、工业和环境部与全国小企业联合会签署协议，在全国 65 个地区建立“人民商店”，由该部资助店主每人 5000 美元，以平抑地方市场质次价高的问题。[②]

2014 年东帝汶在卫生方面取得突出成果。9 月，东帝汶疟疾控制项目获得世界卫生组织奖励。依靠疟疾快速检测试剂盒（RDT）和二价 RDT 的先后引入，该国的感染人口从 2006 年的 223/1000 锐减到 2013 年的 1/1000。东帝汶政府还与中国台湾地区的公司开始就该国的废物处理系统工程进行可行性研究，该项目如果通过，投资将达 1 亿美元。[③]

2014 年东帝汶在本国教育体系和能力建设上都有较大进展。在基础教育上，东帝汶教育部开始探讨设立国家质量标准，为改善东帝汶基础教育提供指引。从 2013 年下半年到 2014 年上半年，东帝汶完成了全国 4365 名教师的进修培训，并分期、分批颁发证书。在高等教育上，东方大学

---

① 东帝汶政府新闻，http：//timor-leste. gov. tl/？ p = 10987&lang = en。

② 东帝汶政府新闻，http：//timor-leste. gov. tl/？ p = 9700&lang = en。

③ 东帝汶政府新闻，http：//timor-leste. gov. tl/？ p = 10619&lang = en&n = 1。

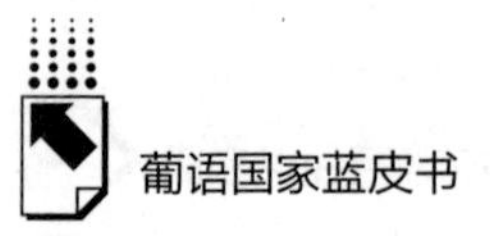

（UNTAL）和帝力大学（UNDIL）正式获得高等教育资质，东帝汶高等教育资源进一步丰富。政府还加大对高校学生的奖学金投入，并与澳大利亚和印尼探讨了三方高等教育合作。

在妇女和青少年方面，东帝汶政府投入 1 亿美元资金，与 33 个机构签署协议，涉及多个社会发展和福利方面，包括对残疾人以及家庭和性别暴力受害者的支持和监控、儿童权益保护和社区发展等。政府还举行了妇女性别意识研讨会，以及面向青年的“和平奔跑”等活动。

在劳工方面，东帝汶的努力方向主要是保护其权益，所采取的措施包括由国家职业培训与就业政策秘书处与国际移民组织共同举办外来劳工研讨班，以及举办跨部门的劳动监察培训班，主要针对童工和奴工等非法用工活动的监督。

在新闻方面，经过整整六年的协商与起草，2014 年 3 月东帝汶国会原则上通过了新闻法。2 月和 11 月，东帝汶政府与民间组织合作，对记者的写作及参加公共活动的能力进行培训。

作为一个贫困的冲突后国家，东帝汶的政治社会稳定和发展一直依靠国际社会，尤其是发达国家的援助。2014 年也不例外，主要捐助国都提出了新的援助项目或计划。

美国国际开发署（USAID）提供 600 万美元，由非政府组织 Counterpart International 出面，与东帝汶政府签署一份备忘录，这个为期三年的项目将强化东帝汶五个地区地方政府的工作，促进法律的普及和实施。

澳大利亚向东帝汶的农村发展项目提供 4500 万澳元援助，用于未来八年的计划推进。该国在 Baucau 的一家大米加工厂已经开始营运，这将让东帝汶的 300 名农民受益。

2014 年 9 月初东帝汶总理在萨摩亚参加发展中岛屿国家第三次国际会议期间，和欧盟发展事务专员签署了国家指示性计划（PIN），到 2020 年欧盟将为东帝汶提供 9500 万欧元的资金，支持该国的农村发展、良好治理及公民社会建设。此外，欧洲投资银行（EIB）也将与亚洲开发银行合作，资助东帝汶的基础设施项目，特别是道路建设方面。

新西兰也与东帝汶签署了一项协议，通过在东帝汶全国建立 200 家小型企业，发展该国的渔业生产（水产养殖），旨在消除东帝汶民众的营养不良现象，希望到 2020 年把人均鱼类消费量增加到 6 ~ 15 千克。

三　外交积极主动，成果丰硕

东帝汶虽然是独立不久的小国，但已经初步形成了较为清晰的外交战略，并且积极参与地区和全球事务，努力在国际社会中发挥较大的作用。2014 年可以说是东帝汶外交丰收的一年，无论在多边还是双边关系中都取得了引人注目的成就。

多边关系上，2014 年可谓东帝汶的“主场年”，因为它担任了多个国际组织或机制的主席国。

最广为人知的是东帝汶担任葡语国家共同体（CPLP）轮值主席国，为期两年。7 月 23 日，第十次 CPLP 首脑会议在帝力举行，会议发表《帝力宣言》，并通过其他 23 个文件。[①] 会上，该组织正式接受赤道几内亚的加入，并引入新的多边合作支柱——经济支柱。各成员还在会上表达了将葡语文化发扬光大的强烈意愿，如“扩大葡萄牙语影响，包括强化国际葡萄牙语学院”，在会议期间各成员国举办了葡语国家共同体书展，切实推广葡语文化。首脑会议还伴随着一系列其他会议和活动，如第十九次葡语国家共同体部长级会议。

东帝汶对此次会议极为重视，在准备工作上可谓“举全国之力”。除了对帝力的道路和市容进行全面整修外，还耗费巨资新建了连接机场与帝力市区的大桥，将其命名为“CPLP 大桥”，并邀请与会首脑出席开通仪式。2014 年 2 月和 5 月，东帝汶首相两次访问葡萄牙，除了参加葡语国家共同体第十五次防长会议外，另一个重要目的就是访问共同体总部，汇报并沟通首脑会议准备事宜。

---

① 东帝汶政府新闻，http：//timor-leste. gov. tl/？ p = 10386&lang = en&n = 1。

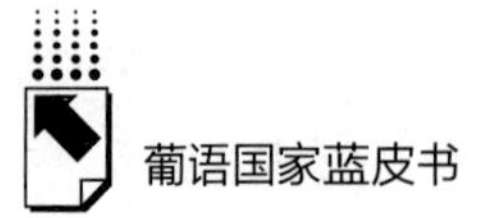

“g7 +”（即冲突后国家组织）是东帝汶另一个主要的国际活动平台。东帝汶是“g7 +”集团的主席国，主席职位由该国财政部部长担任。2014 年 5 月 29 ~ 30 日，东帝汶总理访问多哥并参加第三次“g7 +”部长级会议。18 个成员中有 14 个出席该次会议，会上批准了两个新的成员加入，即圣多美和普林西比与也门。会议还进行了主席换届，提名塞拉利昂财长担任新主席。但东帝汶仍在“g7 +”集团中发挥重要作用，其财长被任命为集团特使，帝力为“g7 +”总部所在地，东帝汶籍秘书长继续任职。9 月联合国大会期间，“g7 +”集团领导人在纽约举行高级别会议，将“和平”与“有能力的体制”作为该组织 2015 年日程的两大卓越目标。

东帝汶本身虽然是援助接受国，但在“g7 +”框架下却积极发挥援助者的作用，帮助那些比自身更脆弱的成员。2014 年，东帝汶拿出 200 万美元用于帮助“g7 +”国家抗击埃博拉病毒。更引人注目的是，东帝汶对几内亚比绍进行援助，有利于其预防和解决外交和在地区内外的冲突问题。在“g7 +”机制下，东帝汶 2013 年 9 月向几内亚比绍派出代表团，对其选民登记和选举活动提供技术和财政支持。2014 年 4 月初，东帝汶副议长率领代表团访问几内亚比绍，在东帝汶的支持下，90% 的选民参加了 4 月 13 日的第一轮选举。选举结束后，东帝汶代表团撤回，并于 9 月向几内亚比绍提供 600 万美元援助，用于支付其全体公务员一个月的工资，以帮助新政府顺利启动工作。①

东帝汶十分重视的另一个多边平台是东盟。尽管目前东帝汶还只是东盟的成员候选国，但一直都积极参与东盟的相关会议。2014 年，东帝汶也参加了东盟的一系列会议，如 6 月的东盟地区论坛（ARF）高官会，以及 8 月的第四十七次东盟外长会和东盟地区论坛。

与东盟外长会和 ARF 同时在缅甸内比都举行的还有第十二届西南太平洋对话会，该会议也由东帝汶担任主席。此外，6 月东帝汶在斐济举行的第二届太平洋岛屿发展论坛（PIDF）峰会上同样发挥积极作用，全力支持该

① 东帝汶政府新闻，http：//timor-leste. gov. tl/？ p = 9942&lang = en。

论坛的活动，并拿出 25 万美元作为资助。[①]

东帝汶在这一系列多边活动中的表现和表态，明确体现了其对自身的国际定位：作为葡语国家共同体成员和将要加入东盟的候选成员，而且是“g7 +”和 PIDF 的创始成员，东帝汶努力在连接沟通太平洋与东盟和葡语国家共同体中发挥突出的桥梁作用，由此拓展伙伴和其他关系。

东帝汶对上述多边机制的重视，对其双边关系也产生了影响。其突出表现就是与多边机制其他成员往来十分密切，尤其是与葡语国家共同体成员。与东帝汶关系最密切的依然是葡萄牙。2014 年是两国关系的“大年”：一方面，葡萄牙总理借共同体峰会之机首次访问东帝汶，双方签署了以卫生合作为主的四项议定书以及两项关于青年和体育的谅解备忘录；另一方面，如上所述，东帝汶总理年内两次访问葡萄牙，并与葡签署两国 2014 ~ 2016 年合作框架规划。2014 年东帝汶总理还访问了其他共同体成员国，包括赤道几内亚、几内亚比绍、佛得角、圣多美和普林西比。东帝汶与一些成员的关系还实现较大进展，如：首脑会议期间，东帝汶与佛得角签署普通护照相互免签以及建立双边协商机制的协议，并签署教育合作谅解备忘录；圣多美和普林西比积极响应东帝汶对 CPLP 成员参与其石油开发合作的邀请，双方达成比较明确的合作意向。

东帝汶与其他重要伙伴国的双边关系也在继续稳步发展。

与美国的关系除了援助项目等经济合作外，2014 年比较突出的是防务合作。10 月 23 ~ 24 日，东帝汶与美国在帝力举行第五次双边防务磋商，为双方军队的未来合作制定规划。东帝汶最关注的安全问题是海岸警备和保护海洋资源，美国则尤其强调通过联合演习方式在地区层面与东帝汶进行合作。东帝汶军队参加了 2014 年环太平洋军演。就在会谈期间，美、东、澳三方军事工程演习——“携手共建”举行。自 2001 年东帝汶军队建立以来，美国与之保持密切的合作，合作重点从一开始的东帝汶军队人员的技术和英语能力建设逐渐转移到更全面的多边地区合作行动上来。

---

① 东帝汶政府新闻，http：//timor-leste. gov. tl/？ p = 10219&lang = en&n = 1。

2014 年东帝汶与印尼关系的最大亮点是，8 月底印尼总统苏西洛在卸任前访问东帝汶，出席印尼文化中心开工仪式，并重申印尼对东帝汶加入东盟的支持。[①] 此外，两国还举行了一系列会议来探讨双边关系。3 月 7 日，东帝汶外交与合作部和印尼有关部门举行会议，对两国在过去四年中的社会发展合作进行了回顾。在这一期间，印尼提供了 6 亿美元对东帝汶进行援助，涉及领域包括卫生、环境、工业、农业、安全、国防、教育、奖学金和培训等各个领域。4 月 27 ~28 日，东帝汶与印尼举行第二次技术合作高官会议，分成六个工作小组，全面评估两国关系的进展。

印度也积极寻求与东帝汶开展经济社会各领域的合作。印度政府主动提出在东帝汶设立信息技术中心，并提出给予东帝汶 10 个进修升学奖学金，作为技术和经济合作计划的一部分。2014 年 10 月底，印度企业家代表团访问东帝汶，目的是在东帝汶寻求采矿、工业和建筑的投资机会。印度还有意通过给予东帝汶免税待遇，鼓励该国商品进入印度市场。

2014 年初，东帝汶外长借驻欧盟使馆新址启用之际访问欧洲议会。随后，欧洲议会决定，东帝汶公民只需持有有效护照，即可免签证进入申根协议签约国，逗留不超过 90 天。

东帝汶与澳大利亚、新加坡等传统近邻伙伴国的互动依然十分频繁，总理等政府高官经常前往两国参加各种国际会议。

最后，2014 年东帝汶的外交关系持续拓展，建交国继续增加。在联合国大会期间，东帝汶先后与多米尼加和白俄罗斯两国外长发表建交公报，正式确立外交关系。

四　中国 – 东帝汶关系发展顺畅、前途光明

2014 年是中国与东帝汶关系具有里程碑意义的一年。4 月 6 ~14 日，沙纳纳 · 古斯芒总理对中国进行正式访问并出席博鳌亚洲论坛 2014 年年会。这是东

① 东帝汶政府新闻，http：//timor-leste. gov. tl/？ p = 10590&n = 1&lang = en。

帝汶总理11年来首次正式访华，无论中国方面还是东帝汶方面都予以高度重视。

访问期间，沙纳纳总理会见了习近平主席和李克强总理等中国领导人。沙纳纳总理赞扬中国与东帝汶全面合作伙伴关系的特点是“睦邻友好，互信互利，在涉及对方核心利益和重大关切问题上相互坚定支持”，习近平主席则提出要“推动双方在基础设施建设、通信、能源、农业和经济特区的发展方面的合作”。①

双方发表了《中华人民共和国和东帝汶民主共和国关于建立睦邻友好、互信互利的全面合作伙伴关系联合声明》，从政治、经济、人文等各方面对未来的双边关系做出明确指导。

此外，双方还签署了一系列合作文件，包括《中华人民共和国政府和东帝汶民主共和国政府关于互免持外交、公务护照人员签证的协定》《中华人民共和国外交部和东帝汶民主共和国外交部关于加强合作的谅解备忘录》《中华人民共和国政府和东帝汶民主共和国政府经济技术合作协定》《中华人民共和国国家旅游局和东帝汶民主共和国旅游部关于旅游交流合作意向书》《中华人民共和国福建省和东帝汶民主共和国帝力区建立友好省区关系意向书》。

除了访问北京和参加博鳌亚洲论坛外，沙纳纳总理还访问了福建、湖南两省。

高层访问和全面合作伙伴关系的建立给双方的各领域合作都带来了更大的动力和更多的机遇。例如，2014 年度中国政府提供给东帝汶的奖学金名额大幅提升至26 名，同时招收4 名东帝汶官员及学者来华参加高端硕士奖学金项目，继续为2 名东帝汶国防军官学员提供奖学金名额，并向东帝汶官员、专家提供100 多个短期培训项目。②

此外，双方在农业、医疗等传统领域的合作也继续顺利开展。农业领域的杂交水稻合作是中国对东帝汶援助的重点项目，截至2014 年已累计为东

① 新华社：《习近平会见东帝汶总理沙纳纳》，2014 年4 月8 日，http：//news. xinhuanet. com/world/2014 -04/08/c_ 1110144219. htm。

② 外交部网站，http：//www. fmprc. gov. cn/mfa_ chn/wjdt_ 611265/zwbd_ 611281/t1184391. shtml。

培训农业人才500多人次，帮助受训学员和当地农民大大提高了粮食面积产量，受到东帝汶政府和人民的好评。此外，中国、东帝汶和美国还开展三方农业共同合作，并在2014年取得初步成果，对于东帝汶人民缓解粮食安全问题具有非常重要的意义。

在医疗领域，2014年中国援东第五批医疗队结束任期，向东帝汶国立医院捐赠药械，中国医疗工作者在东帝汶的贡献得到了该国政府和人民的一致赞扬。

在全面合作伙伴关系框架下，中国与东帝汶未来的合作将更加顺畅。目前中国提出的“一带一路”战略构想，尤其是21世纪海上丝绸之路南线以及亚洲基础设施投资银行等具体倡议，将为中国与东帝汶经济合作开创更大的战略机遇。

资　料

B.17
2014年葡语国家大事记

成　红*

1月

1月2日　据巴西工贸部公布的数据，2013年巴西外贸顺差额为25.61亿美元，同比下降至87%，为2000年以来巴西外贸最差表现。

2月

2月10日　以“通过科技创新领域的战略伙伴关系推动公平增长和可持续发展”为主题的首届金砖国家科技创新部长级会议在南非开普敦举行。会议期间，中国、南非、巴西、俄罗斯和印度五国科技部部长介绍了各自国家的科技创新政策及取得的成果，并确定了金砖国家框架下的科技创新合作

* 成红，中国社会科学院西亚非洲研究所研究馆员。

的重点领域和合作机制。会议发表的《开普敦宣言》重申加强金砖国家务实合作，并表达了落实历届金砖国家领导人峰会提出的加强科技和创新领域合作倡议的意愿。

2月24日　第七届欧盟和巴西峰会在比利时首都布鲁塞尔举行。会议主题包括经济贸易、外交政策、全球挑战以及正在磋商的欧盟－南方共同市场协议。双方决定加强网络安全方面的合作，并重申全方位加强战略合作伙伴关系。

3月

3月24日　标准普尔评级公司宣布将巴西长期主权债务信用等级由BBB调降至BBB－。

3月25日　巴西国会众议院通过被誉为“网络宪法”的巴西《网络民法》。

4月

4月2日　巴西中央银行宣布，将银行基准利率提高0.25个百分点，由10.75%升至11%。这是12个月以来巴西中央银行宣布的第九次加息，在不到一年的时间内利率已被提升3.75个百分点，致使其利率水平位居拉美国家之首。

4月6~14日　应中国国务院总理李克强的邀请，东帝汶民主共和国总理凯·腊拉·沙纳纳·古斯芒对中国进行正式访问并出席博鳌亚洲论坛2014年年会。访问期间，中国国家主席习近平在京会见了东帝汶总理沙纳纳。两国领导人一致决定，将双边关系提升为睦邻友好、互信互利的全面合作伙伴关系。李克强总理在三亚市同东帝汶总理沙纳纳举行会谈，会谈后两国签署了双边经济技术、旅游等领域的相关合作文件。

4月13~20日　巴西众议长阿尔维斯应邀率巴西众议院代表团访华。4

月 14 日，中国全国人大常委会委员长张德江在京与阿尔维斯举行会谈。4 月 15 日，中国国家主席习近平在京会见阿尔维斯。

4 月 16 日　中共中央政治局委员、北京市委书记郭金龙在京会见来访的莫桑比克解放阵线中央委员、国民议会常委会委员泽卡率领的莫解阵高级干部考察团。

4 月 18 ~ 27 日　中国外交部部长王毅对古巴、委内瑞拉、阿根廷和巴西进行正式访问。

4 月 26 日　巴西总统罗塞夫在巴西利亚会见来访的中国外交部部长王毅。

5月

5 月 8 日　应安哥拉总统多斯桑托斯邀请，中国国务院总理李克强抵达罗安达，开始对安哥拉进行正式访问。

5 月 9 日　李克强总理在安哥拉总统府同安总统多斯桑托斯举行会谈后共同会见记者并回答了提问，会谈后两国签署了双边经济技术、医疗、金融、人员往来等领域的合作文件。访问期间，李克强还参观了在安中资企业，慰问了中国援安医疗队代表，并同中资企业和中国公民代表就海外民生问题进行了座谈。

5 月 12 ~ 18 日　应中国国家主席习近平邀请，葡萄牙共和国总统卡瓦科·席尔瓦对中国进行国事访问。访问期间，习近平主席与席尔瓦总统举行会谈，会谈后两国签署了教育、科技、文化、银行、通信等领域的多项合作文件。

5 月 27 日　中国全国政协主席俞正声在京会见来访的莫桑比克第一副议长绍梅拉。

6月

6 月 17 ~ 19 日　应葡萄牙政府邀请，中共中央政治局常委、中央书记处书记刘云山对葡萄牙进行正式访问。访问期间，刘云山在里斯本会见了葡萄牙总统席尔瓦、总理科埃略、社会党总书记塞古罗和葡萄牙共产党总书记德索萨，并出席了中葡互设文化中心谅解备忘录、中央电视台与葡萄牙广播电视公司合作协议等合作文件签字仪式及中国文化周开幕式。

7月

7月2日　葡萄牙政府成功发行45亿美元10年期国债，其预期收益率为3.65%，这是葡萄牙自2010年3月以来首次发行美元国债。

7月14日　金砖国家工商界人士论坛在巴西福塔莱萨的塞阿腊州会展中心开幕。

7月15日　中国国家主席习近平抵达巴西利亚，开始对巴西进行国事访问并出席中国同拉美和加勒比国家领导人会晤。7月15~16日，中国国家主席习近平应邀出席在巴西福塔莱萨举行的金砖国家领导人第六次会晤。五国领导人围绕“实现包容性增长的可持续解决方案”这一主题，就当前世界经济形势、国际政治安全问题交换意见，达成广泛共识，取得重要成果。习近平发表了题为《新起点新愿景新动力》的主旨讲话，总结金砖国家合作经验，提出今后合作方向，表示中国将继续参与金砖国家合作，为维护世界和平、促进共同发展做出更大贡献。

7月16日　中国国家主席习近平、巴西联邦共和国总统罗塞夫、秘鲁共和国总统乌马拉在巴西利亚举行会晤，就扩大南美洲交通基础设施建设规模、推动南美洲和亚洲市场相互连接交换意见，强调愿共同挖掘潜力，实现巴西同秘鲁铁路线贯通。

同日，金砖国家同南美国家领导人对话会在巴西利亚举行。与会各国领导人围绕“包容性增长的可持续解决方案”这一主题进行讨论，共商加强金砖国家和南美国家合作。同日，中国国家主席习近平会见巴西参议长卡列罗斯和众议长阿尔维斯，并在巴西国会发表《弘扬传统友好共谱合作新篇》的演讲。

7月17日 巴西举行隆重仪式热烈欢迎中国国家主席习近平对巴西进行国事访问。同日，习近平主席同巴西总统罗塞夫举行会谈。会谈后，两国签署多项合作文件，双方发表《关于进一步深化中巴全面战略伙伴关系的联合声明》。同日，中国－拉美和加勒比国家领导人会晤在巴西利亚举行。巴西总统罗塞夫主持会议。会上，习近平发表了题为《努力构建携手共进的命运共同体》的主旨讲话，会后，中拉双方发表了《中国－拉美和加勒比国家领导人巴西利亚会晤联合声明》。

7月21日 葡萄牙里斯本大学孔子学院和里斯本圣·托马斯学校共同开设的孔子课堂在里斯本举行揭牌仪式。这是孔子课堂首次落户葡萄牙。

7月24日 中国国家主席习近平结束对古巴的国事访问，回国途中在葡萄牙特塞拉岛进行技术经停时会见了葡萄牙总统代表、副总理波塔斯。会谈中习近平主席介绍了出席金砖国家领导人第六次会晤以及访问拉美四国的有关情况，强调中方愿同葡方一道，充分发挥中国－葡语国家经贸合作论坛（澳）的作用，在平等互利基础上积极探索开展三方合作，为促进有关地区和国家的和平、稳定、发展做出贡献。

8月

8月3日 葡萄牙央行宣布对近期深陷财务困境的圣灵银行实施救助，向圣灵银行注资49亿欧元，并将该行拆分为“不良银行”和“新银行”两部分。重组资金中有39亿欧元来自葡萄牙2014年5月获得的国际救助款，其余部分由葡萄牙多家银行提供。

8月9日 数百名葡萄牙民众在里斯本和波尔图举行集会示威，抗议政府对深陷财务困境的最大私营银行圣灵银行实施救助。

8月13日 由中国铁建二十局集团设计建设的安哥拉本格拉铁路工程全线完工。全长1344公里的本格拉铁路是继坦赞铁路之后，中国企业在非洲修建的里程最长、规模最大的一条现代化铁路。

8月15日 中国人民对外友好协会在京举办庆祝中国－巴西建交40周

年招待会。

8 月 26 日　第十届中国与葡语国家企业经贸合作洽谈会在莫桑比克首都马普托召开。来自中国、安哥拉、巴西、佛得角、几内亚比绍、葡萄牙、东帝汶以及中国澳门的官员及企业家代表 460 余人参加洽谈会。其间，各国和地区企业共进行超过 500 场配对洽谈，涉及金融、建筑工程、环保、食品、农业、医疗、物流等领域。洽谈会上签署了五份合作协议，涉及商会及企业间合作协议、投资、建筑工程及农产品加工等。

中国中央军委委员、总后勤部部长赵克石上将在巴西利亚会见巴西国防部长塞尔索·阿莫林。

8 月 28 日　中国奇瑞巴西工厂落成庆典仪式在巴西圣保罗州雅卡雷伊市举行。这是第一家在巴西投资建厂的中国乘用车企业，巴西工厂也是奇瑞在海外投资兴建的首个整车工厂，总投资达 4 亿美元。

9月

9 月 3 日　巴西央行货币政策委员会宣布，维持 11% 的基准利率不变，该决定符合市场预期。

9 月 10 日　中国全国人大常委会副委员长王胜俊在京会见来访的由总书记、国民议会第一副议长儒里奥·科雷亚率领的佛得角非洲独立党代表团。

9 月 15 ~ 18 日　两年一度的里约石油天然气展在巴西里约热内卢会展中心举行。

9 月 21 ~ 30 日　第六届“中国 - 葡语国家文化周”活动在中国澳门举行。

10月

10 月 5 日　巴西总统选举首轮投票和议会选举正式开始。劳工党候选人、现任总统迪尔玛·罗塞夫，社会党候选人玛丽娜·席尔瓦和社会民主党候选人阿埃西奥·内韦斯角逐总统宝座。同日，巴西总统选举首轮投票结果揭晓，现任总统、劳工党总统候选人迪尔玛·罗塞夫以41.59%的得票率居首，紧随其后的社会民主党候选人阿埃西奥·内韦斯的得票率为33.55%。罗塞夫将与内韦斯在10月26日进行的第二轮选举投票中角逐总统职位。

10月16日 第六十九届联合国大会选举安哥拉、马来西亚、委内瑞拉、新西兰、西班牙五国为2015年和2016年安理会非常任理事国。新当选的五个非常任理事国从2015年1月1日开始，接替2012年当选的卢旺达、阿根廷、澳大利亚、韩国、卢森堡，任期为两年，至2016年12月31日结束。

中国国家副主席李源潮在京会见来访的东帝汶前总统若泽·拉莫斯·奥尔塔。

10月26日 巴西总统选举开始第二轮投票。

10月27日 中国国家主席习近平于北京时间10月27日致电迪尔玛·罗塞夫，祝贺她再次当选巴西联邦共和国总统。

10月29日 巴西图书出版商会公布了第五十六届哈布蒂图书奖获奖名单，由中国国家汉办资助、巴西圣保罗州立大学孔子学院组织出版的《中国唐代诗选》获翻译类二等奖，这也是中国经典翻译书籍首次在巴西获奖。

11月

11月3日 墨西哥通信与交通部对外公布：中国铁建牵头的国际联合体中标墨西哥城至克雷塔罗高速铁路项目。这是中国企业在海外承建的首条时速为300公里的高铁。

11月5日 中国中央军委副主席范长龙在京会见来访的巴西武装力量联合参谋长若泽·德纳尔迪。

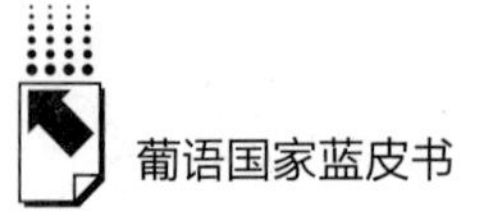

11 月 16 日 中国国家主席习近平在布里斯班会见巴西总统罗塞夫。

11 月 18～20 日 首届中国品牌商品展在巴西圣保罗市举行。

11 月 20～24 日 江苏省委书记、省人大常委会主任罗志军率江苏省友好代表团访问巴西。此次访问是为了深入落实习近平主席今年 7 月访问巴西期间两国领导人达成的重要合作共识，积极推进中巴政府联合声明中涉及的江苏与巴西合作项目。

11 月 21 日 全国政协副主席、全国工商联主席王钦敏在京会见来访的由国际关系书记瓦伦蒂率领的巴西劳工党干部考察团。

11 月 25 日 中国－巴西贸易与投资机遇研讨会在巴西圣保罗举行。会议邀请两国经贸问题专家，介绍中国与巴西的最新经济发展形势，探讨如何进一步促进中巴两国经贸往来。

12月

12 月 2 日 中国外长王毅在京同来访的佛得角外长托伦蒂诺举行会谈。会谈后，两国外长签署了两国互免持外交、公务护照人员签证的协定。

12 月 3 日 巴西央行宣布将基准利率上调 0.5 个百分点至 11.75%。这是自 2013 年 4 月以来巴西央行连续第十一次提高利率。

12 月 7 日 中国巴西地球资源卫星 04 星发射成功。同日，中国国家主席习近平同巴西总统罗塞夫互致贺电。12 月 9 日，中国国家航天局对外公布了中巴地球资源卫星 04 星成功获取的首批影像图。

12 月 8 日 中国国务委员兼国防部部长常万全在北京会见来访的葡萄牙空军参谋长皮涅伊罗。

B.18 2010~2014年葡语国家主要经济指标

安春英*

2010~2014 年安哥拉主要经济指标

项目 \ 年份	2010	2011	2012	2013	2014
面积(平方公里)	1246700	1246700	1246700	1246700	1246700
人口(百万)	19.5	20.2	20.8	21.5	22.1
GDP 总量(百万美元)	82471	104116	114147	134275	147004
GDP 实际增长率(%)	3.4	3.9	6.8	3.6	4.1
人均 GDP(美元)	6911	7095	7283	8315	8528
通货膨胀率(%)	15.3	11.3	9.0	7.7	8.4
出口额(百万美元)	50595	67310	71093	68191	67413
进口额(百万美元)	16667	20228	23717	26089	28045
经常项目平衡(百万美元)	-437.7	-1362.2	-1762.2	-2123.4	-1064.8
外债总额(百万美元)	19004	21122	22171	22410	22922
外汇储备(百万美元)	19750	28786	33415	32780	32396
汇率(1 美元兑换宽扎)	92.64	95.27	95.83	97.56	101.15

说明：人均 GDP 数值按购买力平价计算；2014 年各项指标均为估计值。

资料来源：EIU，*Country Report*：*Angola*，December 2014。

2010~2014 年巴西主要经济指标

项目 \ 年份	2010	2011	2012	2013	2014
面积(平方公里)	8547400	8547400	8547400	8547400	8547400
人口(百万)	195.5	197.4	199.2	201.0	202.8
GDP 总量(百万美元)	2141900	2473500	2247100	2245400	2207700
GDP 实际增长率(%)	7.5	2.7	1.0	2.5	0.2
人均 GDP(美元)	13775	14278	14503	14969	15096
通货膨胀率(%)	5.9	6.5	5.8	5.9	6.4

* 安春英，中国社会科学院西亚非洲研究所编审，研究方向为非洲经济、非洲减贫与可持续发展问题。

续表

项目　　年份	2010	2011	2012	2013	2014
出口额(百万美元)	201915	256040	242578	242034	240910
进口额(百万美元)	181769	226247	223184	239634	243703
经常项目平衡(百万美元)	-47273	-52474	-54249	-81108	-83353
外债总额(百万美元)	352363	404046	440478	482785	534387
外汇储备(不包括黄金,百万美元)	288575	352010	373147	358806	382917
汇率(1美元兑换雷亚尔)	1.67	1.88	2.04	2.34	2.55

说明：人均GDP数值按购买力平价计算；2014年各项指标均为估计值。

资料来源：EIU，*Country Report*：*Brazil*，December 2014。

2010～2014年佛得角主要经济指标

项目　　年份	2010	2011	2012	2013	2014
面积(平方公里)	4033	4033	4033	4033	4033
人口(百万)	48.8	49.1	49.4	49.9	50.4
GDP总量(百万美元)	1664.3	1864.8	1756.2	1891.7	1944.6
GDP实际增长率(%)	1.5	4.0	1.2	0.5	2.0
人均GDP(美元)	5889	6206	6343	6412	—
通货膨胀率(%)	2.1	4.5	2.5	1.5	2.0
出口额(百万美元)	122.8	196.6	173.1	184.2	189.8
进口额(百万美元)	805.9	1039.6	878.7	804.4	888.2
经常项目平衡(百万美元)	-222.9	-304.4	-209.3	-51.5	-162.0
外债总额(百万美元)	892.4	1038.6	1260.9	—	—
外汇储备(不包括黄金,百万美元)	382.0	339.0	376.0	475.0	491.1
汇率(1美元兑换埃斯库多)	83.26	79.32	85.82	83.05	82.58

说明：人均GDP数值按购买力平价计算；2014年各项指标均为估计值。

资料来源：EIU，*Country Report*：*Cape Verde*，December 2014；世界银行网上统计数据库，http：//data.worldbank.org/country/cape-verde。

2010～2014年几内亚比绍主要经济指标

项目　　年份	2010	2011	2012	2013	2014
面积(平方公里)	36125	36125	36125	36125	36125
人口(百万)	1.6	1.6	1.7	1.7	1.7
GDP总量(百万美元)	850.0	985.6	945.4	987.1	915.6
GDP实际增长率(%)	3.5	5.3	-1.4	0.3	2.3
人均GDP(美元)	1218	1278	1251	1243	—

续表

项目 \ 年份	2010	2011	2012	2013	2014
通货膨胀率(%)	2.1	5.0	2.1	0.7	-0.5
出口额(百万美元)	126.6	242.0	127.9	143.7	179.9
进口额(百万美元)	196.6	253.7	189.8	184.0	236.5
经常项目平衡(百万美元)	-70.2	-23.3	-61.5	-44.9	-39.4
外债总额(百万美元)	1128.6	2836.7	2794.5	—	—
外汇储备(不包括黄金,百万美元)	156.4	220.0	164.6	186.3	255.7
汇率(1美元兑换西非法郎)	495.28	471.87	510.53	494.04	491.98

说明：人均GDP数值按购买力平价计算；2014年各项指标均为估计值。

资料来源：EIU，*Country Report*：*Guinea Bissau*，December 2014；世界银行网上统计数据库，http：//data.worldbank.org/country/guinea-bissau。

2010～2014年莫桑比克主要经济指标

项目 \ 年份	2010	2011	2012	2013	2014
面积(平方公里)	799380	799380	799380	799380	799380
人口(百万)	24.0	24.6	25.2	25.8	26.5
GDP总量(百万美元)	9300	12500	14400	15300	16700
GDP实际增长率(%)	7.1	7.3	7.2	7.1	7.3
人均GDP(美元)	869	926	986	1046	1112
通货膨胀率(%)	19.0	5.4	2.2	3.0	2.7
出口额(百万美元)	2333	3118	3856	4123	4140
进口额(百万美元)	3512	5368	7903	8480	8667
经常项目平衡(百万美元)	-1450	-2973	-6373	-5892	-6141
外债总额(百万美元)	3736	4106	4788	6480	7529
外汇储备(百万美元)	2159	2469	2770	3142	3313
汇率(1美元兑换梅蒂卡尔)	32.6	27.3	29.8	30.1	31.6

说明：人均GDP数值按购买力平价计算；2014年各项指标均为估计值。

资料来源：EIU，*Country Report*：*Mozambique*，December 2014。

2010～2014年葡萄牙主要经济指标

项目 \ 年份	2010	2011	2012	2013	2014
面积(平方公里)	91906	91906	91906	91906	91906
人口(百万)	10.6	10.6	10.5	10.5	10.5
GDP总量(百万美元)	238700	245200	218100	227400	233300
GDP实际增长率(%)	1.9	-1.8	-3.3	-1.4	0.8

续表

项目 \ 年份	2010	2011	2012	2013	2014
人均 GDP(美元)	26763	26551	26085	26631	27288
通货膨胀率(%)	1.4	3.6	2.8	0.4	-0.2
出口额(百万美元)	49700	60000	58100	63000	65100
进口额(百万美元)	74900	79700	69700	72600	76400
经常项目平衡(百万美元)	-24200	-16800	-4400	1200	1500
外汇储备(百万美元)	20938	20801	22658	17589	—
汇率(1 美元兑换欧元)	0.75	0.72	0.78	0.75	0.75

说明：人均 GDP 数值按购买力平价计算；2014 年各项指标均为估计值。

资料来源：EIU, *Country Report*: *Portugal*, December 2014；世界银行网上统计数据库，http：//data.worldbank.org/country/portugal。

2010～2014 年东帝汶主要经济指标

项目 \ 年份	2010	2011	2012	2013	2014
面积(平方公里)	14609	14609	14609	14609	14609
人口(百万)	1.1	1.1	1.1	1.1	1.2
GDP 总量(百万美元)	4192	5727	5579	5299	4900
GDP 实际增长率(%)	-1.4	7.9	-10.4	-6.0	-8.0
人均 GDP(美元)	1792	1949	2095	2242	—
通货膨胀率(%)	6.8	13.5	11.8	3.3	0.5
出口额(百万美元)	27.1	28.7	33.3	17.7	—
进口额(百万美元)	307.4	401.9	671.6	696.2	—
经常项目平衡(百万美元)	1671.4	2346.1	2663.2	2591.8	—
外债总额(百万美元)	—	—	—	—	—
外汇储备(不包括黄金,百万美元)	406.2	461.6	883.6	687.0	—
汇率(通用美元)	1	1	1	1	1

说明：人均 GDP 数值按购买力平价计算；2014 年各项指标均为估计值。

资料来源：EIU, *Country Report*: *Timor-Leste*, December 2014；世界银行网上统计数据库，http：//data.worldbank.org/country/timor-leste。

Abstract

Reports on the Development of Portuguese-speaking Nations for 2014 and 2015 (hereinafter referred to as the "Report") is the first annual report compiled by the Portuguese-speaking Nations Research Center which is affiliated to the Institute of Portuguese-speaking Regions and Nations in University of International Business and Economics on the social and economic development of Portuguese-speaking Nations.

The Report consists of six parts. The General Report, the first part is compiled by the visiting professor Wang Cheng'an and in this part he comprehensively summarized and generalized the social and economic development of Portuguese-speaking nations in 2014. Meanwhile, he also analyzed the relationship development between China and the Portuguese-speaking nations and prospected the development of Portuguese-speaking nations in 2015. The Special Topics Reports in the second part were finished by the associate professor and PhD Jia Ding, professor Zhao Xuemei, and the researchers An Chunying and Zhang Min who made deep analysis on 2014 – 2015 social and economic development of the such Portuguese-speaking nations as Angola, Brazil, Portugal and Mozambique respectively. And associate researcher Zhao Lin ru represents the latest development of the Portugal Community to the readers. In the third part is made up with some Special Reports in which Director Guiping, Researcher Zhao Xue Qin and visiting professor Wang Cheng'an analyzed the role that Macao plays in the economic and trade development between China and the Portuguese-speaking nations.

And in this part, they illustrated Macao's unique function in the construction of the cooperation forum between China and the Portuguese-speaking nations as well its potential important role in the development between China and the Latin America and the Caribbean nations. All these are based on the eleven-year experience of the cooperation forum between China and Portuguese-speaking nations. As for the fourth part, it's finished respectively by PhD Jia Ding, researcher Zhou Zhiwei, Zhou Leilei, He Qian, researcher Zhang Min and associate researcher Tang Qian Fang who compiled the social and economic development of Angola, Brazil, Cape Verde, Guinea Bissau, Mozambique, Portugal and East Timor from 2014 to 2015. The fifth part mainly includes some statistics material in which researcher An Chunying compiled all the statistics on the social and economic development of Portuguese-speaking nations. And the sixth part is mainly about some memorabilia collected and compiled by Cheng Hong. Wen Zhuojun, director of the Portuguese department with the School of Foreign Studies of University of International Business and Economics translated the abstract, contents, and the abstract for each article into Portuguese, and Ms. Helena Lemos, the foreign teacher of the University of International Business and Economics proofread and checked the translation. In addition, Mr. Li Yong, the teacher of School of International Education of University of International Business and Economics translated the abstracts and contents into English and checked the translation for each article. Wang Lin, the post-graduate in University of International Business and Economics collected and sorted out part of the material and charts.

The first part notes that in 2014, the world economy was in slow recovery, the newly-emerging economies achieved steady growth and China's economy entered a new normal state. The presidential elections of the Portuguese-speaking nations such as Brazil, Mozambique and Guinea-Bissau went on in stability and smoothness, which won the admiration of the international community. The Portuguese-speaking nations in Asia and Africa achieved an outstanding growth of economy and society on the whole ; whereas, the Portuguese-speaking nations in Europe and Latin America, Portugal and Brazil, was dragged in different economic and social crisis , and Portugal conducted economic recovery plan and gradually got rid of sovereign debt crisis; however, Brazil's economy grew slowly, which was an unprecedented economic downward pressure. The Leaders of China and Portuguese-speaking nations had four-time mutual visits, which greatly promote the trade development and investment. The cooperation between China and

Portuguese-speaking nations and the cooperation mechanisms is based on different nations and conditions. Positively affected by the world economy development in 2015, some Portuguese-speaking nations may probably continue their relatively high-speed economic development or get rid of their current crisis. China is willing to strengthen and further promote its cooperation with Portuguese-speaking nations in a friendly and cooperative way.

The second part is some reports on certain nations. The representative nations of Portuguese-speaking nations, Angola, Brazil, Portugal and Mozambique are located in Africa, Latin America and Europe. The social and economic development (2014 - 2015) shows many features and therefore their cooperation with China are different. China's development during the three decades since the Reform and Opening-up is consistent with the after-war construction of Angola, and through the cooperation both sides achieve mutual-benefit and win-win results. Introspecting the process of Angola's after-war reconstruction demand and the cooperation of Angola model between the two sides highlights the active activities in bilateral relationship which is committed to equal understanding the bilateral relationship, thus we can more solid foundation for the discussions of transformation of cooperative approach between China and Angola. Mozambique is another Portuguese-speaking nation in Africa whose economy has maintained an annual increase of over 6%, therefore it has been a nation with outstanding economic performance in the recovery of Sub-Saharan Africa region, and its growth momentum leads to limelight. Portuguese-speaking nation, Brazil, which is also a member of the BRICS countries, has been in economic difficulties in recent years, however, its abundant natural resources and its past rapid economic growth still aspire the world. As a member of the BRICS countries, it has always been expanding its cooperation, maintaining communication and coordination, providing constructive suggestions for the establishment and improvement of the BRICS mechanisms. Meanwhile, it makes great contributions to improving the overall influence and maintaining the benefits of the BRICS by undertaking some vital work of BRICS mechanisms, especially the poverty reduction, environmental protection, Internet governance and the reform of international financial and economic as well as trade organizations. According to the standard of the EU on the Group of European innovation index classification, Portuguese is in the third group, namely, it's a relatively poorly-innovative nation among the EU nations. Hence, it has conducted various policies and approaches to maintain its innovation advantages by gradually improving its innovation capacity.

The third part is mainly focused on the Macao's unique status and platform function in the economic and trade cooperation between China and Portuguese-speaking countries. Some scholars note that since the establishment of the Macao special Administrative Region in 1999 and the practice of the "one country two systems" policy, Macao has achieved the development of society and economy in stability with the living standard of the residents further improved. Meanwhile, Macao makes a full use of its identity advantage to be a cooperative platform in the cooperation between China and Portuguese-speaking countries. And in recent years, it has always been strengthening its influence in Latin America and Caribbean nations, which has greatly improving its international status. Theoretically speaking, Macao's stage function is good for the consolidation and development of "one country two systems", as well as the economic and trade cooperation between China and Portuguese-speaking countries. Over these years, Macao provide the intermediary services of information, human resources, logistics, finance and exhibition to the cooperation between the mainland China and Portuguese-speaking countries by taking advantage of its unique advantages in language culture, favorable geographical location, perfect infrastructure as well as its commercial environment of being open and free. Economic and Trade Cooperation Forum between China and Portuguese-speaking Countries (Macao) has been held eleven times since its establishment and through which we have achieved great achievements and it stats the new model of economic and trade cooperation with language and culture as its core content. The four Ministerial Conferences were respectively held in October of 2003, September of 2006, Novembers of 2011 and 2013 in Macao, all of which gained great fruitful achievements. During the conferences, the ministers present signed four action programs on economic and trade cooperation, determining the content and goals in cooperation of governments , trade, investment, enterprises, education and human resources, agriculture and fishery, infrastructure construction, natural resources and environmental cooperation, tourism, transport and communications, finance, culture, health and many other areas of cooperation. Premier Wen Jiabao, Vice Premier Wu Yi, Vice Premier Wang Yang, State Councilor Hua Jia Min and the presidents andminsters of Portuguese-speaking countries used to attend the forums with delegates of politics and commerce. Over these years, all the countries within the cooperation community have always been thoroughly conducting the programs of action, which has made great contribution to enhancing the cooperation level.

Part Ⅳ is made up with reports on certain nations. And in this part , we introduced the social and economic situation (2014 – 2015) of these countries and their relationship with China, the countries (Angola, Brazil, Cape Verde, Guinea Bissau, Mozambique, Portugal and East Timor) are listed in alphabetical order. For the readers' sake, the authors comprehensively generalized and summarized the politics, diploma, economy, society as well their relationship with China, thus the readers may have a comprehensive and relatively systematic understanding of the Portuguese-speaking countries.

The eventmaterials and statistics in the fifth sections are supplement to the report and they are for the readers' reference.

Contents

ℬ I General Report

Abstract: In 2014, global economic recovery remained slow, emerging and developing economies have risen steadily, and Chinese economic situation has entered a new phase - "New Normal" . The political stability in time of the presidential elections in Portuguese-speaking countries including Brazil, Mozambique and Guinea-Bissau impressed the global society. The overall economic performance of Portuguese-speaking countries in Asia and Africa was prominent, especially East Timor, Mozambique and Angola. Portugal and Brazil were faced with different social and economic issues, Portugal exited its international bailout program and regained the economic sovereignty; Brazil experienced a slowdown in economic growth. The leaders of China and Portuguese-speaking countries have made four times exchange of visits and promoted the commercial and economic cooperation forcefully. Cooperation between China and Portuguese-speaking countries is in ascendant, different strategies of bilateral exchange and cooperation method have been adopted depending on each country's situation. In 2015, the economic trend of Portuguese-speaking countries will be affected by global economy situation. China will continue to consolidate and develop friendly cooperation with all Portuguese-speaking countries.

Keywords: Portuguese-speaking Country; Overview; Economic Society; Cooperation between China and Portuguese-speaking Country

B II Special Topics Reports

B. 2 The Performance of Angola in the Community of Portuguese-speaking Countries and the Causes Analysis

Jia Ding, *Liu Haifang* / 028

Abstract: In this paper, by reviewing the evolution course of the Community of Portuguese-Speaking Countries, we sorted out the development of Angola in the inner of the CPLP, and performance and function of Angola in this organization through an empirical approach. On the basis of the situation of Portugal, Brazil and other member countries and the background of Angola, we analyzed the reasons of the performance and the role of Angola, and attempted to reveal the status and development trend of Angola in the CPLP. At the same time, we studied Angola's foreign policy towards Portuguese speaking countries.

Keywords: Angola; CPLP; African Portuguese-speaking Countries

B. 3 Brazil's Functions on the Cooperation of Bricks Countries

Zhao Xuemei / 044

Abstract: In order to push the BRICS substantive cooperation, Brazil has made positive efforts and plays an important helpful role in the aspects such as the cooperation mechanism, the cooperation framework and the scope of cooperation. The role of Brazil between the countries of the BRICS is determinate by various factors such as his industry structure, economic power, external commercial relations, diplomatic strategy and international recognition. Until today, Brazil is the only nation in the BRICS that has organized two summit conferences. Especially, on the sixth BRICS summit celebrated on July of 2014, the countries of the BRICS have achieved an important breakthrough and signed agreements about the establishment of BRICS Development Banks and Contingency Agreement Fund, thanks to the Brazilian coordination and promotion. No doubt that Brazil has made an important role in the process of the pushing the cooperation between the countries of the BRICS.

Keywords: Cooperation between the Countries of the BRICS; Role of Brazil; Motivations of Brazil in his Promotion to the Cooperation of the BRICS

B. 4 Mozambique's Economic Situation in 2014 and its Trend in the Future

An Chunying / 058

Abstract: Based on the infrastructure investment, rapid development of mining, and the adjustment of economic structure and reform, the Mozambique economy kept high-speed growth in 2014. Moreover, it was accompanied by the low rate of inflation, active import and export trade, and increasing foreign capital inflows. In the future, the positive factors of the support the Mozambique economy growth still exist, but we need to focus on the following issues, such as solving the infrastructure bottlenecks, decreasing the external debts burden, creating jobs, and further improve the business environment.

Keywords: Economic Growth; Mozambique; Oil and Gas Exploration

B. 5 An Analysis on the Innovation and Research Polices of Portuguese-speaking Countries

Zhang Min / 074

Abstract: Innovation is the one of important tools to enhance the economic competition of world. Recently, EU is seeking for restructuring economy and global strengthen. According to the EU Innovative indicators, Portugal is one of moderate innovators among EU. However, Portugal government makes efforts to apply variety of innovative strategies for increasing innovative abilities. This article made analysis on the Portuguese national innovations system and its innovative sectors with advantageous.

Keywords: Innovative index; Portuguese Innovative National System and Innovative Policy and Strategies

Abstract: Community of Portuguese-speaking Countries (CPLP, Comunidadedos Paises de Lingua Portuguesa) is a union of 9 countries using Portuguese as official language, which have similar history, culture and interact closely although their distance is far. Member states support each other in politic, military, foreign diplomacy and economy and cooperate with each other in society, culture and technology to promote the development of the Portuguese and boost its influence in the world. This article focuses to summarize the contribution of Community of Portuguese Language Countries in 2014, and how CPLD leaders earnestly and practically settle disputes, resolve conflicts and maintain world peace, how those countries help and support each other in economy, trade and foreign aid and how the community member states communicate with each other in language and culture. The internal fusion of community member states is the important force to support this new organization which has contributed to the prosperity and development to Portuguese-speaking countries and has broad development space.

Keywords: International Organization; Community of Portuguese-speaking Countries

B Ⅲ Special Reports

B. 7 The Eleven Years of Economic and Trade Forums Between China and Portuguese-speaking Countries

Ye Guiping / 106

Abstract: Since the Forum for economic and trade cooperation between China and Portuguese-speaking countries was established in Macao SAR, it has been supported by mainland China and all Portuguese-speaking countries, and improved on the trade and cultural exchange and cooperation. The study explores the eleven years' development experience of the Forum, concludes the new achievements for it. In addition, the study also describes some problems and raises several suggestions for the Forum's future development.

Keywords: Forum for Economic and Trade Cooperation between China and Portuguese-speaking Countries; Macao; Prospect

B. 8 Macao's Advantages in Economic and Trade Forum Between China and Portuguese-speaking Countries

Liu Xueqin / 121

Abstract: With unique location advantage, language and culture advantage, Macao has actively participated and deepened regional economic cooperation with Chinese mainland (CEPA), built a bridge between China and Portuguese-speaking countries for economic and trade cooperation through CEPA; actively conducted sub-regional economic cooperation with Chinese mainland, brought new business opportunities for economic and trade cooperation between China and Portuguese-speaking countries by exploiting cooperation in "Pan-Pearl River Delta regions" . Guangdong and Macao cooperation has enhanced the level of economic and trade exchanges between China and Portuguese-speaking countries. Zhuhai and Macao cooperation has further expanded the areas of economic and trade cooperation between China and Portuguese-speaking countries; Macao has promoted the cultural exchanges between China and Portuguese-speaking countries by making full use of its forum platform advantage. Capital and talent advantages of Macao have help to facilitate enterprises and industry cooperation as well as trade development between China and Portuguese-speaking countries. As an important node of Maritime Silk Road, Macao also has driven China and Portuguese-speaking countries to deepen cooperation and take part in the construction of "One Belt and One Road".

Keywords: Macao, China; CEPA; Guangdong and Macao Economic Cooperation; Cooperation Forum

B. 9 The Unique Advantages of the Macao Special Administration Region in Economic and Trade Between China and Brazil as well as China and Latin America Countries

Wang Cheng'an / 135

Abstract: Since Macao became the Macau Special Administrative Region (SAR) of China in 1999, the concept of "one country two systems" went through an extraordinary process, the developing of economic society was stable, the state of living have shown some improvement. Meanwhile, Macao has became an important platform for economic cooperation and trade between China and the Portuguese-speaking countries, and Macao also led a large expansion in cooperation across China, Latin American Countries and Caribbean. Analyzing the platform's effect of Macauis conductive to the development of "one country two systems" and strengthen of business exchanges and friendly cooperation between China and the Portuguese-speaking countries.

Keywords: Macau China; Platform; Portuguese-speaking Countries; Brazil; Latin American Countries and Caribbean

ⅣB Reports on Certain Countries

B. 10 The Republic of Angola *Jia Ding* / 149

Abstract: This paper reviews the major events in Angola in 2014, and divides them into five parts, which are political, economic, social, diplomatic and security relations. Problems encountered in Angola in 2014 met the proverb, Rome was not built in a day, and were the bitter fruit that subjected to the hundreds of years of colonial rule and 27 years of brutal civil war. The achievement Angola obtained in 2014 was not overnight, which was after ten years of development since the end of the civil war, with the mastermind with painstaking effort. It is true that Angola has a superior natural endowment, but at a timely and variable domestic and foreign policy is the key to its way to prosperity.

Keywords: Angola; Economy; Diplomacy; Sino-Angola Relations

B. 11 The Federative Republic of Brazil *Zhou Zhiwei* / 160

Abstract: In 2014, the Workers' Party (PT, in Portuguese), owing to Dilma Rousseff's win by a narrow margin in the presidential election, got its fourth winning streak contra the Brazilian Social Democracy Party (PSDB, in Portuguese), but the narrow vote difference between the two candidates reflected the balance of the two principal Brazilian traditional parties, which also indicated that the President Dilma Rousseff would face more difficulties and pressures in her second term. From the economic perspective, Brazil encountered a big challenge of stagflation, both the primary fiscal account and the current account, changed their trend of surplus in recent years. Despite the weak economic growth, the labor market maintained active in 2014, and the unemployment decreased continuously. However, the frequent manifestation reflected that Brazil is facing many challenges during the process of its social transformation. Foreign policy wasn't a priority of the Brazilian government in the Election year, but its international influence was enhanced because of its hosting the BRICS Summit in 2014.

Keywords: Brazil; Presidential Election; Workers' Party; Stagflation; Manifestation; BRICS Summit

B. 12 The Republic of Cape Verde *Zhou Leilei* / 175

Abstract: Cape Verde is rich in marine resources, but its food cannot yet be self-sufficient. Cape Verde's industrial base is still weak, daily necessities, industrial production mainly rely on imports. Cape Verde's trade structure is irrational with a serious trade deficit almost every year. Economic cooperation between China and Cape Verde are subject to geopolitical factors which have an impact on bilateral relations. Cape Verde with economies in transition, tries to become the region's cargo hub and financial center of West Africa. Cape Verde hopes China to become a partner in this process, and to carry out mutually beneficial cooperation in the fields of industry, agriculture, energy, shipping, tourism and infrastructure construction. The first quarter of 2015 China became the third largest source of imports in Cape Verde.

Keywords: Economic and Trade Relations; Bilateral Relations; Trade Structure

B. 13 The Republic of Guinea-Bissau *Zhou Leilei* / 184

Abstract: As a West African country, Guinea-Bissau is one of the major cashew producing countries in the world. Guinea-Bissau is also an important fishing ground in the North Atlantic. So cashew production and fishery production

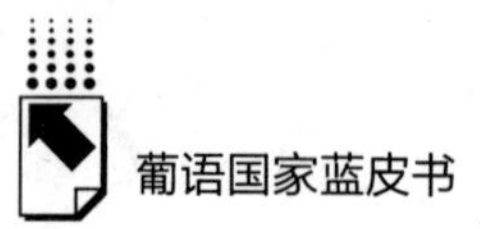

have become important sources of income, and most of the people in Guinea-Bissau are directly or indirectly engaged in these related industries. These two industries have provided a broad space in income and international cooperation for Guinea-Bissau. But we still need pay attention to issues such as cashew industry plus industrial backwardness, industrial fishing under developed infrastructure and fishery-related backward and so on.

Keywords: Cashew Producing; Fishery; Industry Structure

B. 14 The Republic of Mozambique *He Qian* / 194

Abstract: This paper mainly describes the current situation of Mozambique in 2014, respectively described from three parts: politics, economy and its relationship with China. The aspect of politics introduces the current party and constitution. Then explains economic growth, import and export trade, attract foreign investment and the political and economic plan of 2015 these four parts. The last part of this paper describes the situation of bilateral trade between these two countries and China's aid to Mozambique.

Keywords: Economic and Social Country Reports

B. 15 Portugal *Zhang Min* / 201

Abstract: In 2014, the governing coalition of the PSD and the CDS-PP made some progress on austerity measures and structural reforms which has been helpful for Portugal to realize clean exit from the three-year EU/IMF bail-out agreement. Economy recovery slowly with weak domestic demand, trade in service become main driver for economic growth. The official visit, which Portuguese President paid to China, has updated Sino-Portuguese bilateral relations.

Keywords: The Governing Coalition; International Assistance Plan; Innovation; Sino-Portuguese Relation

Abstract: In 2014, Timor Leste was generally stable and achieved progress in the main sectors. Economically, Timor Leste has kept relatively steady and fast growth, and maintained positive in balance of payments, trade, finance and investment. The government of Timor Leste also actively took measures on political and social issues and made remarkable improvements. The country successfully hosted several multilateral events, taking the advantage of which to make itself further deeply understood by the international community. As for the bilateral relationship with China, Timor Leste made a smooth development with the successful visit to China by Premier Xanana Gusmao. And the Belt and Road Initiative has opened up a brighter prospect for the future relations of the two countries.

Keywords: Stable Development; "Home Court" Diplomacy; Premier's Visit to China; The Belt and Road Initiative

Resumo Geral

O Relatório de Desenvolvimento dos Países de Língua Portuguesa (2014 - 2015) (doravante Relatório), elaborado pelo Centro de Estudos dos Países de Língua Portuguesa (CEPLP) do Instituto de Estudos Regionais da Universidade de Economia e Negócios Internacionais (UIBE, na sua sigla inglesa), constitui o primeiro relatório anual com temas associados ao desenvolvimento económico-social dos países lusófonos, fazendo parte de uma série de relatórios anuais sobre a mesma temática.

Este primeiro Relatório é composto por seis capítulos. O primeiro capítulo, elaborado pelo Professor convidado Wang Cheng'an, apresenta uma síntese da situação do desenvolvimento económico-social dos países de língua portuguesa em 2014 e analisa as relações entre a China e esses países. O segundo capítulo, da responsabilidade da Prof[a]. Liu Haifang, com a colaboração do Doutor Jia Ding, da Prof[a]. Zhao Xuemei e das pesquisadoras An Chunying e Zhang Min, centra-se no desempenho e nas características do desenvolvimento económico-social, em 2014 e 2015, de alguns países lusófonos, respetivamente, Angola, Brasil, Portugal e Moçambique, analisando-os em profundidade. Neste mesmo capítulo, a pesquisadora adjunta Zhao Rulin apresenta-nos as variações mais recentes do desenvolvimento da CPLP em 2014. No terceiro capítulo, o Dr. Ip Kuaipeng, a pesquisadora Zhao Xueqin e o Prof. Wang Cheng'an analisam a função de Macau como plataforma na cooperação económico-comercial entre a China e os países de língua portuguesa. Com base na experiência dos onze anos decorridos desde a criação do Fórum para a Cooperação Económica e Comercial entre a China e os Países de Língua Portuguesa (Macau), resume-se neste capítulo o papel significativo de Macau em termos da cooperação económico-comercial entre a China e os países lusófonos. Coloca-se ainda a possibilidade de Macau vir igualmente a desempenhar um papel no que respeita à cooperação económico-comercial com a América Latina e as Caraíbas. O capítulo seguinte, constituído por relatórios por país, apresenta-nos, respetivamente, a situação económico-social em 2014 - 2015 de Angola, Brasil, Cabo Verde, Guiné-Bissau, Moçambique, Portugal e Timor-Leste. Estes foram elaborados pelos seguintes especialistas: Doutor Jia Ding, pesquisador Zhou Zhiwei, Dr[a]. Zhou Leilei, Dr[a]. He Qian, pesquisadora Zhang Min e pesquisadora adjunta Tang Qifang. O quinto capítulo, referente às estatísticas, inclui dados económico-sociais de todos os países de língua portuguesa e foi redigido pela pesquisadora An Chunying. O último capítulo, denominado Crónica, foi elaborado pela pesquisadora Cheng Hong e apresenta uma síntese histórica. A tradução para o português foi realizada pela Dr[a]. Wen Zhuojun, coordenadora do Departamento de Português da Faculdade de Estudos Estrangeiros da UIBE e revista pela Dr[a]. Helena Lemos, leitora de português da mesma instituição de ensino superior. A tradução para o inglês, assim como a revisão de todos os resumos em inglês, são da responsabilidade do Dr. Li Yong, professor da Faculdade de Estudos Internacionais da UIBE. A Dr[a]. Wang Lin, estudante de mestrado da UIBE, foi responsável pelo trabalho de recolha e elaboração de documentos e gráficos.

O relatório geral, inserido no primeiro capítulo, afirma que, em 2014, se assistiu a uma recuperação económica mundial lenta e a um crescimento moderado das economias emergentes, enquanto o desenvolvimento económico da China entrou numa etapa de "nova normalidade". As eleições presidenciais no Brasil, em Moçambique e na Guiné-Bissau, que despertaram muita atenção internacional, realizaram-se dentro da normalidade. Em geral, é de salientar o desempenho económico-social dos países de língua portuguesa situados na Ásia e em África, entre os quais se destacou o comportamento de Timor-Leste, de Moçambique e de Angola. Por outro lado, tanto Portugal como o Brasil estão a sofrer dificuldades económicas e sociais, embora com características distintas. Portugal avançou com o processo de resgate internacional, começando a sair da crise da dívida soberana. No mesmo período, verificou-se no Brasil uma forte tendência decrescente, devido ao lento crescimento económico. As quatro visitas mútuas entre dirigentes da China e dos países de língua portuguesa promoveram significativamente o comércio e investimento em todas as áreas. Encontrando-se numa fase ascendente, a cooperação entre a China e o mundo lusófono realiza-se de diversas formas, conforme as diferentes nações e situações. Considerando o contexto económico mundial, em 2015, alguns países de língua portuguesa mantêm um rápido desenvolvimento económico ou têm conseguido ultrapassar as dificuldades. Simultaneamente, a cooperação amistosa entre a China e o mundo lusófono, na sua globalidade, consolidou-se e aprofundou-se.

No segundo capítulo temático, como já anteriormente referido, analisa-se o desempenho económico-social, em 2014 – 2015, de Angola, Moçambique, Brasil e Portugal, países situados em África, na América Latina e na Europa. A cooperação com a China, que está presente de forma muito significativa em todos estes países, apresenta no entanto formas diferenciadas, resultantes das suas características específicas.

No caso de Angola, as necessidades deste país no período pós-guerra, em conjunto com o processo de reforma e abertura da China, que se desenvolve há mais de trinta anos, criaram oportunidades para concretizar uma cooperação *win-win*. Visando conseguir uma transformação e avanço do entendimento e das relações entre a China e Angola, torna-se necessário, partindo das condições do desenvolvimento pós-guerra, reanalisar o processo de reconstrução autónoma de Angola e pôr em relevo as ações que podem promover ativamente as relações bilaterais sino-angolanas.

Moçambique tem mantido, desde o início do século XXI, um ritmo de crescimento económico superior a 6%, fazendo com que este país se tenha tornado relevante no ciclo de crescimento económico da África Subsariana.

O Brasil é um elemento do grupo BRICS e atraiu a atenção do resto do mundo, pela sua abundância de recursos naturais e pelo grande desenvolvimento verificado nos anos anteriores, apesar de estar a atravessar um período difícil a nível do seu desenvolvimento económico. No âmbito do BRICS, e em conjunto com outros países-membros, o Brasil esforçou-se por alargar a cooperação, manter a comunicação e a coordenação, e apresentar propostas construtivas relacionadas com o funcionamento e aperfeiçoamento dos mecanismos do BRICS. O trabalho que desenvolveu foi importante, muito particularmente para a concretização de ações em áreas como a diminuição da pobreza, a proteção ambiental, a regulação da internet e a reforma das instituições comerciais e financeiras internacionais, entre outras. Estas intervenções contribuíram para aumentar a visibilidade do grupo e defender os seus interesses comuns.

Segundo a classificação do índice global de inovação dentro da UE, Portugal localiza-se no terceiro bloco e é considerado um dos países com competência de inovação relativamente fraca no conjunto dos 28 países-membros da UE. No entanto, através de várias políticas e medidas inovadoras, Portugal tem elevado gradualmente a sua competência de inovação.

A terceira parte, relatório especial, aborda o estatuto extraordinário e o papel de plataforma de Macau no âmbito da cooperação económico-comercial entre a China e os países de língua portuguesa. Os especialistas referem que, a partir da fundação da Região Administrativa Especial de Macau (RAEM), em 1999, foi implementado o regime de "um país, dois sistemas" e a economia e a sociedade têm-se desenvolvido de forma estável e suave. Ao mesmo tempo, a vida dos seus habitantes melhorou significativamente, o que contribuiu para iniciar uma nova era histórica. Entretanto, aproveitando bem as suas vantagens, Macau foi assumindo um papel como plataforma de cooperação económico-comercial entre a China continental e os países de língua portuguesa, e vem alargando esta função aos países da América Latina e das Caraíbas, elevando gradualmente, neste processo, o seu estatuto internacional. A análise teórica do papel de plataforma de Macau contribui tanto para a consolidação e desenvolvimento do regime de "um país, dois sistemas", como para o fortalecimento da cooperação económico-comercial entre a China e os países de língua portuguesa. Macau não só é uma cidade de renome a nível internacional, conhecida pela sua mistura das culturas chinesa e ocidental, mas também constitui um elo importante entre a China continental e o resto do mundo, no que respeita à expansão do intercâmbio económico. Ao longo de muitos anos, graças às suas características linguísticas e culturais ímpares, à localização geográfica perfeita, à infraestrutura completa e ao ambiente comercial aberto e liberal, a região de Macau tem fornecido serviços intermediários em diversas áreas, tais como informática, recursos humanos, logística, finanças e organização de eventos, entre outras. Assim, o seu papel na promoção do intercâmbio económico-comercial entre os dois lados tem-se revelado insubstituível.

O Fórum para a Cooperação Económica e Comercial entre a China e os Países de Língua Portuguesa (Macau), nos onze anos que se seguiram ao seu estabelecimento, progrediu de forma positiva e obteve resultados promissores, abrindo assim um novo modo de cooperação económico-comercial, veiculado pela língua e cultura.

Quatro conferências ministeriais foram realizadas, com sucesso, em Macau, respetivamente, em outubro de 2003, setembro de 2006, novembro de 2010 e novembro de 2013. Durante estas conferências, os ministros dos países participantes assinaram quatro Planos de Ação para a Cooperação Económica e Comercial, nos quais foram definidos os objetivos e as tarefas da cooperação em várias esferas, tais como governo, comércio, investimento, empresas, educação e recursos humanos, agricultura e pescas, infraestruturas, recursos naturais e proteção ambiental, turismo, transportes e comunicações, finanças, cultura e saúde, entre outras. Os dirigentes governamentais da China, como o ex-primeiro-ministro Wen Jiabao, a ex-vice-primeira-ministra Wu Yi, o presente vice-primeiro-ministro Wang Yang e o membro do Conselho de Estado Hua Jianmin, assim como os governos dos países lusófonos, representados por diversos presidentes, primeiros-ministros e ministros, estiveram presentes nas quatro conferências ministeriais, sendo acompanhados pelas suas delegações político-comerciais.

Ao longo destes onze anos, os países participantes aplicaram os planos de ação de forma global, o que contribuiu positivamente para promover o nível de cooperação económico-comercial entre os membros.

No quarto capítulo, aborda-se a situação de desenvolvimento económico-social, em 2014 – 2015, e o relacionamento com a China, de cada país de língua portuguesa, por ordem alfabética: Angola, Brasil, Cabo Verde, Guiné-Bissau, Moçambique, Portugal e Timor-Leste. A partir das características de cada país, os autores elaboraram uma síntese, incluindo aspetos como a política, a diplomacia, a economia, a sociedade e as relações com a China, para que os leitores obtenham uma visão sistemática e global de cada país lusófono.

Os dados e as informações de teor histórico, incluídos nos quinto e sexto capítulos, fornecem materiais suplementares para referência.

Resumos

B I Relatório Principal

B. 1 Síntese do Desenvolvimento Económico-Social dos Países de Língua Portuguesa (2014 –2015) *Wang Cheng'an* / 001

Resumo: Em 2014, assistiu-se a uma recuperação económica mundial lenta e a um crescimento moderado das economias emergentes, enquanto o desenvolvimento económico da China entrou numa etapa de "nova normalidade". As eleições presidenciais no Brasil, em Moçambique e na Guiné-Bissau, que despertaram muita atenção internacional, realizaram-se dentro da normalidade. Em geral, é de salientar o desempenho económico-social dos países de língua portuguesa situados na Ásia e em África, entre os quais se destacou o comportamento de Timor-Leste, de Moçambique e de Angola. Por outro lado, tanto Portugal como o Brasil estão a sofrer dificuldades económicas e sociais, embora com características distintas. Portugal avançou com o processo de resgate internacional, começando a sair da crise da dívida soberana. No mesmo período, verificou-se no Brasil uma forte tendência decrescente, devido ao lento crescimento económico. As quatro visitas mútuas entre dirigentes da China e dos países de língua portuguesa promoveram significativamente o comércio e investimento em todas as áreas. Encontrando-se numa fase ascendente, a cooperação entre a China e o mundo lusófono realiza-se de diversas formas, conforme as diferentes nações e situações. Considerando o contexto económico mundial, em 2015, alguns países de língua portuguesa mantêm um rápido desenvolvimento económico ou têm conseguido ultrapassar as dificuldades. Simultaneamente, a cooperação amistosa entre a China e o mundo lusófono, na sua globalidade, consolidou-se e aprofundou-se.

Palavras-chave: Países de Língua Portuguesa; Síntese; Económico-social, Cooperação entre a China e os Países de Língua Portuguesa

B II Relatórios Temáticos

B. 2 Desempenho de Angola na CPLP e Análise das suas Causas

Jia Ding, *Liu Haifang* / 028

Resumo: Neste trabalho, revendo a evolução da Comunidade dos Países de Língua Portuguesa (CPLP), identificámos o percurso de desenvolvimento de Angola no contexto da CPLP, e analisámos o seu desempenho e função nesta organização, através de uma abordagem empírica. Com base na situação de Portugal, Brasil e outros países membros, e no contexto angolano, foram analisadas as causas do seu desempenho, tentando revelar o estatuto e a tendência de desenvolvimento de Angola na CPLP. Ao mesmo tempo, estudámos a política externa de Angola para com os países de língua portuguesa.

Palavras-chave: Angola; CPLP; Países Africanos de Língua Portuguesa

B. 3 Papel do Brasil no Processo da Cooperação do BRICS

Zhao Xuemei / 044

Resumo: A fim de fomentar uma cooperação eficiente entre os países do BRICS, o Brasil tem feito esforços positivos e desempenhado um papel importante e útil em vários aspetos, tais como os mecanismos, o quadro e o âmbito da cooperação. Entre os países do BRICS, o papel do Brasil é determinado por vários fatores, nomeadamente a sua estrutura industrial, poder económico, relações comerciais externas, estratégia diplomática e reconhecimento internacional. Até hoje, o Brasil é o único país do BRICS que organizou duas vezes conferências de cúpula. Especialmente, na sexta cimeira do BRICS, realizada em julho de 2014, graças à coordenação e às iniciativas do Brasil, os países participantes conseguiram um importante avanço na cooperação financeira e assinaram uma série de acordos sobre a criação do Banco de Desenvolvimento do BRICS e do Fundo de Reservas de Contingência. Não há dúvida de que o Brasil tem desempenhado um papel importante no progresso da cooperação entre os países do BRICS.

Palavras - chave: Cooperação entre os Países do BRICS; Papel do Brasil; Motivações do Brasil para Incentivar a Cooperação do BRICS

B. 4 A Situação Económica e Tendência de Desenvolvimento de Moçambique em 2014 *An Chunying* / 058

Resumo: Graças ao investimento em infraestruturas, ao rápido desenvolvimento da mineração, à reestruturação económica e ao efeito das reformas, a economia moçambicana, em 2014, continuou a crescer a um ritmo acelerado. Além disso, conseguiu manter a taxa de inflação baixa, a dinâmica da importação e da exportação, e o aumento dos fluxos de capitais externos. Nos anos que se seguem, os fatores positivos que apoiam o crescimento da economia de Moçambique permanecerão. No entanto, há questões que exigem a nossa atenção: como resolver as dificuldades a nível das infraestruturas, diminuir a pesada dívida externa, criar postos de trabalho e melhorar ainda mais o ambiente de negócios.

Palavras - chave: Crescimento Económico; Moçambique; Exploração de Petróleo e Gás

B. 5 Relatório Temático: Capacidades de Pesquisa e Inovação de Portugal e as suas Políticas *Zhang Min* / 074

Resumo: A inovação é um dos instrumentos importantes para aumentar a competição económica mundial. Recentemente, a UE tem procurado reestruturar a economia global e promover a competição económica através da inovação. De acordo com os indicadores de inovação da UE, Portugal é um dos inovadores moderados dentro da UE. No entanto, nos últimos anos, o governo português tem feito esforços para aplicar várias estratégias inovadoras para aumentar a capacidade de inovação. Este artigo analisa o sistema nacional de inovação em Portugal e os seus setores inovadores mais avançados.

Palavras – chave: Índice de Inovação; Sistema de Inovação de Portugal; Políticas de Inovação e Indústrias Competitivas

B. 6 Situação de Desenvolvimento da CPLP (2014) *Zhao Rulin* / 087

Resumo: A Comunidade dos Países de Língua Portuguesa (CPLP) é uma organização composta por 9 países que usam o português como língua oficial. Estes países têm uma história e cultura semelhantes, com uma interação ativa, apesar da grande distância geográfica. Os estados-membros não só se apoiam mutuamente na áreas política, militar, diplomática e económica, mas também cooperam em aspetos de ordem social, cultural e tecnológica, além de promoverem a divulgação da língua portuguesa, aumentando a sua influência no mundo. Este artigo apresenta uma síntese da contribuição da CPLP em 2014, e analisa a forma como os líderes da CPLP, na prática, resolvem as disputas e conflitos e mantêm a paz mundial. Debruça-se igualmente sobre as estratégias de colaboração e apoio mútuo na área económico-comercial e na ajuda externa, e sobre o modo como os estados-membros comunicam entre si sobre as áreas da língua e da cultura. A unidade interna dos estados-membros da CPLP é uma importante base de apoio para esta nova organização, que tem contribuído para a prosperidade e o desenvolvimento dos países de língua portuguesa, possuindo um amplo espaço de desenvolvimento.

Palavras – chave: Organização Internacional; Comunidade dos Países de Língua Portuguesa

B III Relatórios Especiais

B. 7 Experiência de Onze Anos do Fórum para a Cooperação Económica e Comercial entre a China e os Países de Língua Portuguesa (Macau) *Ip Kuaipeng* / 106

Resumo: Desde a criação do Fórum para a Cooperação Económica e Comercial entre a China e os Países de Língua Portuguesa, em Macau, este tem sido fortemente apoiado pela China continental e por todos os países de língua portuguesa. Esta situação tem contribuído para o desenvolvimento do comércio e do intercâmbio cultural, e os seus efeitos poderão ainda expandir-se. O presente trabalho explora a experiência dos onze anos de existência do Fórum de Macau, com o objetivo de identificar os resultados alcançados e descrever resumidamente as suas características. O estudo analisa igualmente alguns problemas existentes e apresenta várias sugestões para o desenvolvimento futuro do Fórum de Macau.

Palavras - chave: Fórum para a Cooperação Económica e Comercial entre a China e os Países de Língua Portuguesa; Macau; Perspetiva

B. 8 Aproveitando a Vantagem Única de Macau, Estabelecendo a Plataforma de Cooperação Económico-comercial entre a China e os Países de Língua Portuguesa *Liu Xueqin* / 121

Resumo: Devido à sua localização única e às vantagens das suas características linguísticas e culturais, Macau tem ativamente participado e aprofundado a cooperação económica regional com a China continental (CEPA, na sua sigla inglesa). Assim, tem construído uma ponte de cooperação económica e comercial entre a China e os países de língua portuguesa, criando novas oportunidades de negócio, e tem conduzido ativamente a cooperação económica sub-regional com a China continental, aproveitando a cooperação "Pan-regional do Delta do Rio das Pérolas". A cooperação Guangdong-Macau e Zhuhai-Macau tem contribuído para aumentar as trocas comerciais e alargar as áreas de cooperação económico-comercial entre a China e o mundo lusófono. Fazendo um uso pleno do Fórum de Macau como plataforma, promoveu-se o intercâmbio cultural. Os capitais abundantes e a vantagem linguística facilitaram a cooperação setorial e empresarial, desenvolvendo-se o comércio entre os dois lados. Para além disso, sendo um elo importante da Rota Marítima da Seda, Macau também tem impulsionado o envolvimento dos países de língua portuguesa no desenvolvimento da iniciativa "Um Cinturão e Uma Rota".

Palavras-chave: Macau da China; CEPA; Cooperação Guangdong-Macau; Plataforma da Cooperação

Resumo: A Região Administrativa Especial de Macau (RAEM), na China, desde a sua criação em 1999, com o conceito de "um país, dois sistemas", passou por um processo extraordinário, durante o qual o desenvolvimento económico-social se manteve estável e o nível de vida melhorou significativamente. Entretanto, aproveitando bem as suas vantagens, Macau foi desenvolvendo uma plataforma de cooperação económico-comercial entre a China continental e os países de língua portuguesa, cuja função vem alargando aos países da América Latina e das Caraíbas, elevando gradualmente neste processo o seu estatuto internacional.

Palavras-chave: Macau da China; Plataforma; Países de Língua Portuguesa; Brasil; Países da América Latina e das Caraíbas

B VI Relatórios por País

B. 10 República de Angola *Jia Ding* / 149

Resumo: O presente artigo revê os principais acontecimentos em Angola, em 2014, e inclui cinco esferas: política, economia, sociedade, diplomacia e relações sino-angolanas. Os problemas com que este país se confronta em 2014 podem ser ilustrados pelo provérbio "Roma e Pavia não se fizeram num dia". Também foram consideradas as marcas deixadas pelo domínio colonial de séculos e pela guerra civil que durou 27 anos. Entretanto, os resultados obtidos em 2014 não surgiram repentinamente, mas decorrem dos esforços desenvolvidos ao longo de mais de uma década, após o conflito civil. É verdade que Angola dispõe de recursos naturais de excelência, no entanto, a chave do progresso no sentido da prosperidade reside numa política interna e externa que seja oportuna e flexível.

Palavras-chave: Angola; Economia; Diplomacia; Relações Sino-angolanas

B. 11 República Federativa do Brasil *Zhou Zhiwei* / 160

Resumo: Em 2014, o Partido dos Trabalhadores (PT), em virtude da vitória de Dilma Rousseff na eleição presidencial, embora por uma margem estreita, conseguiu a sua quarta vitória contra o Partido da Social Democracia Brasileira (PSDB). No entanto, esta diferença mínima na votação entre os dois candidatos reflete o equilíbrio dos dois principais partidos tradicionais brasileiros, e indica que a Presidente Dilma Rousseff enfrentará mais dificuldades e pressões no seu segundo mandato. De um ponto de vista económico, o Brasil enfrentou um grande desafio de "estagflação" e tanto a conta fiscal quanto a conta corrente alteraram a tendência excedentária dos últimos anos. Apesar do fraco crescimento económico, o mercado de trabalho manteve-se ativo em 2014 e a taxa de desemprego continuou a tendência decrescente dos anos anteriores. Contudo, as manifestações frequentes revelam que o Brasil ainda enfrenta muitos desafios no seu processo de transformação social. A política externa não foi uma prioridade do governo brasileiro no ano da eleição presidencial, mas a sua influência internacional foi reforçada pelo acolhimento da Cimeira do BRICS no mesmo ano.

Palavras-chave: Brasil; Eleição Presidencial; Partido dos Trabalhadores; "Estagflação"; Manifestação; Cimeira do BRICS

Resumo: Cabo Verde é rico em recursos marinhos, mas ainda não é auto-suficiente no que respeita às suas necessidades alimentares. A base industrial do país continua deficiente, por isso, as necessidades diárias e a produção industrial dependem principalmente da importação. A estrutura comercial não é adequada, havendo quase todos os anos um grave défice comercial. A cooperação económica entre a China e Cabo Verde tem estado sujeita a fatores geopolíticos que influenciam as relações bilaterais. Com uma economia em transição, Cabo Verde tenta tornar-se o terminal de carga da região e o centro financeiro da África Ocidental. Neste processo, o país espera que a China se torne seu parceiro, para desenvolver uma cooperação mutuamente benéfica nos domínios da indústria, agricultura, energia, transportes marítimos, turismo e construção de infraestruturas. No primeiro trimestre de 2015, a China já se tornou a terceira maior fonte de produtos importados por Cabo Verde.

Palavras-chave: Relações Económico-comerciais; Relações Bilaterais; Estrutura Comercial

B. 13 República da Guiné-Bissau *Zhou Leilei* / 184

Resumo: Localizada na África Ocidental, a Guiné-Bissau é um dos principais países produtores de caju do mundo e é também uma importante zona de pesca no Atlântico Norte. Naturalmente, a produção de caju e a pesca constituem importantes fontes de rendimento e a maioria da população guineense, direta ou indiretamente, está envolvida em indústrias relacionadas com essas atividades. Apesar de proporcionarem ao país amplas oportunidades para a obtenção de moeda estrangeira e para a cooperação internacional, estas duas indústrias apresentam deficiências a que precisamos de prestar atenção. É o caso do atraso industrial da produção e transformação de caju, o fraco desenvolvimento e a deficiente infraestrutura da indústria da pesca, entre outros.

Palavras-chave: Produção de Caju; Pesca; Estrutura Industrial

B. 14 República de Moçambique *He Qian* / 194

Resumo: Em 2014, Moçambique salientou-se por um bom desempenho económico-social, em comparação não só com os restantes países de língua portuguesa, mas também com os países africanos. O presente trabalho descreve a situação de Moçambique, focando particularmente três áreas: a política, a economia e as relações com a China. No aspeto político, destaca-se a eleição presidencial, particularmente significativa na sua história política. Quanto à economia, em 2014, Moçambique tornou-se um dos países com crescimento económico mais rápido a nível mundial, com um desenvolvimento importante do comércio de importação/exportação e o aumento do investimento estrangeiro. O plano de desenvolvimento político-económico de 2015 revela a sua perspetiva a médio e longo prazo. No que respeita às relações com a China, além do desenvolvimento do comércio bilateral e do investimento recíproco, foi visível, muito particularmente, o efeito da ajuda concedida pela China, como mostram os elogios e aplausos que tem recebido.

Palavras-chave: Moçambique; Economia e Sociedade; Relatório por País

B. 15 República Portuguesa *Zhang Min* / 201

Resumo: Em 2014, a coligação de direita no governo, composta pelo Partido Social Democrata (PSD) e pelo Partido do Centro Democrático e Social (CDS-PP), efetuou alguns progressos quanto à aplicação das medidas de austeridade e das reformas estruturais, fazendo com que Portugal tenha conseguido uma saída limpa do resgate internacional. A lenta recuperação económica e a fraca procura interna levaram a que o comércio de serviços se tornasse o principal motor do crescimento económico.

Durante a deslocação oficial do Presidente português à China, o encontro entre os dois Chefes de Estado permitiu atualizar as relações bilaterais sino-portuguesas.

Palavras-chave: Coligação do Governo; Plano de Resgate Internacional; Reforma; Relação Sino-portuguesa

B. 16 República Democrática de Timor-Leste *Tang Qifang* / 215

Resumo: Em 2014, a situação de Timor-Leste foi globalmente estável, com progressos positivos alcançados em vários setores. No aspeto económico, Timor-Leste manteve tanto o seu crescimento relativamente estável e rápido como a situação favorável em áreas como a balança de pagamentos, o comércio, as finanças e o investimento. No que respeita à esfera político-social, o governo também tomou medidas para o desenvolvimento do país, conseguindo resultados notáveis. Diplomaticamente, o país acolheu com sucesso vários eventos multilaterais, o que lhe permitiu obter um reconhecimento mais profundo por parte da comunidade internacional. Após a visita bem sucedida do primeiro-ministro timorense à China, as relações bilaterais com este país progrediram e a introdução da iniciativa "Um Cinturão e Uma Rota" abriu melhores perspetivas para o futuro das relações entre os dois países.

Palavras-chave: Desenvolvimento Estável; Diplomacia "Jogar em Casa"; Visita à China do Primeiro-ministro; Iniciativa de "Um Cinturão e Uma Rota"

皮书起源

“皮书”起源于十七、十八世纪的英国，主要指官方或社会组织正式发表的重要文件或报告，多以“白皮书”命名。在中国，“皮书”这一概念被社会广泛接受，并被成功运作、发展成为一种全新的出版形态，则源于中国社会科学院社会科学文献出版社。

皮书定义

皮书是对中国与世界发展状况和热点问题进行年度监测，以专业的角度、专家的视野和实证研究方法，针对某一领域或区域现状与发展态势展开分析和预测，具备原创性、实证性、专业性、连续性、前沿性、时效性等特点的公开出版物，由一系列权威研究报告组成。

皮书作者

皮书系列的作者以中国社会科学院、著名高校、地方社会科学院的研究人员为主，多为国内一流研究机构的权威专家学者，他们的看法和观点代表了学界对中国与世界的现实和未来最高水平的解读与分析。

皮书荣誉

皮书系列已成为社会科学文献出版社的著名图书品牌和中国社会科学院的知名学术品牌。2011 年，皮书系列正式列入“十二五”国家重点出版规划项目；2012~2015 年，重点皮书列入中国社会科学院承担的国家哲学社会科学创新工程项目；2016 年，46 种院外皮书使用“中国社会科学院创新工程学术出版项目”标识。

中国皮书网

www.pishu.cn

发布皮书研创资讯，传播皮书精彩内容
引领皮书出版潮流，打造皮书服务平台

栏目设置：

- □ 资讯：皮书动态、皮书观点、皮书数据、皮书报道、皮书发布、电子期刊
- □ 标准：皮书评价、皮书研究、皮书规范
- □ 服务：最新皮书、皮书书目、重点推荐、在线购书
- □ 链接：皮书数据库、皮书博客、皮书微博、在线书城
- □ 搜索：资讯、图书、研究动态、皮书专家、研创团队

中国皮书网依托皮书系列“权威、前沿、原创”的优质内容资源，通过文字、图片、音频、视频等多种元素，在皮书研创者、使用者之间搭建了一个成果展示、资源共享的互动平台。

自 2005 年 12 月正式上线以来，中国皮书网的 IP 访问量、PV 浏览量与日俱增，受到海内外研究者、公务人员、商务人士以及专业读者的广泛关注。

2008 年、2011 年中国皮书网均在全国新闻出版业网站荣誉评选中获得“最具商业价值网站”称号；2012 年，获得“出版业网站百强”称号。

2014 年，中国皮书网与皮书数据库实现资源共享，端口合一，将提供更丰富的内容，更全面的服务。

法律声明

权威报告·热点资讯·特色资源

皮书数据库

ANNUAL REPORT(YEARBOOK) DATABASE

当代中国与世界发展高端智库平台

WWW.PISHU.COM.CN

皮书俱乐部会员服务指南

1. 谁能成为皮书俱乐部成员？

- 皮书作者自动成为俱乐部会员
- 购买了皮书产品（纸质书/电子书）的个人用户

2. 会员可以享受的增值服务

- 免费获赠皮书数据库100元充值卡
- 加入皮书俱乐部，免费获赠该纸质图书的电子书
- 免费定期获赠皮书电子期刊
- 优先参与各类皮书学术活动
- 优先享受皮书产品的最新优惠

3. 如何享受增值服务？

（1）免费获赠100元皮书数据库体验卡

第1步 刮开附赠充值的涂层（右下）；

第2步 登录皮书数据库网站（www.pishu.com.cn），注册账号；

第3步 登录并进入“会员中心”—“在线充值”—“充值卡充值”，充值成功后即可使用。

（2）加入皮书俱乐部，凭数据库体验卡获赠该书的电子书

第1步 登录社会科学文献出版社官网（www.ssap.com.cn），注册账号；

第2步 登录并进入“会员中心”—“皮书俱乐部”，提交加入皮书俱乐部申请；

第3步 审核通过后，再次进入皮书俱乐部，填写页面所需图书、体验卡信息即可自动兑换相应电子书。

4. 声明

解释权归社会科学文献出版社所有

皮书俱乐部会员可享受社会科学文献出版社其他相关免费增值服务，有任何疑问，均可与我们联系。

图书销售热线：010-59367070/7028
图书服务QQ：800045692
图书服务邮箱：duzhe@ssap.cn

数据库服务热线：400-008-6695
数据库服务邮箱：database@ssap.cn
兑换电子书服务热线：010-59367204

欢迎登录社会科学文献出版社官网（www.ssap.com.cn）和中国皮书网（www.pishu.cn）了解更多信息

社会科学文献出版社 SOCIAL SCIENCES ACADEMIC PRESS (CHINA) 皮书系列

卡号：088787219754

密码：

子库介绍
Sub-Database Introduction

中国经济发展数据库

涵盖宏观经济、农业经济、工业经济、产业经济、财政金融、交通旅游、商业贸易、劳动经济、企业经济、房地产经济、城市经济、区域经济等领域，为用户实时了解经济运行态势、把握经济发展规律、洞察经济形势、做出经济决策提供参考和依据。

中国社会发展数据库

全面整合国内外有关中国社会发展的统计数据、深度分析报告、专家解读和热点资讯构建而成的专业学术数据库。涉及宗教、社会、人口、政治、外交、法律、文化、教育、体育、文学艺术、医药卫生、资源环境等多个领域。

中国行业发展数据库

以中国国民经济行业分类为依据，跟踪分析国民经济各行业市场运行状况和政策导向，提供行业发展最前沿的资讯，为用户投资、从业及各种经济决策提供理论基础和实践指导。内容涵盖农业，能源与矿产业，交通运输业，制造业，金融业，房地产业，租赁和商务服务业，科学研究，环境和公共设施管理，居民服务业，教育，卫生和社会保障，文化、体育和娱乐业等 100 余个行业。

中国区域发展数据库

以特定区域内的经济、社会、文化、法治、资源环境等领域的现状与发展情况进行分析和预测。涵盖中部、西部、东北、西北等地区，长三角、珠三角、黄三角、京津冀、环渤海、合肥经济圈、长株潭城市群、关中—天水经济区、海峡经济区等区域经济体和城市圈，北京、上海、浙江、河南、陕西等 34 个省份。

中国文化传媒数据库

包括文化事业、文化产业、宗教、群众文化、图书馆事业、博物馆事业、档案事业、语言文字、文学、历史地理、新闻传播、广播电视、出版事业、艺术、电影、娱乐等多个子库。

世界经济与国际政治数据库

以皮书系列中涉及世界经济与国际政治的研究成果为基础，全面整合国内外有关世界经济与国际政治的统计数据、深度分析报告、专家解读和热点资讯构建而成的专业学术数据库。包括世界经济、世界政治、世界文化、国际社会、国际关系、国际组织、区域发展、国别发展等多个子库。